Kopf

1 Oberkopf mit Augen und Ohren
2 Stop (Stirnabsatz)
3 Nasenrücken
4 Nasenkuppe
5 Oberkiefer
6 Unterkiefer
7 Hinterhauptbeinstachel
8 Genick
9 Nackengegend
10 Kehlrand

Rumpf

11 Widerrist
12 Rückendelle
13 Rücken oder Rist
14 Lenden- oder Nierenpartie
15 Kruppe
16 Rutenansatz
17 Rute
18 Brustbein mit wahren Rippen
18a Brustbeinspitze
19 Vorderbrust
20 Unterbrust
21 Unterbauch
22 Glied
23 Seitenbrust
24 seitliche Bauchwand
25 Flanke
26 Fehlrippen

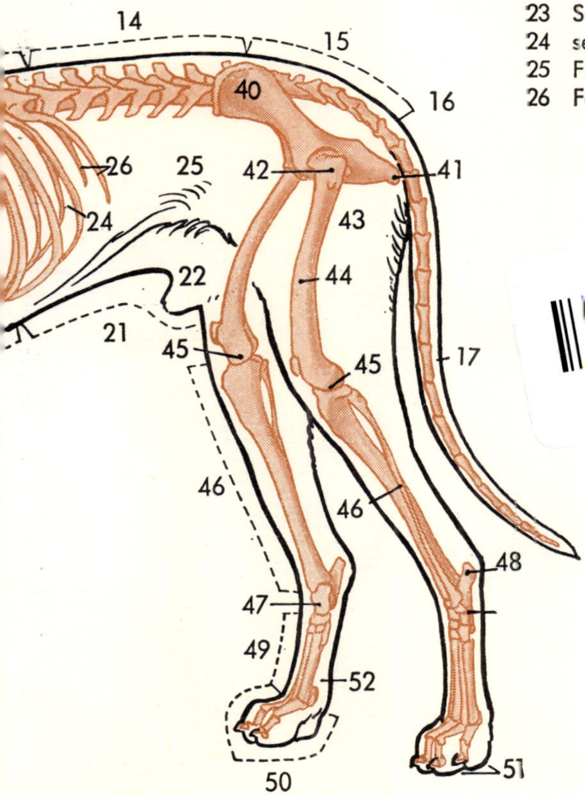

Welcher Hund ist das?

KOSMOS
NATUR
FÜHRER

Erich Schneider-Leyer

Welcher Hund ist das?

Ein Bestimmungsbuch für Hundefreunde

143 Fotos auf 75 Tafeln
157 Textzeichnungen von
H. G. Lechler nach Angaben
des Verfassers
14seitiger Schlüssel

5., erweiterte und
überarbeitete Auflage

Kosmos
Gesellschaft der Naturfreunde
Franckh'sche Verlagshandlung
Stuttgart

Umschlag von H. G. Lechler unter Verwendung eines Farbfotos
von Hans Jesse
Das Bild zeigt zwei Zergschnauzer
Mit 157 Zeichnungen im Text und einem 14seitigen Schlüssel
von H. G. Lechler sowie 143 Fotos auf 75 Tafeln
Lizenzausgaben erschienen bei Burke, London und Albatros, Buenos Aires

33.—40. Tausend
Franckh'sche Verlagshandlung, W. Keller & Co., Stuttgart / 1974

Printed in Germany / Imprimé en Allemagne / LH 9 dö / ISBN 3-440-04130-1
Gesamtherstellung: Konrad Triltsch, Graphischer Betrieb, Würzburg

Welcher Hund ist das?

Hinweise für den Leser

In den letzten beiden Jahrzehnten hat die Hundehaltung in Deutschland einen Umfang angenommen wie nie zuvor. Als die Futter- und Raumfragen keine Rolle mehr spielten, konnten sich viele Menschen wieder einen Rassehund leisten. Bisher unbekannte Hunderassen aus Europa und Übersee kamen in unser Land. Immer neue Rassen begegnen uns, immer wieder tauchen Fragen auf: wie heißt diese, wie jene Rasse, woher kommt sie, welche Verwendung findet sie, wie ist ihr Wesen, ihr Temperament? Der vorliegende Band soll in gedrängter Form diese Fragen beantworten helfen. Er gibt dem Laien eine kurze und doch korrekte Beschreibung der Hunde und macht ihn mit den besonderen Merkmalen und den Eigenschaften der verschiedenen Rassen vertraut.

Die hier wiedergegebenen Rassenmerkmale ermöglichen eine genaue Bestimmung der einzelnen Rasse. Sie entsprechen in Zahl und Aufbau den von der FCI (Fédération Cynologique Internationale) erarbeiteten und verbindlich anerkannten Standards. Rund 245 Rassen hat die FCI bisher offiziell anerkannt – die meisten davon sind in den vorliegenden Band aufgenommen. Neben den seit 60 bis 70 Jahren bei uns heimischen Rassen findet der Hundefreund auch Züchtungen, die erst während der letzten Jahre nach Deutschland gekommen, aber hier zum Teil noch relativ unbekannt sind, wie auch ganz neue, bei uns entwickelte Züchtungen. Die Nummern, unter denen die verschiedenen Rassen bei der FCI registriert sind, stehen neben der Rassenbezeichnung. Sollte bei der einen oder anderen Rasse die Nummer fehlen, so deshalb, weil diese Rasse noch nicht registriert ist.

Die bekanntesten Variationen des *Canis familiaris* werden in alphabetischer Reihenfolge mit ihrem Rassestandard und in typischen Aufnahmen vorgestellt. Mit Hilfe der Fotos und der Zusammenstellung auf den Seiten 129–142 kann der Laie die Rassen schnell und richtig bestimmen. Jede Zeichnung auf diesen Seiten nennt den Namen und führt zur Beschreibung der Rassenmerkmale, an deren Anfang die gleiche Zeichnung wiederkehrt.

Die Größe kann aus der Widerristhöhe wie auch aus dem Gewicht oder aus beiden Angaben zusammengenommen festgestellt werden. Es ist den Ursprungsländern überlassen, ob und welche Maße und Gewichte sie festlegen. Je kleiner die Rasse, desto wichtiger ist die Angabe des Gewichts. Die Züchter großer Hunde – wie des Irish Wolfhound oder der Deutschen Dogge – erstreben eine möglichst große Widerristhöhe.

Wie mißt man die Schulterhöhe? Der Hund muß auf vollkommen ebenem Boden stehen. Das Stockmaß mit der Querlatte wird so neben den Hund gestellt, daß es kurz hinter dem Ellenbogen und dem Schulterblatt anliegt. Nun kann die Querlatte sanft auf die höchste Stelle des Widerrists, also auf den oberen Rand des Schulterknorpels, geschoben werden. Am Stockmaß läßt sich die Höhe ablesen. Die Eingruppierung wird nach der Formel vorgenommen: über 62 cm = *große Hunde*, 42–62 cm = *mittelgroße Hunde*, 25–41 cm = *kleine Hunde*. Zwerghunde haben meistens unter 24 cm Schulterhöhe.

In der Behaarung unterscheidet man grob:
Kurzhaar: kurzes Deckhaar mit minimaler Unterwolle (Kurzhaarteckel)
Glatthaar: längeres Deckhaar mit geringer Unterwolle (Zwergpinscher)
Kurzstockhaar: derbe, mittellange Deckhaare mit dichter Unterwolle (Schäfer)
Langstockhaar: 5–10 cm lange Deckhaare mit reichlicher Unterwolle (Stichelhaar)
Gewelltes Langhaar: (Neufundländer, Leonberger, Kuvasz)
Langhaar: schlichtes, fallendes Langhaar mit wenig Unterwolle (Setter)
seidenes (Malteser)
Grannenwollhaar (Spitz)
mit weichem Wellhaar (Barsoi)
Kraushaar: (Pudel, Komondor)
Rauh- und Wirrhaar: (Bobtail, Tibetterrier)
Drahthaar: sehr festes Kurzstockhaar mit Unterwolle (Drahthaarfox, Pudelpointer, Rauhhaarteckel)
Die Dachorganisation der deutschen Rassezuchtvereine ist der Verband für das deutsche Hundewesen e.V., 46 Dortmund, Malinckrodtstr. 26, Tel. 02 31 – 18 82 28. Dort kann man die Anschriften der verschiedenen Züchtervereine erfragen.
Die Geschäftsstelle der Fédération Cynologique Internationale in Thuin/Belgien, rue Léopold II/14 registriert die genehmigten Standards und veröffentlicht sie laufend. Züchter, die den vollständigen Text einsehen wollen, können ihn dort (in französischer Sprache) anfordern.

Mensch und Hund

Unter den Tieren, die im Verlaufe ihrer Entwicklungsgeschichte vom Menschen domestiziert wurden, also zu Haustieren geworden sind, nimmt der Hund eine Sonderstellung ein. Vor allem durch sein Rudelverhalten unterscheidet sich der Hund in seiner Beziehung zum Menschen von allen anderen Haustieren. Er tritt nicht vereinzelt auf, sondern stets in Gesellschaft, er schließt sich gerne an. Der Mensch hält ihn nicht um irgendwelcher Produkte willen, wie sie ihm beispielsweise Hühner, Schweine, Rindvieh, Schafe oder Bienen liefern, vielmehr ist der Hund zum Begleiter und oft auch zum Kameraden des Menschen geworden.
Hunde hüten das Haus (Wachhunde) oder die Herde (Hütehunde), sie begleiten den Menschen auf die Jagd (Jagdhunde), sie leisten ihm Gesellschaft (Gesellschaftshunde) oder sind für ganz spezielle Aufgaben ausgebildet, als Blinden- oder Spürhunde im Schutz- und Rettungsdienst etwa. Die vielfältigen Beziehungen zwischen Mensch und Hund beruhen weitgehend auf Gegenseitigkeit: ebenso wie der Hund ohne den Menschen nicht mehr auskommen kann, wie er auf Lob und Tadel, auf seine Vorschriften und seine Gesellschaft angewiesen ist, ebenso braucht der Mensch den Hund für die verschiedensten Aufgaben, auch als Gesellschafter.

Der Hund in der zoologischen Systematik

Carl von Linné (1707–1778) war der erste, der den *Canis familiaris* – unseren Haushund – als selbständige Art neben Wolf, Schakal, Fuchs usw. stellte. Unter einer „Art“ versteht man alle Individuen, die sich untereinander kreuzen können und deren Nachkommen untereinander unbegrenzt fruchtbar sind. Der Zusatz „deren Nachkommen untereinander unbegrenzt fruchtbar sind“ ist wichtig. Es gibt nämlich auch Kreuzungen zwischen nahe verwandten Arten, doch sind dann die Bastarde größtenteils unfruchtbar oder in ihrer Fruchtbarkeit herabgesetzt. Beispiel: Maultiere bzw. Maulesel – Bastarde zwischen Pferd und Esel sind also unfruchtbar. Allerdings lassen neuere Forschungsergebnisse die Vermutung zu, daß dieser Satz nur mit Einschränkungen gilt. In der zoologischen Systematik gehört der Haushund in die Ordnung *Carnivora fissipedia,* der landbewohnenden, getrenntfingrigen Raubtiere. Es handelt sich dabei um Sohlen-, Halbsohlen- oder Zehengänger, die sich hauptsächlich von Fleisch, seltener von gemischter Kost ernähren; sie zerfallen wieder in zwei Unterordnungen, in die *Herpestoidea,* mit den Familien der Schleichkatzen (Viverridae), der Hyänen (Hyaenidae) und der echten Katzen (Felidae), und andererseits in die *Arctoidea* mit den Familien der Hunde (Canidae), der Waschbären (Procyonidae), der Bären (Ursidae) und schließlich der Marder (Mustelidae). **Wenn wir die Hundefamilie weiter verfolgen, so müssen wir feststellen, daß sie sich von den übrigen drei Familien der Arctoidea durch folgende Merkmale unterscheidet: Die Hundeartigen sind Zehengänger, verfügen über eine große Gehörkapsel und ein Gebiß mit 42 Zähnen. Die Waschbären, Bären und Marder sind Sohlen- bzw. Halbsohlengänger und besitzen eine kleine Gehörkapsel und ein Gebiß mit weniger als 42 Zähnen. 20 Gattungen mit 32 Arten bilden nun die Familie der hundeartigen Raubtiere: Wölfe, Schakale, Füchse und Haushunde. Die Caniden sind kleine bis mittelgroße Raubtiere mit meist hohen Gliedmaßen, eingezogenen Flanken, Stehohren, langem, spitzem Fang und Hängerute. Gebiß meist 42 Zähne, in Einzelfällen (Waldhund, Rotwolf oder Löffelhund) 38–50 Zähne, Vorderhand mit 5 (4), Hinterhand 4 Zehen, deren Krallen stumpf und nicht einziehbar sind. Der Magen ist einfach und sehr dehnungsfähig, der Darm relativ kurz; das Gehör ist gut, der Geruch ausgezeichnet, die Sehschärfe mittelmäßig ausgeprägt. Sie alle sind Laufraubtiere mit großem Bewegungsdrang.**

Der Weg zum Rassehund

Während man die Entwicklungsgeschichte des Pferdes durch eine nahezu lückenlose Kette von vor- und frühgeschichtlichen Funden nachvollziehen kann, sind über die Herkunft des Haushundes lange Zeit nur Vermutungen möglich gewesen. Es gibt über 30 Arten von hundeähnlichen Raubtieren – bei keinem anderen Haustier kennen wir eine derartige Vielfalt der Wildformen. Nach neuesten Forschungsergebnissen scheint der Wolf als Ahnherr des Haushundes

festzustehen. Wölfe kommen in sehr unterschiedlichen Erscheinungsformen vor: die stärkeren Polarwölfe werden bis zu 75 kg schwer, während der zierlichere indische Wolf beispielsweise mit 20 kg Gewicht die Größe eines mittleren Schäferhundes erreicht.
Lange vor Ziege, Schaf, Schwein, Rind und Huhn war der Hund schon in der mittleren Steinzeit das erste Haustier. Die domestizierte Form des Wolfs kam wahrscheinlich zuerst in Vorderindien vor. Aus den ersten primitiven Hunden wurden die vier Hauptrassengruppen gezüchtet: 1. Schäfer-, Polarhunde, Spitze, Terrier, Pinscher u. ä., 2. Hirten-, Sennen-, Jagdhunde, Pudel u. ä., 3. Windhunde, 4. Doggen, Bulldoggen u. ä.
Während der Entwicklung zum Haustier und durch unterschiedlichen züchterischen Einfluß des Menschen veränderte sich zunächst die Konstitution. Für die Jagd züchtete man Hunde mit höheren Läufen, spitzeren Köpfen, schmalerem Rumpf und längerer Rute. Für das Jagen im Gebüsch verkürzte sich der Rumpf, die Behaarung wurde struppiger, der Laut stärker. Hunde als Raubzeugjäger, die das Wild unter der Erde verfolgten, wurden mit niedrigen Läufen und einem längeren Rumpf gezüchtet. Als Hütehunde empfahlen sich besonders kräftige Rassen mit unempfindlicher Behaarung. Um in kalten Regionen überdauern zu können, entstanden Rassen mit dichterer, längerer Behaarung, und umgekehrt brauchte man in wärmeren Zonen Hunde mit dünnem, feinem Fell.
Durch bestimmte Selektionsrichtungen (Richtungen natürlicher Zuchtwahl), durch Völkerwanderungen und durch veränderte Formen der Haltung und Verwendung entstanden im Laufe der Jahrtausende zahlreiche neue Rassen und Schläge. Eine große Rolle spielten auch veränderte Umweltbedingungen und andere Formen der Ernährung. Wenn man bedenkt, wie unterschiedlich beispielsweise Tiere aus demselben Wurf bei unterschiedlicher Fütterung wachsen, kann man sich leicht vorstellen, welchen Einfluß allein der Faktor Ernährung auf die Herausbildung neuer Schläge hat. Später nahm der Mensch Kreuzungen vor, und dies aus den verschiedensten Gründen: Verwendungszweck, Konstitution, Lebensstandard oder Vorliebe für eine bestimmte Rasse. Sicher war es oft eine Folge des Übereinkommens und der Zweckmäßigkeit, manchmal wohl auch des Zufalls oder der Willkür, daß Hunde zu Rassen zusammengefaßt oder nach Rassen aufgeteilt wurden.

Das Rassezuchtbuch

Das Rassezuchtbuch ist der Katalog jeglicher Rassenreinzucht.
Als rassereine Hunde können nur solche angesehen werden, die nach den von den Zuchtvereinen geforderten Richtlinien rein gezüchtet und in den anerkannten Zucht- oder Stammbüchern eingetragen sind. Schon die alten Griechen und Römer legten großen Wert auf die Abstammung ihrer Pferde und Rinder. Von den Paarungen wurden Notizen gemacht und damit die Ahnen der Zuchttiere ebenso festgehalten wie die Nachkommenschaft. Später

richteten die Araber für ihre Vollblutzucht Ahnentafeln und Verwandtschaftsregister ein. Als im 17. Jahrhundert orientalische Zuchtpferde nach England eingeführt wurden, übernahmen die Engländer die arabischen Zuchtprinzipien, legten für die Rennpferde ein Verzeichnis der Ahnentafeln an und begannen mit deren Sammlung und Druck im Jahr 1771. Der erste Band dieses „General Stud Book", erschienen 1808, ist wohl als das erste Stammbuch der Welt anzusehen. Die Erfahrungen der Pferdezüchter waren so ausgezeichnet, daß bald darauf die Rindviehzüchter ein ähnliches Register anlegten, und der Gedanke liegt nahe, daß die von den Briten genauso sorgfältig aufgebaute Hundezucht das System der Eintragungen in Ahnentafel und Hundestammbuch ebenfalls übernahmen. In Deutschland dauerte es jedoch noch bis zum Jahr 1879, bis systematisch gezüchtet und das Deutsche Hundestammbuch eröffnet wurde.

Was ist eine Hunderasse?

Eine Gruppe von Hunden, die sich durch den gemeinsamen Besitz bestimmter Eigenschaften und eine einheitliche äußere Erscheinung von ihren Artgenossen abheben und diese ihre Eigenschaften und Erscheinung auf ihre Nachkommen weitergeben, bildet eine Hunderasse.
Als im Jahr 1879 erstmalig für Deutschland die Rassenmerkmale für die Hunderassen offiziell aufgestellt wurden, griffen die Beauftragten des beginnenden Hundesports auf das schon im mittelalterlichen Jagd- und Rechtsschrifttum angewandte Prinzip der Verwendung der Hunde zurück. Seitdem teilt man die Rassehunde ein in Jagd-, Hetz-, Dienst-, Nutz- und Haushunde und schließlich Kleinhunde. Frankreich hat eine Klasseneinteilung von acht, Spanien von fünf, die USA von sechs und das hundefreundliche England von nur zwei Gruppen. Eine systematische Einteilung unserer vielen modernen Hunderassen hat sich als praktisch und notwendig erwiesen; dabei darf aber nicht übersehen werden, daß diese etwas durchaus Gewolltes, Konstruiertes, Theoretisches ist und nur Ordnung schaffen soll. Im Gegensatz zu der Art in dem zoologischen Ordnungssystem, die über Hunderttausende von Jahren besteht, ist jede Rasse kurzlebig. Karl Salter hat mit Recht den Begriff der „Dynamischen Rasse" geformt: „Rassen sind nie etwas Absolutes, sondern immer nur Gleichgewichtszustände zwischen der Auswirkung von Erbanlagen und Umwelt". Jeder Hundezüchter wird es bestätigen, daß es innerhalb einer Anzahl von Jahren allergrößter züchterischer Aufmerksamkeit und Bemühungen bedarf, den Stand der Rasse zu halten. Dieses Schwanken, Variieren erleichtert andererseits ungemein die züchterische Initiative, neue Schläge, neue Rassen herauszubringen.

Standard – die Rassebeschreibung

Für jede Hunderasse müssen zur Dokumentierung des Zuchtziels offizielle Rassekennzeichen – im internationalen kynologischen Sprachgebrauch „Standards“ genannt – erlassen, zunächst vom Zuchtverein eingehend beraten, mit Generalversammlungsbeschluß festgesetzt und schließlich von der Dachorganisation des Landes genehmigt werden. Vor dem internationalen Forum, der Fédération Cynologique Internationale, werden diese Merkmale oder auch deren Änderungen mit den Repräsentanten der anderen Länder beraten, und erst nach deren Zustimmung wird die amtliche Anerkennung ausgesprochen. Dabei wird auch festgelegt, welches Land als Ursprungsland der Rasse zu gelten hat, denn nur dieses hat danach das Recht, Änderungen oder Ergänzungen vorzunehmen. Die oft jahrelang umkämpften Rassekennzeichen enthalten meistens eine kurze allgemeine Beschreibung der Rasse, danach eine detaillierte Beschreibung des Kopfes, des Rumpfes bis zur Zehe, genaue Angaben über Haarart, Farbe, Größe, Gewicht – und eine Aufstellung der rassetypischen Fehler.
Diese Rassenbeschreibungen bilden den Hauptinhalt unseres Hundebestimmungsbuches. Der Wortlaut jeder einzelnen ist kürzer, geraffter als im „amtlichen Text“. Bei den ausländischen Texten mußte der klare Sinn erfaßt und ausgedrückt werden. Da der Aufbau der Standards recht unterschiedlich ist, wird ein neues einheitliches Schema gebracht, das bei größerer Übersichtlichkeit ein gutes Vergleichen und Gegenüberstellen ermöglicht. Grundlegend war auch in vielen Fällen der Wortlaut des ersten Punktes „Erscheinung“ zu ändern und zu erweitern. Gänzlich neu ist die Auskunft über „Charakter und Verwendung“, die vor allem dem Laien einiges zu sagen haben dürfte. Was nützt ein Bild des schönsten Hundes, die wirkungsvollste Beschreibung, wenn nicht auch die Grenzen der Verwendungsmöglichkeit einer Rasse angedeutet werden! Ein Barsoi, ein Setter brauchen viel Bewegung, ein Rottweiler eine harte, das Windspiel eine weiche Hand. Wer diese Voraussetzungen nicht erfüllen kann, soll sich für eine andere Rasse entscheiden. Durch rechtzeitige Aufklärung werden Enttäuschungen vermieden, die sowohl für den Menschen als auch für den Hund schmerzlich sind.

Das Einmaleins für den Hundebesitzer

Wenn Sie, lieber Naturfreund, früher oder später Hundebesitzer werden sollten, dann wählen Sie einen Rassehund! Er bringt von seinen Eltern und weiteren Ahnen reines Blut mit, bestimmte Eigenschaften und seine äußere Erscheinung, ob er nun ein wolliges Etwas von acht Wochen oder ein tolpatschiger Junghund ist. Gehen Sie zu einem guten Züchter oder zu dem Hundehalter Ihres Vertrauens. Und wenn Sie dann Hundebesitzer sind und sich vor Freude kaum zu fassen wissen, wenn Ihr kleiner Gefährte Sie aus treuen Augen bittend ansieht, dann vergessen Sie nicht, woher das Hundegeschlecht kommt. Sollte Sie der Zorn erfassen, wenn der Hund Sie im Wald einer verheißungsvoll riechenden Spur wegen treulos verlassen hat, erst nach Stunden zurückkommt und tut, als wäre nichts geschehen, vergessen Sie auch dann nicht, was der Hund ist, was in ihm steckt. Er ist nun einmal ein Raubtier mit dessen Instinkten und dessen Konstitution. Er braucht viel Bewegung und Anregung für seinen Geist. Sein Gebiß und sein Verdauungsapparat sind die eines Fleischfressers: Deshalb bleibt rohes Fleisch – keine Knochen – das wichtigste Nahrungsmittel für den Hund. Schneiden Sie Hammel-, Kalb- und Rindfleisch in Würfel, und Sie geben Ihrem Hund das Beste vom Besten. Daneben braucht er natürlich mehlige Stoffe, in erster Linie Haferflocken, Reis, Nudeln und Brot, dazu etwas rohes Gemüse. Kartoffeln lassen Sie ruhig weg, desgleichen scharfgewürzte Soßen. Die Futtermittelindustrie bietet heute eine Fülle guter Fertigfabrikate in Büchsen- oder Trockenform an, die Sie in Anspruch nehmen können. Wechseln Sie die Sorten, vergessen Sie aber nie, regelmäßig Frischfleisch und rohes Gemüse zu geben.

Ihr Hund soll Ihr Kamerad, nicht Ihr Spielzeug sein, darum sprechen Sie viel mit ihm, geben Sie ihm Anregungen und Aufgaben, lassen Sie ihn laufen und springen, soviel er mag. Dann haben Sie einen gesunden Hund, kein verweichlichtes Schoßtier.

Dr. Erich Schneider-Leyer,
Archiv für Kynologie und Hundesport,
Schloß Scheer a. d. Donau

Beschreibung der Rassen

Affenpinscher, FCI-Nr. 186 a *Bild 1* *Deutschland*

Erscheinung: zierlicher, strubbelhaariger, hochläufiger Zwerghund mit Apfelkopf, Stehohren und kurz gestutzter Rute.

Charakter und Verwendung: ein kleiner Teufel voll Gift und Galle jedem Fremden gegenüber, aber rührend anhänglich an Herrn und Haus. Drollig ernst in der Haltung, bald ruhig, bald leidenschaftlich aufbrausend, ein furchtloser Wächter. – Haltung denkbar einfach, geringe Anforderungen an Futter, Pflege, Bewegung – ein idealer Hund für einsame Menschen und beengte Wohnverhältnisse.

Kopf: kugelig, hoch gewölbt mit ausgeprägter Stirn. *Fang:* kurz, mäßig spitz. Augen und Nase bilden ein gleichschenkliges Dreieck. *Nase:* schwarz. *Gebiß:* gut schließend, leicht vorstehend; Zähne nicht sichtbar. *Augen:* rund, voll, schwarz, leuchtend. *Ohren:* hoch angesetzt, spitz kupiert; kleines ungestutztes Stehohr zulässig.

Hals: kurz, gerade, schwunglos in die Höhe gehend.

Rumpf: so lang wie hoch; Rücken ziemlich gerade; Brust genügend tief, seitlich nur wenig abgeflacht; Bauchlinie ohne merkliche Krümmung in den Weichen.

Rute: hoch angesetzt, kurz gestutzt, flott getragen.

Gliedmaßen: *Vorderhand:* Schultern fest anliegend; Vorderläufe möglichst gerade. *Hinterhand:* steil unter der Kruppe stehend, ohne große Winkelung in den Sprunggelenken.

Haar und Farbe: Behaarung, charakteristisch für die Rasse: bald dicht und kurz, bald strähnig und lose, stets hart; am Kopf lang und abstehend; buschige oder stachelige Brauen oder kranzförmige Einfassung der Augen, mit stachlichem Schnurr- oder Knebelbart; Gesicht soll affenähnlichen Ausdruck besitzen; Läufe länger behaart. – Schwarz, braune oder graue Abzeichen zugelassen.

Größe und Gewicht: 25–28 cm; 3–4 kg.

Afghane, FCI-Nr. 228 *Bild 2* *Afghanistan/England*

Erscheinung: ein echter Windhund, unterscheidet sich von seinen Vettern nur durch die Behaarung. Gesicht kurz, Rücken schlicht behaart; Flanken, Bauch und Läufe übervoll. Typisch für diese Rasse: der Knoten weicher Haare auf dem Schädel. Gangwerk noch leichter, graziöser, schwebender als bei anderen Windhundrassen; herabfallende Ohren, lange Rute.

Charakter und Verwendung: ein herzerfreuender Begleithund. Als Haushund angenehm. Gegen Fremde zurückhaltend, ja abweisend, liebt er unaufdringlich jeden, der zur Familie zählt. Seine Gunstbeweise sind verhalten, selten, überraschen aber durch ihre Innigkeit. Er bellt wenig und ist darum für jede Stadtwohnung geeignet, sofern der Besitzer ihm täglich viel Bewegung verschafft.

Kopf: lang, nicht zu schmal, mit hervorragendem Hinterhauptbeinstachel, mit langem Haarbüschel bedeckt: *Fang:* lang, mit schwachem Stop und sehr kräftigen Kiefern. *Nase:* vorzugsweise schwarz, jedoch ist bei hellen Hunden leberfarben gestattet. *Gebiß:* Scherengebiß. *Augen:* fast dreieckig; dunkel goldfarben noch gestattet; leicht schräg gestellt. *Ohren:* tief angesetzt und gut zurückgesetzt, eng am Kopf anliegend, mit langem, seidigem Haar bedeckt.
Hals: lang, stark, anmutiger Übergang in Brust und Schultern.
Rumpf: Rücken sehr kurz mit leichter Einsenkung hinter den Schultern; Lendenpartie führt wieder leicht aufwärts; Kruppe danach stark abfallend – Kruppe nicht zu eng; Flanken, Lenden stämmig; Brust tief, nicht zu schmal; Rippen leicht gewölbt; Bauch aufgezogen.
Rute: ziemlich lang, herabhängend, meistens in einem Ringel endend; an der Spitze lang behaart.
Gliedmaßen: *Vorderhand:* Schultern so schräg wie möglich; Oberarm flach, nicht rund; Vorderläufe gerade, trocken, ruhen gut auf dem Grund. *Hinterhand:* kräftig, mit harten Muskeln, gut gewinkelt mit langem Abstand zwischen Hüfte und Sprunggelenk. *Pfoten:* groß in Länge und Breite; Vorderpfoten etwas größer als Hinterpfoten; Zehen geschlossen, reich behaart.
Haar und Farbe: Ohren, Pfoten, Flanken, Brust lang, dicht, fein behaart; auf dem Kopf ein Knoten langer, seidiger Haare; Oberseite des Fangs sehr kurz behaart; Haar oft so üppig, daß es den ganzen Körper bedeckt. – Weiß, Rotgrau, Braun, Rotbraun, Schwarz, Grau und Kombinationen dieser Farben.
Größe und Gewicht: Rüde 68,5–73,5 cm Durchschnitt, Hündin 63–68 cm; Gewicht o. A. *)

Airedale Terrier, FCI-Nr. 7 a *Bild 3* *England*

Erscheinung: mittelgroß, hochläufig, rauhhaarig; lohfarben mit schwarzer bzw. dunkelgrauer Melierung; kleine, seitlich getragene Hängeohren; kupierte Rute.
Charakter und Verwendung: temperamentvoll, kraftvoll, zuverlässig; gehört wegen seiner leichten Dressurfähigkeit zu den anerkannten Schutzhundrassen. – Braucht viel Bewegung, von seinem Herrn viel Anregung.
Kopf: *Schädel:* lang, flach, nicht zu breit zwischen den Ohren, nach den Augen zu etwas enger, schön ausgeglichen, mit nur geringem Unterschied zwischen Länge des Schädels und des Vorgesichts, frei von Runzeln, ganz geringer Stop; Wangenpartie glatt, frei von Fülle, keilförmig; Vorgesicht gut ausgefüllt, unter den Augen nicht rasch abfallend. *Fang:* tief, kraftvoll, stark, abgestumpft; Kiefer muskulös; Backenpartie ohne rundes oder hervorquellendes Aussehen; Lefzen fest geschlossen. *Nase:* schwarz. *Gebiß:* Scherengebiß. *Augen:* dunkel, klein, nicht hervortretend. *Ohren:* V-förmig, seitlich abstehend getragen, relativ klein; obere Linie des gefalteten Ohres liegt etwas höher als Oberteil des Schädels.

---

*) o. A. = ohne offizielle Angabe

Hals: glatt, mäßig lang und dick, den Schultern zu allmählich breiter, keine Wamme.
Rumpf: Rücken kurz, stark, gerade, ohne Anzeichen von Lockerung; Lendenpartie muskulös; Rippen gut gebogen; Brust tief, nicht zu breit.
Rute: hoch angesetzt, kräftig, vergnügt getragen, nicht über den Rücken gezogen, kupiert.
Gliedmaßen: *Vorderhand:* Schultern lang, gut zurückliegend, schräg zum Rücken abfallend, Schulterblätter flach; Vorderläufe gerade, starkknochig; Ellbogen senkrecht zum Körper, frei von den Seiten arbeitend. *Hinterhand:* lang, muskulös, ohne abzufallen; Oberschenkel lang, stark, mit muskulösem Unterschenkel, im Kniegelenk gut gebogen, weder aus- noch einwärts gedreht; Sprunggelenke gut herabgezogen, verlaufen von hinten gesehen parallel gestellt. *Pfoten:* klein, rund, kompakt, gute Ballentiefe, gut gepolstert; Zehen etwas gebogen, weder ein- noch auswärts gedreht.
Haar und Farbe: Deckhaar hart, dicht, drahtig, nicht so lang, daß das Fell struppig aussieht; Haare gerade, lang anliegend; untere Behaarung kürzer, weicher. – Kopf und Ohren lohfarben, ausgenommen schwarze Markierungen an beiden Seiten des Schädels; Ohren eine Schattierung dunkler; Läufe bis zu Ellbogen und Schenkeln ebenfalls lohfarben; Körper schwarz oder dunkelgrau meliert.
Größe und Gewicht: Rüde 58,5–61 cm, Hündin etwa 56–58,5 cm; Gewicht o. A.

Akita Inu, FCI-Nr. 255 *Bild 4* *Japan*

Erscheinung: großer, überaus kraftvoller Schutz- und Wachhund mit Stehohren und geringelter Rute.
Charakter und Verwendung: würdevoll zurückhaltender, treuer Schutzhund, der nur in größeren Besitzungen gehalten werden sollte.
Kopf: keilförmig, kräftig, trocken; breit zwischen den Stehohren, mit geringem Stop. *Fang:* stumpf, mittellang, kräftig. *Gebiß:* scherenförmig. *Augen:* tiefbraun, klein, tiefliegend; dreieckiger, schräger Schlitz, der an der Innenseite tiefer liegt. *Ohren:* klein, dreieckig; hoch und breit angesetzt.
Hals: kräftig, mittellang, stärker behaart.
Rumpf: länger als hoch. Rücken kräftig, kurz und gerade. Brust tief und voll. Bauch nur leicht aufgezogen. Kruppe kräftig.
Rute: Hoch angesetzt; ziemlich kurz, über den Rücken geringelt getragen, reich behaart.
Gliedmaßen: kräftig bemuskelt; *Vorderhand:* Schultern schräg, Läufe gerade und starkknochig, Ellbogen anliegend; Pfoten stark, mit festen Ballen. *Hinterhand:* gewinkelt, Sprunggelenk mäßig tief, Läufe gerade gestellt; *Pfoten* rundlich.
Haar und Farbe: Deckhaar mittellang, hart, abstehend; reiche Unterwolle. – Viele Farbvarianten: Schwarz- und Rot-Sesam, gemischt, rein Schwarz, Rot, Tiger, Weiß und gemischt.
Größe und Gewicht: Rüde 66,5 cm, Hündin 60,5 cm; Gewicht o. A.

Alaskan Malamute, FCI-Nr. 243 a *Bild 5* *USA*

Erscheinung: großer, wolfsartiger Schlittenhund.
Charakter und Verwendung: gutmütiger, ruhiger, kraftvoller Schlittenhund, der aber auch ein guter Wachhund ist.
Kopf: weder plump noch grob; breit zwischen den Ohren, keilförmig, Schädel- und Fanglinie gerade, Backen flach; Stirnfurche schwach erkennbar. *Fang:* keilförmig, mit flachen Backen. *Nase:* schwarz. *Gebiß:* Scherengebiß. *Augen:* braun.
Ohren: dreieckig, weit auseinanderstehend, aufgerichtet getragen.
Hals: mittellang, kräftig, stark behaart.
Rumpf: mittellang, sehr kräftig. Rücken gerade, leicht abfallend. Brust: voll und tief; Bauch nur leicht aufgezogen.
Rute: mittelhoch angesetzt, über den Rücken geringelt, einer wehenden Fahne gleichend.
Gliedmaßen: *Vorderhand:* Schultern mäßig schräg. Läufe gerade, starkknochig, muskulös. *Hinterhand:* breit, kraftvoll; Sprunggelenke stark, mäßig niedergelassen. *Pfoten:* groß, kräftig, mit harten Ballen.
Haar und Farbe: dicht und harsch; Deckhaar gröber, 3–5 cm abstehend, Unterwolle sehr dicht und wollig. – Helles Wolfsgrau bis Schwarz.
Größe und Gewicht: Rüde 64 cm, 38 kg; Hündin 59 cm, 16 kg.

American Cocker Spaniel, FCI-Nr. 167 *Bild 6* *USA*

Erscheinung: kleiner, doch kräftig wirkender und gut gezeichneter langhaariger Hund mit langen Behängen und kurz kupierter Rute.
Charakter und Verwendung: idealer Haushund mit verträglichem, ausgeglichenem Charakter, ausdauernd und sehr liebevoll. In Amerika besonders beliebt.
Kopf: wohlproportioniert. *Schädel:* edel geformt, ohne Neigung zur Flachheit oder Rundheit des Schädeldaches. Augenbrauen und Stop ausgeprägt. *Fang:* breit und tief, mit starken, gleichmäßigen Kiefern. *Nase:* je nach Haarfarbe schwarz oder braun. *Gebiß:* Scherengebiß. *Augen:* rund, voll, geradeaus blickend. *Behänge:* lang und lappig, nicht oberhalb der unteren Augenpartie angesetzt, gut bedeckt mit langem, seidigem Haar.
Hals: lang, muskulös, trocken; leicht gebogen und mit langem, gewelltem Haar bedeckt.
Rumpf: quadratisch; Rücken kräftig, gleichmäßig vom Oberrist leicht abfallend; Brust tief, nicht zu breit, Rippen gut gewölbt.
Rute: in einer Linie mit der Rückenlinie angesetzt und getragen, bei der Arbeit stets bewegt.
Gliedmaßen: *Vorderhand:* gerade, starkknochig und muskulös; Ellenbogen heruntergelassen. *Hinterhand:* starkknochig, gut gewinkelte Kniegelenke. Kräftige Schenkel, starke Sprunggelenke, gut heruntergelassen. *Pfoten:* rund, geschlossen.
Haar und Farbe: seidig; glatt oder leicht gewellt mit genügend Unterhaar. Behang von Brust und Bauch und den Rückseiten der Läufe gut befedert,

oft bis zum Boden reichend. – Alle Farben zugelassen, jedoch bei Einfarbigen nur wenig Weiß an Hals und Brust zugelassen.
Größe und Gewicht: Idealgröße: Rüde 38,10 cm, Hündin 35,36 cm; Gewicht o. A.

Barsoi, FCI-Nr. 193 a *Bild 7* *UdSSR*

Erscheinung: großer, formschöner, langhaariger Windhund mit schlankem, schmalem Kopf, Hängeohren, hohen feinen Läufen und langer, gebogener Hängerute.
Charakter und Verwendung: zurückhaltend, nicht ausgesprochen anhänglich, sondern selbstbewußt, offenbart seine Gefühle nur bei besonderen Gelegenheiten. – In seiner russischen Heimat ein Hetzhund, vor allem auf Wolf und Fuchs. Folgt dem Wild nicht mit der Nase, sondern mit den Augen. In Europa keine Jagdmöglichkeit für diese alte, edle Rasse. Bei uns reiner Luxus-, Haus- oder Rennhund. Der Barsoi fühlt sich nur wohl, wenn er sich täglich auf größerem Gelände frei bewegen und austoben kann.
Kopf: *Schädel:* lang, schmal, sehr trocken, fein gemeißelt, endet in deutlich betonter Spitze. *Fang:* lang, schmal, trocken, geht in leichtem Bogen zur Nase über, nicht spitzig; Schädel und Fang sollen einen sehr stumpfen Winkel bilden. *Nase:* Nasenlöcher stehen über den Unterkiefer hinaus; Kuppe schwarz. *Gebiß:* kräftiges Scherengebiß. *Augen:* länglich, weder eingesunken noch hervorstehend, dunkel mit schwarzen Lidern; liegen in der Mitte zu Hinterhauptbein und Nasenspitze. *Ohren:* hoch angesetzt, laufen in Spitze aus, sehr beweglich, in der Ruhe auf dem Hals rückwärts aufliegend; so fein wie möglich; bei Aufmerksamkeit hoch aufgerichtet, wobei die Spitzen nach vorn kippen.
Hals: mittellang, ohne Wamme; besonderer Schmuck: lange, lockige, dichte Krause.
Rumpf: Rücken ziemlich kurz, rundet sich zur Lendenpartie ab, langer, gefälliger Bogen (nicht Buckel!); Rücken der Hündin weniger gebogen, aber nicht zu flach; Brust ungewöhnlich tief, flach; Rippen flach oder nur leicht gerundet; Bauch so weit aufgezogen, daß unter den Flanken unsichtbar; Nierenpartie beim Rüden so kurz wie möglich, bei der Hündin länger; Flanken stark, gespannt, bei der Hündin geräumiger; Lendenpartie lang, kräftig bemuskelt, in gebogener Linie zum Kreuz hin abfallend, so daß Schwung des Rückens sich über Lenden und Kruppe fortsetzt und in der Hinterhand endet; Kruppe lang, breit, so daß 4 Finger einer Männerhand zwischen den Hüftknochen Platz finden.
Rute: sehr geschmeidig, so lang wie möglich, in der Ruhe sichel- oder säbelförmig herabhängend getragen, befranst.
Gliedmaßen: *Vorderhand:* Schultern flach, gut betont, so schräg wie möglich; Spitzen der Schulterblätter berühren sich beinahe; Ellbogen nicht zu fest am Körper anliegend, jedoch nicht nach außen gedreht; Vorderläufe vollkommen gerade; Knochen flach, trocken, von vorn gesehen schmal, von der Seite breiter als an den Schultern, verjüngen sich nach den Pfoten zu; Knochen nicht rund. *Hinterhand:* breiter als Vorderhand; Schenkel kräftig bemuskelt, breite, lange, flache Knochen; Sprunggelenke in gutem Winkel; Mittelfuß nicht zu kurz,

Hinterhand keinesfalls zu gerade. *Pfoten:* lange Hasenpfoten; Zehen geschlossen; der Barsoi steht mehr auf den Zehen als auf den Ballen.

Haar und Farbe: lang, seidig, gewellt oder groß gelockt, nicht wollig; an Kopf, Ohren, Vorderseite der Läufe schlicht, kurz, auf dem Rücken länger, wellig; an den Schenkeln stärker, an den Flanken kürzer gelockt; am Hals besonders lang, lockig (dichte Krause); lange Fransen an der Rückseite der Vorderläufe, der Schenkel, an der Unterseite von Brust und Rute. – Reinweiß, Weiß mit Gelb; orangerot gestromte oder graue Abzeichen. Wenn einfarbig, leichte Aufhellung der Farbe nach den Extremitäten zu; Farbflecken nicht zu scharf gegen das Weiß abstechend.

Größe und Gewicht: 70–82 cm und darüber, Hündin 5 cm niedriger; Gewicht o. A.

Basenji, FCI-Nr. 43 a *Bild 8* *Afrika—Belgien*

Erscheinung: hochläufig, terrierähnlich, kurzhaarig; mit kleinen, zugespitzten, hochstehenden Ohren und dicht über dem Rücken getragener, zur Seite gerollter Rute.

Charakter und Verwendung: umgänglicher, spielfreudiger, gehorsamer Hund, der ständig sein seidig glänzendes Haar pflegt. In seiner Heimat, Zentralafrika, wird er von den Eingeborenen zur Kurzhaltung des kleineren Raubzeugs eingesetzt und als reiner Jagdhund beim Stöbern und Treiben in Fangnetze. Gerühmt wird seine ausgezeichnete Nase. Seine besondere Eigenart: er kann nicht bellen. 1895 in England zum ersten Mal gezeigt, 1937 in Amerika. – Bei uns angenehmer Haushund; der einzige Laut, den er von sich gibt, ist ein heulendes Jodeln.

Kopf: *Schädel:* flach, zur Nase konisch zulaufend, feine, reichliche Falten auf der Stirn. *Fang:* kürzer als Schädel, nicht zu spitz; endet mit gut gerundetem Nasenspiegel. *Nase:* breit, schwarz. *Gebiß:* Zangengebiß. *Augen:* dunkel, haselnußbraun, mandelförmig; schräg gestellt, weit blickend. *Ohren:* klein, zugespitzt, aufrecht; vorn auf der Spitze des Kopfes aufgesetzt.

Hals: lang, gut gewölbt, mit vollem Kehlansatz.

Rumpf: Rücken kurz, gerade; Brust tief, breit, geht in ausgesprochene Taille über.

Rute: hoch angesetzt, dicht über eine Seite gerollt; Rutenspitze weiß.

Gliedmaßen: *Vorderhand:* gerade; Schultern flach, zurückliegend; Vorarm lang, trockene Sehnen; Mittelfuß lang, gerade, biegsam. *Hinterhand:* stark, muskulös, gerade, mit langen Unterschenkeln, gut heruntergelassenen Sprunggelenken. *Pfoten:* klein, schmal, kompakt; Zehen gut gewölbt.

Haar und Farbe: kurz, seidig, glänzend; Haut geschmeidig. – Kastanienrot, reines Schwarz, Schwarz mit lohfarbenen Abzeichen. Bei allen Farben stets weiße Pfoten, Brust, Rutenspitze; weiße Läufe, Blesse und Kragen zugelassen.

Größe und Gewicht: Rüde 43 cm, 11 kg; Hündin 40 cm, 10 kg.

Bassets (französische Niederlaufhunde) *Frankreich*

Erscheinung: Als die weiträumigen Jagdmöglichkeiten für hochläufige Laufhunde begrenzter wurden, nahmen die Jäger langsamere, weniger flüchtige Bracken in ihren Dienst. Sie benutzten Bracken, bei denen durch Mutation Dackelbeinigkeit auftrat, zur Zucht oder kreuzten in ihre Laufhundrassen Dachshunde ein. Die neuen Rassen behielten die Namen der hochläufigen Ausgangsrassen mit dem vorgesetzten Wort Basset von bas = nieder.
In Frankreich sind bekannt der kurzhaarige, zwei- oder dreifarbige Basset Artésien Normand, dem in England und Amerika der foxhoundfarbene Basset Hound entspricht; ferner der kurzhaarige weiß-blau gesprenkelte Basset Bleu de Gascogne, der rauhhaarige Basset Fauve de Bretagne (FCI-Nr. 36 a) und zuletzt der rauhhaarige Basset Griffon Vendéen (FCI-Nr. 33 b). Das äußere Bild ist ähnlich; niedere, lange, Hunde mit ausgeprägtem Kopf und langer Rute.

Charakter und Verwendung: ausgezeichnete Nasentätigkeit, große Jagdpassion, lockerer Spurlaut. Eine gewisse Langsamkeit und Ruhe machen diese Niederlaufhunde zu hervorragend geeigneten Gefährten des modernen Jägers mit seinen kleinen Revieren und geringem Wildbestand. Anhänglich, treu, liebenswürdig; geringe Ansprüche an Haltung und Pflege, daher auch Haus- und Luxushunde.

Basset Artésien Normand, FCI-Nr. 34 a *Bild 9* *Frankreich*

Kopf: gewölbt, mittelbreit, insgesamt hager. *Schädel:* Hinterhauptbein sichtbar; Stop ohne Übertreibung betont. *Fang:* mittellang, ziemlich breit, vor der Nasenkuppe leicht konvex; Backen nicht durch Muskeln, sondern durch lose, zwei Falten bildende Haut geformt. *Nase:* schwarz, breit, ein wenig über die Lefzen vorstehend; Nasenlöcher weit geöffnet. *Gebiß:* Scherengebiß. *Augen:* groß, dunkel, mit ruhigem, ernstem Ausdruck; Rot des Augenlids sichtbar. *Behänge:* so tief wie möglich, niemals über der Augenlinie, dort korkenzieherartig schmal angesetzt; weich, fein, mindestens so lang, daß sie bis zur Nasenspitze reichen; enden in einer Spitze.

Hals: ziemlich lang, geringe Wamme.

Rumpf: Rücken lang, gut gestützt; Lendenpartie leicht aufgezogen; Kruppe leicht abfallend; Brust breit, gerundet; Brustbein gut hervorspringend; Rippen mehr rund als tief; Flanke herabgelassen, voll.

Rute: gut angesetzt, stark am Ansatz, dann dünner werdend; lang, manchmal säbelartig; niemals auf den Rücken fallend getragen; ohne Bürste.

Gliedmaßen: *Vorderhand:* Schultern kurz, stark, rund, bemuskelt; Läufe kurz, dick, gedreht, aber nicht knickend. *Hinterhand:* Oberschenkel sehr muskulös, bilden zusammen mit Hüfte runde Wölbung; Hüfte ein wenig schräg; Sprunggelenke nur mäßig gewinkelt, stark, dort ein oder zwei Hautfalten. *Pfoten:* groß, berühren mit allen Zehen den Boden.

Haar und Farbe: glatt, kurz, anliegend, aber nicht fein. – Dreifarbig oder Weiß und Orange zweifarbig. Dreifarbig: stark mit Gelb am Kopf, mit Mantel oder Flecken in Schwarz. Hasen- oder Dachsfarben mit gelben Spitzen.

Größe und Gewicht: 26–36 cm; Gewicht o. A.

Basset Bleu de Gascogne, FCI-Nr. 35 a *Bild 10* *Frankreich*

Erscheinung: niedrig, kurzhaarig, blau oder weiß mit blauem Mantel oder blauen Flecken, Hängeohren; lange Rute.

Kopf: trocken, länglich, schmaler als breit. *Schädel:* gewölbt, betont in Spitzbogenform das Hinterhauptbein; Stop gut gewölbt. *Fang:* lang, leicht gewölbt, stumpf. *Nase:* schwarz, gut geöffnet. *Gebiß:* Scherengebiß. *Augen:* dunkelbraun, mit sanftem, traurigem Ausdruck; herabfallendes Innenlid läßt ab und zu Rot sehen. *Behänge:* unterhalb der Augenlinie angesetzt, gut vom Schädel gelöst; lang, fein, gefaltet; überragen in der Länge die Nasenspitze; herabhängend.

Hals: ziemlich lang, wenig gebogen, Kehlwamme.

Rumpf: Rücken verlängert, gut gestützt; Nierenpartie kurz, oft aufgezogen; Brust eher breit als tief; Bauch aufgezogen.

Rute: gut angesetzt, ziemlich lang, zuweilen mit leichter Bürste.

Gliedmaßen: *Vorderhand:* Schultern muskulös, aber ohne Schwere; Läufe gerade, gedreht oder halbgedreht. *Hinterhand:* Schenkel muskulös; Sprunggelenke breit, oft nur wenig gewinkelt, eng gestellt. *Pfoten:* ziemlich stark, länglichoval; Krallen schwarz; Ballen hart.

Haar und Farbe: kurz, nicht zu fein, überall gut bedeckend; Haut schwarz oder weiß-schwarz marmoriert; Gaumen, Lefzen schwarz. – Blau oder Weiß mit mehr oder weniger ausgebreiteten Flecken, mit oder ohne Mantel. Über den Augen rote Abzeichen, desgleichen mehr oder weniger betont an Fang, Innenflächen der Behänge und Läufe.

Größe und Gewicht: 34–42 cm; Gewicht o. A.

Basset Hound, FCI-Nr. 163 b *Bild 11* *USA/England*

Erscheinung: niederläufiger Jagdhund, der gegenüber allen anderen Hunderassen einen im Verhältnis zu seiner Größe ausgesprochen schweren Knochenbau hat. Schwerer Kopf und lange Rute, dreifarbiges, kurzes Fell.

Charakter und Verwendung: ruhiger, langsamer Stöberhund mit großer Ausdauer. Auch als Haus- und Begleithund wegen seines ruhigen Wesens geschätzt.

Kopf: *Schädel:* groß, schwer, gut proportioniert; mittelbreit und gewölbt. Hinterhauptshöcker deutlich hervortretend. Die Haut über dem ganzen Kopf ist lose und bildet deutliche Runzeln über der Braue, wenn der Kopf gesenkt wird. *Fang:* tief, schwer, spitz. *Nase:* dunkel pigmentiert. *Gebiß:* Scherengebiß. *Augen:* braun, leicht eingesunken. *Ohren:* tief angesetzt, außergewöhnlich lang, samtig, faltig.

Hals: kräftig, mittellang.

Rumpf: lang. Rücken gerade, weder eingesunken noch gewölbt. Rippen wohlgerundet, mit guter Ausdehnung nach hinten.

Rute: soll nicht kupiert sein; wird leicht über den Rücken gebogen und fröhlich getragen. Unterseite rauh und buschig behaart.

Gliedmaßen: *Vorderhand:* kurz, kräftig, mit schweren Knochen und loser Haut.

Schultern gut zurückliegend, kraftvoll. *Hinterhand:* sehr muskulös, wohlgerundet, Kniegelenk auswärts gebogen. Von hinten gesehen sind die Hinterläufe parallel zueinander gestellt, Sprunggelenke weder ein- noch auswärts gestellt. Kuhhessigkeit oder O-Beine sind fehlerhaft, ebenso steile Läufe oder geringe Winkelung. *Pfoten:* sehr schwer, gut abgerundet, mit schweren Ballen.
Haar und Farbe: stockhaarig, hart, kurz und glatt. Haut lose und elastisch. – Alle Jagdhundfarben wie Schwarz-Rot-Weiß in jeder möglichen Verteilung.
Größe und Gewicht: Höhe möglichst nicht mehr als 35,5 cm; Gewicht o. A.

Bayr. Gebirgs-Schweißhund, FCI-Nr. 217 *Bild 12* *Deutschland*

Erscheinung: mittelgroß, leicht, beweglich, aber muskulös, kurzhaarig; herabhängende Ohren, kräftige mittellange Rute.
Charakter und Verwendung: für die Arbeit im Hochgebirge hervorragend geeigneter Schweißhund, der am langen Riemen und in freier Hetze angeschossenes Wild nachsuchen und zur Strecke bringen muß. Er gehört nur in die Hand des Jägers. Kein Familienhund.
Kopf: verhältnismäßig breit, flach gewölbt, nicht zu schwer; Augenbögen gut entwickelt. *Fang:* nicht zu lang, nicht zu spitz, vor den Augen etwas abgesetzt; Lefzen überfallend, aber keine Hängelefzen; Mundwinkel gut ausgeprägt. *Nase:* schwarz, auch dunkelrot; wohl ausgebildeter Nasenschwamm. *Gebiß:* Zangengebiß. *Augen:* klar, nicht zu groß und zu rund, gut geschlossen; dunkel- oder hellbraun. *Behänge:* etwas über mittellang, schwer, hoch und breit angesetzt, unten abgerundet; hängen ohne Drehung an den Kopfseiten herab.
Hals: mittellang, kräftig, trocken; geht in schöner Linie in den Widerrist über.
Rumpf: Rücken sehr kräftig, breit, nicht zu kurz, tief zu den Weichen hinab bemuskelt; Nierenpartie leicht gewölbt; Kruppe lang, verläuft flach gegen die Rute hin; Brust tief, nicht zu breit; Rippenkorb tief, lang, mit langen, weit gegen die Flanken hinreichenden Fehlrippen; Bauch leicht aufgezogen.
Rute: mittellang, reicht ungefähr bis an die Fußwurzel; nicht zu tief angesetzt; verläuft schlank und wird horizontal oder abwärts getragen; an der Unterseite stärker behaart.
Gliedmaßen: *Vorderhand:* Schultern schräggestellt; Oberarm lang; Läufe starkknochig, aber nicht plump, von vorn gesehen ganz gerade, stark bemuskelt; Fußwurzeln weder durchgedrückt noch senkrecht gestellt. *Hinterhand:* Keulen sehr breit, lang; Unterschenkel verhältnismäßig lang, schräg, Fußwurzel dagegen senkrecht zum Boden gestellt; Behaarung kräftig, an den hinteren Rändern der Keule fast rauhhaarig; Läufe von hinten gesehen parallel zueinanderstehend; Sprunggelenke weder ein- noch auswärts gedreht. *Pfoten:* nicht übermäßig stark; rund, aber nicht zu flach, eher löffelförmig; Zehen gut geschlossen, gewölbt; Krallen gut entwickelt, schwarz oder hornfarben; Ballen kräftig, rauh, widerstandsfähig.
Haar und Farbe: dicht, glatt anliegend, mäßig rauh mit wenig Glanz; an Kopf und Behang feiner, an Bauch und Keulen rauher, länger. – Tiefrot, Hirschrot, Rotbraun, Rotgelb, Ockergelb, Fahlgelb bis Semmelfarben, Rotgrau; Geflammt

bzw. dunkel gestichelt; Fang, Behänge sowie Rücken und Rute häufig dunkel gestichelt.
Größe und Gewicht: Rüde unter 50 cm, Hündin unter 45 cm; Gewicht o. A.

Beagle, FCI-Nr. 161 b *Bild 13* *England*

Erscheinung: kleiner englischer Laufhund in den typischen Farben englischer Hounds (Schwarz, Lohbraun, Orange, Weiß); lange, tief angesetzte Behänge, mittellange Rute.
Charakter und Verwendung: guter Geruchssinn, lockerer Spurlaut, ausgesprochene Spursicherheit und -willigkeit. Jagt besonders in der Meute nicht zu schnell auf Fuchs und Hase. Im Haus anhänglich, treu, wachsam, sanft, liebevoll; daher auch als reiner Luxus- und Haushund beliebt.
Kopf: mäßig lang, kraftvoll, ohne grob zu sein. *Schädel:* gewölbt, mäßig breit, ansteigend, in der Mitte leicht erhöht; Stirnabsatz sehr deutlich. *Fang:* verhältnismäßig stumpf, nicht rüsselartig spitz; Lefzen gut herabhängend. *Nase:* breit, schwarz; Nasenlöcher offen, gut geweitet. *Gebiß:* Zangengebiß. *Augen:* braun, dunkel bis haselnußfarben, weder tiefliegend noch hervorstehend; milder Ausdruck. *Behänge:* lang, tief angesetzt; fein in der Form, in anmutiger Falte dicht der Wange anliegend.
Hals: kräftig, mäßig lang, leicht gewölbt, anmutig in Nacken und Schultern übergehend; leichte Wammenbildung.
Rumpf: Rücken gedrungen; Brust gut entwickelt; Rippen ziemlich gewölbt; Fehlrippen tief hinabreichend; Weichen kraftvoll, nicht aufgezogen.
Rute: mäßig lang, „lustig", nicht über dem Rücken oder eingerollt getragen.
Gliedmaßen: *Vorderhand:* Schultern leicht hängend, trocken; Läufe gerade, Muskeln kräftig, Knochen stark, fest unter dem Körper stehend. *Hinterhand:* Schenkel sehr muskulös; Knie- und Sprunggelenke gut gewinkelt; diese gut aufgesetzt. *Pfoten:* rund; Zehen gut gewölbt; Ballen stark.
Haar und Farbe: *Kurzhaar:* glatt, sehr dicht, nicht zu fein oder zu kurz; *Rauhhaar:* sehr dicht, drahtig. – Schwarz, Lohbraun und Weiß oder irgendeine Verbindung dieser drei; Mischung von Weiß und Hasenfarbe, Dachsfarben oder Gelb bzw. Lohbraun = jede Farbe der Hounds.
Größe und Gewicht: zwischen 33—40 cm; Gewicht o. A.

Bedlington Terrier, FCI-Nr. 9 b *Bild 14* *England*

Erscheinung: mittelgroß, temperamentvoll; gelockt, blau- bis sandfarben; durch sorgfältige Schur Ähnlichkeit mit einem Lämmchen; mittellange Rute.
Charakter und Verwendung: liebenswürdig, anhänglich, gehorsam; Neigung zur Gebrauchsarbeit; ausgesprochen „schöner" Hund. Für Stadt und Land ausgezeichnet geeignet. Sorgfältige Haarpflege notwendig. Braucht viel Bewegung.
Kopf: birnenförmig. *Schädel:* schmal, tief, gerundet; bedeckt mit dichtem, seidigem Schopf, der fast weiß sein soll; kein Stirnabsatz; Linie vom Hinterhauptbein zur Nasenspitze gerade, ungebrochen; unter dem Auge gut ausgefüllt. *Fang:* lang, sich verjüngend; Lefzen gut schließend. *Nase:* Nasenlöcher groß, stark ausgeprägt; blaue und blau- und lohfarbene Tiere schwarze Nasen, leber- und sand-

farbene braune Nasen. *Gebiß:* Scheren- oder Zangengebiß; Zähne groß, kräftig. *Augen:* klein, glänzend, tiefliegend, im Idealfall dreieckig; blaue Tiere sollen dunkle Augen, blau- und lohfarbene hellere mit Bernsteinschimmer, leber- und sandfarbene hell haselnußfarbene haben. *Ohren:* mittelgroß, haselnußförmig, niedrig angesetzt, flach an der Wange herabhängend; bedeckt mit kurzem, feinem Haar, an der Spitze mit einer weißlich seidigen Franse.
Hals: lang, sich verjüngend, tief am Ansatz; keine Wammenbildung; soll sich gut aus der Schulter herausheben; Kopf ziemlich hoch getragen.
Rumpf: muskulös, aber biegsam; Rücken gebogen; Brust tief, ziemlich breit, flachrippig; Kruppe abfallend; Lendenpartie hochgezogen; muskulöse Galoppierpartie, aber gleichzeitig fein und anmutig.
Rute: mäßig lang, dick an der Wurzel, verjüngt sich zur Spitze hin mit anmutiger Biegung; tief angesetzt, nie über dem Rücken getragen.
Gliedmaßen: *Vorderhand:* Schultern flach, schräg; Läufe gerade, an der Brust weiter auseinanderstehend als an den Pfoten; Mittelhandknochen lang, etwas schräg verlaufend. *Hinterhand:* muskulös, mäßig lang; Hinterläufe sehen wegen des gebogenen Rückens und der hochgezogenen Lenden länger aus als Vorderläufe; Sprunggelenke kräftig, tief sitzend. *Pfoten:* lange Hasenpfoten; Ballen dick, gut geschlossen.
Haar und Farbe: dick, flockig, von der Haut abstehend, nicht drahtig; Neigung zur Lockenbildung, besonders an Kopf und Gesicht. – Blau, Blau- und Lohfarben, Leber- oder Sandfarben.
Größe und Gewicht: nicht über 40 cm; 8–10 kg.

Belgische Schäferhunde, FCI-Nr. 15 a *Bild 15* *Belgien*

Erscheinung: Belgien hat 4 Typen hervorgebracht. Etwas kürzer und leichter als der Deutsche Schäferhund, ähneln sie ihm in großen Zügen. Nach äußerem Bild, Behaarung, ursprünglichem Zuchtzentrum werden sie unterteilt:
langhaarig: der schwarze Groenendael, der rehbraune Tervueren;
kurzhaarig: der rehbraune, schwarzgestichelte Malinois;
rauhhaarig: der rehbraune Laekenois mit Kohlestichelung an Fang und Rute.
Charakter und Verwendung: lebhaft, flink, aufmerksam; willige Hütehunde der Schäfer. Hohe Intelligenz, leichte Dressurfähigkeit und ausgeprägter Schutztrieb befähigen sie zum Polizei-, Schutz- und Sanitätshund.
Kopf: lang, trocken, in gutem Verhältnis zum Körper. *Schädel:* mehr flach als gerundet, nicht zu breit, nicht zu schmal, mäßiger Stop. *Fang:* lang, mäßig zugespitzt; gleich lang wie der Schädel, nie spitz; verjüngt sich konisch zur Nasenspitze hin; Kiefer stark, straff, kräftig; Lefzen eng anliegend. *Nase:* ziemlich breit, gut geöffnet. *Gebiß:* Scherengebiß. *Augen:* dunkelbraun, braun, mittelgroß, mandelförmig; nicht zu schräg gesetzt, nicht hervortretend, mit intelligentem Ausdruck. *Ohren:* dreieckig, steif aufrecht getragen, nicht zu lang; hoch angesetzt, Ansatz und Muschel gut gerundet.
Hals: mittellang, bemuskelt; guter Übergang in Nacken- und Schulterpartie.
Rumpf: Rücken, Nierenpartie, Kruppe verlaufen horizontal; breit, kraftvoll, von

mittlerer Länge; Kruppe sanft abfallend; Brust tief, nicht zu breit; Rippen oval gewölbt; quadratische Gesamterscheinung.
Rute: stark angesetzt, mittellang – je nach Varietät etwas kürzer oder länger; wird herabhängend, in Erregung säbelförmig, jedoch ohne Haken und nicht über dem Rücken getragen.
Gliedmaßen: *Vorderhand:* Schultern lang, schräg, stark gewinkelt; Läufe lang, stark, nicht zu schwerknochig und von allen Seiten gerade; Ellbogen anliegend. *Hinterhand:* stark, gut bemuskelt, gut gewinkelt, von hinten gesehen gerade. *Pfoten:* rund, kompakt (Katzenpfoten); Ballen kräftig, weder ein- noch auswärts gedreht.
Haar und Farbe: bei allen Varietäten dicht, üppig, mit kräftiger Unterwolle; Länge verschieden. Farbe: s. Erscheinung.
Größe und Gewicht: Rüde, Hündin 62 cm; beide durchschnittlich 24 kg.

Bernhardiner, FCI-Nr. 61 a *Bild 17* *Schweiz*

Erscheinung: sehr groß, kräftig, hochläufig, stock- oder langhaarig, mächtiger Kopf, kleine Hängeohren, lange Rute.
Charakter und Verwendung: machtvoller Schutzhund, Nachkömmling römischer Hunde und enger Verwandter der Berner Sennenhunde, durch seine Tätigkeit als Spürhund des Klosters auf dem St. Bernhard berühmt. Zuverlässiger Wächter und Schutzhund, dessen Größe gewisse Ansprüche an Haltung und Fütterung stellt.
Kopf: sehr kräftig; Oberkopf breit, etwas gewölbt, geht seitlich in sanfter Rundung in die sehr kräftig entwickelten Backen über; starke Furche zwischen den Augen; faltenreiche Stirnhaut; Stop plötzlich und ziemlich steil abfallend. *Fang:* kurz, stumpf, ohne jede Verjüngung; senkrechter Durchschnitt der Fangwurzel größer als Längenlinie; Nasenrücken gerade, nicht gewölbt; feine Rinne über den ganzen Fang; Lefzen nicht überhängend. *Nase:* kräftig, breit, schwarz; Nasenlöcher gut geöffnet. *Gebiß:* Scherengebiß. *Augen:* mittelgroß, mäßig tiefliegend, mehr nach vorn als nach der Seite stehend, braun. *Ohren:* mittelgroß, ziemlich hoch angesetzt; Ohrmuschel am Ansatz nicht sehr kräftig, leicht abstehend, abfallend, schmiegt sich gerade an; Lappen gerundet, bildet zur Spitze hin verlängertes Dreieck.
Hals: hoch angesetzt, kräftig, horizontal oder leicht gesenkt, deutliche Furche zwischen Kopf und Nacken; Nacken muskulös, seitlich gewölbt; Kehl- und Halswamme.
Rumpf: Rücken sehr breit, bis zur Lendenpartie gerade, von Hüfte bis Kruppe sanft abfallend; Brust mäßig tief, reicht bis zum Ellbogen herab, sehr gut gewölbt; Bauch nur wenig aufgezogen, von der sehr kräftigen Nierenpartie deutlich abgesetzt.
Rute: ohne Absatz breit, kräftig angesetzt, endet in kräftiger Spitze, wird herabhängend getragen; im letzten Drittel leicht aufwärts gebogen; leichtes Umrollen der Spitze gestattet.
Gliedmaßen: *Vorderhand:* Schultern schräg, breit, kräftig, sehr muskulös; Widerrist stark ausgeprägt; Oberarm sehr kräftig, muskulös; Läufe gerade, kräftig.

Hinterhand: Keulen muskulös; Läufe stark, gerade; Sprunggelenke mäßig gewinkelt. *Pfoten:* breit, mäßig geschlossen; Zehen kräftig, ziemlich stark gewölbt.
Haar und Farbe: stockhaarig: sehr dicht, glatt anliegend, nicht rauh; Keulen mit leichten Hosen; Rutenbehaarung am Ansatz länger, an der Spitze kürzer, buschig. Langhaarig: Weiß mit Rot, Rot in den Varianten Gelb bis Dunkelbraun, auch Graubraun gestromt. Notwendige weiße Abzeichen an Brust, Halsband, Nasenband, Blesse und Genickfleck, ferner an Pfoten und Rutenspitze. *Plattenhunde:* weiße Grundfarbe mit rotfarbenen oder graugelben bis graubraun gestromten Platten. *Mantelhunde:* mit dunkelgefärbten, geschlossenem Mantel über Rücken und Flanken; dunkle Verbrämung an Kopf (Maske) und Ohren erwünscht.
Größe und Gewicht: Rüde mindestens 75 cm, Hündin mindestens 70 cm; Gewicht o. A.

Bichons *Bild 18, 19* *Italien und Frankreich*

Erscheinung: kleine, langhaarige Stubenhunde mit kurznasigem, stumpfem Fang, behaarten Hängeohren und Ringelrute. Nach der Behaarung unterscheidet man verschiedene Unterrassen: Malteser (s. Randzeichnung), Bologneser, rauhhaariger Ténériffe, Havaneser.
Charakter und Verwendung: intelligente, zierliche Luxushunde.
Kopf: nicht zu lang. *Schädel:* leicht konvex, breit zwischen den Ohren; Hinterhauptrand betont; Stop gut markiert. *Fang:* kurz, stumpf. *Nase:* schwarz. *Gebiß:* Scherengebiß. *Augen:* groß, rund, geradestehend, schwarz. *Ohren:* hoch angesetzt, seitlich herabhängend, gut behaart.
Hals: schlank, lang, Nackenlinie geschwungen, reich behaart, stolz getragen.
Rumpf: länger als hoch; Rücken gerade; Brust gut entwickelt, herabgelassen, lang; Rippen gerundet; Bauch aufgezogen; Nierenpartie breit, stark, bemuskelt.
Rute: hoch angesetzt, über den Rücken geringelt getragen, behaart.
Gliedmaßen: *Vorderhand:* kurz, gerade, trocken; Ellbogen gut anliegend, senkrechte Stellung, kurzer Mittelfuß. *Hinterhand:* gerade; Sprunggelenke gut gewinkelt. *Pfoten:* kurze, runde Katzenpfoten.
Haar und Farbe:
Malteser (FCI-Nr. 65 a): sehr lang, wie leuchtende, schwere Seide; weder leicht, weich noch aufgerichtet, vielmehr soll „die kompakte und von Haaren gebauschte Masse des Felles wie ein Umhang schwer zu Boden fallen". Dicht geschlossen, ohne Lockenbildung; Länge 22–30 cm. – Weiß evtl. mit Neigung zu schwachem Elfenbein oder blassem Orange. – Rüde 21–25 cm, 3–4 kg; Hündin 20–23 cm, Gewicht o. A.
Bologneser (FCI-Nr. 169 a): lang, sehr dicht, büschelig (struppig), gelockt; bedeckt den ganzen Körper; am Fang kürzer; Rute mit Haarbüschel geschmückt. – Rein Weiß; kleiner gelblicher Fleck oder Reflex gestattet. – Rüde 27–30 cm, Hündin 25–28 cm; 2,4–5 kg.
Ténériffe: 7–12 cm lang, wollig gekraust; weder flach noch gedreht. – Weiß; zarte Flecken in Beige oder Dachsgrau, besonders an den Ohren, gestattet. – Unter 30 cm und 5 kg.

Havaneser (FCI-Nr. 250): pelzig, seidig gewellt mit großen Locken„maschen". – Weiß, Beige oder Kastanienbraun einfarbig; größere Flecke an Ohren oder Platten am Rumpf in Beige, Grau oder Schwarz kommen vor. – 28–32 cm; Gewicht 6 kg nicht überschreitend.

Bichon à poil frisé, FCI-Nr. 215 a *Bild 16* *Frankreich/Belgien*

Erscheinung: kleiner, weißer Hund mit struppigem Haar, herabhängenden Ohren und langer Rute.
Charakter und Verwendung: lebhafter, aufmerksamer Hund – ein sehr angenehmer Haushund.
Kopf: nicht zu lang; betonter Stirnabsatz. *Schädel:* leicht gewölbt und breit. *Fang:* kurz, trocken, schmal, nicht spitz. *Nase:* schwarz. *Gebiß:* gesundes Scherengebiß. *Augen:* rund, dunkel, mit geschlossenem schwarzen Lidpigment. *Ohren:* hoch angesetzt, reichlich mit Kräuselhaaren bedeckt.
Hals: nicht zu kurz; erhöht und elegant getragen.
Rumpf: länglich; Rücken: breit, gerade, gut bemuskelt; Rumpflänge 33 cm bei 27 cm Widerristhöhe.
Rute: über den Rücken zurückgebogen getragen, gut behaart.
Gliedmaßen: kurz und gerade, ohne Afterklauen; gut behaart, Krallen und Ballen schwarz.
Haar und Farbe: fein, dem des mongolischen Pferdes ähnelnd, nicht anliegend. Länge 7–10 cm. Am Kopf feiner und glatt anliegend; kürzer an Fang und Pfoten. – Rein Weiß mit schwarzer Nasenkuppe und kräftigem Pigment.
Größe und Gewicht: nicht über 30 cm; nicht mehr als 5 kg.

Bloodhound, FCI-Nr. 84 a *Bild 20* *England*

Erscheinung: mächtiger, kurzhaariger Jagdhund in Schwarz und Rot, Rot und Rötlich und Fahlrot; auffallend schmaler Schädel. Überlange, dünne, tief angesetzte, gefaltete Behänge und Gesichtsfalten geben ihm einen schwermütigen Ausdruck. Sein besonderes Merkmal: die auffallend reiche, lose Haut, die vor allem bei gesenktem Kopf in lockeren, pendelnden Falten und Furchen herabhängt; lange Rute (s. auch S. 118, St. Hubertus Hund).
Charakter und Verwendung: Bloodhound bedeutet „Vollbluthund", d. h. eine der ältesten europäischen Rassen. Die Nasentätigkeit ist überragend: Die Rasse wurde seit Jahrhunderten auf „Schweiß" abgeführt. Daß dieser Hund früher auch zum Verfolgen von Menschen angesetzt wurde, hat seinen Charakter nicht verdorben. Wirkt auf Fremde furchterregend, ist aber treu, anschmiegsam, gelehrig, im Wesen ausgeglichen. Als Jagdhund in Europa seiner Größe wegen selten verwendet; dagegen in Jamaika bei der Hirschjagd, in Rhodesien auf Wildschweine noch heute sehr geschätzt. In Schottland neuerdings als Lawinenhund eingesetzt.
Kopf: schmal im Verhältnis zum Körper; von der Schläfe zur Nasenspitze etwas spitz zulaufend, erscheint dadurch an den Seiten flach, fast breit; Gesamtlänge des Kopfes beim Rüden etwa 30 cm, bei der Hündin 28 cm; Fang, Stirn sowie Oberschädel fast in einer Linie. *Schädel:* lang, ausgeprägtes Hinterhauptbein;

Brauen nur wenig hervorragend. *Fang:* lang, gleichmäßig breit, quadratisch; Lefzen fallen vorn viereckig ab, hängen zum Lippenwinkel hin tief herab, setzen sich in der losen Kehlwamme fort. *Gebiß:* Scherengebiß. *Nase:* schwarz; Nasenlöcher weit, offen. *Augen:* tiefliegend, je nach Haarfarbe dunkelnußbraun bis gelb; Lider rautenförmig, untere Lider zwischen schweren Falten heruntergezogen und umgestülpt. *Behänge:* dünn, äußerst lang, sehr tief angesetzt, fallen in anmutigen Falten herab, im unteren Teil einwärts und rückwärts gedreht.

Hals: lang, stark entwickelte Wamme.

Rumpf: Rücken kräftig, tief, gerade; Brust breit zwischen den Vorderläufen niedergelassen, bildet tiefen Keil; Rippen gut gewölbt.

Rute: lang, spitz zulaufend, ziemlich hoch angesetzt; hoch, aber nicht über den Rücken genommen getragen; an der Unterseite wenig langes Haar.

Gliedmaßen: *Vorderhand:* Schultern lang, gut gewinkelt, starker Muskelbelag; Ellbogen rechtwinkelig gestellt; Vorderläufe gerade, stark. *Hinterhand:* Schenkel sehr muskulös; Knie- und Sprunggelenke gut gebeugt und gewinkelt. *Pfoten:* kräftig, geschlossen, gut abgesetzt.

Haar und Farbe: am Körper kurz, hart; an Behang und Kopf seidig weich. – Schwarz und Rotbraun, Rot und Rötlich sowie Fahlrot; weiße Flecken auf Brust, Stirn, Läufen erlaubt.

Größe und Gewicht: a) Typ Bloodhound: Rüde 65–72 cm, 49 kg; Hündin 64–69 cm, 35 kg. b) Typ St. Hubertus Hund: Rüde ca. 67 cm, Hündin 60 cm, 40–48 kg.

Bobtail (Old English Sheepdog), **FCI-Nr. 16 a** *Bild 22* *England*

Erscheinung: langzottig, mittelgroß, meist stummelschwänzig, mit Hängeohren und in grau- oder blaumeliertem Haarkleid mit oder ohne weiße Abzeichen.

Charakter und Verwendung: vermutlich aus Kreuzungen von russischen, französischen und englischen langhaarigen Schäferhunden gezüchtet. Heute ist dieser, einem Bären ähnelnde dekorative Hund mit seinen unter langen Zottelhaaren verborgenen dunklen, traurigen Augen ein ruhiger, vernünftiger Begleithund in der Stadt, auf dem Land ein passionierter Hütehund. Die Pflege seines Haarkleides macht Mühe; dafür entschädigt der anhängliche, menschenfreundliche Charakter.

Kopf: ziemlich umfangreich, nicht zu schmal, eckig abgestumpft; Stop gut markiert; reiche Behaarung. *Fang:* ziemlich lang, kräftig. *Nase:* schwarz. *Gebiß:* Scherengebiß. *Augen:* dunkel; Glasauge (pigmentlose Iris) bei meergrün-grauen oder blauen Hunden gestattet. *Ohren:* klein, flach anliegend, mittellang behaart.

Hals: mäßig lang, leicht gewölbt, dicht behaart.

Rumpf: eher kurz als lang, gedrungen; Rücken gerade; Lendenpartie sehr kräftig, leicht gewölbt; Brust tief, breit; Rippen gewölbt; Kruppe kräftig, schön gewölbt.

Rute: angeborener Stummelschwanz; wenn länger, dann auf 4–5 cm kupiert.

Gliedmaßen: *Vorderhand:* Schultern schrägstehend, gut anliegend. Hund steht im Widerrist niedriger als in der Kruppe; Läufe kerzengerade, starkknochig, ziemlich lang, jedoch nicht hochläufig; allseits gut behaart. *Hinterhand:* gut ge-

rundet, muskulös; Oberschenkel länger und dichter behaart als irgendeine Körperpartie; Sprunggelenke gut gesenkt. *Pfoten:* klein, rund; Zehen gut gewölbt; Ballen dick, rund.
Haar und Farbe: überreich, hart; nicht schlicht fallend, sondern zottigsträhnig, ohne Locken; Unterwolle bildet wasserabstoßende Schicht. – Alle Töne von Grau, Graumeliert, Blau- oder Bluemerle (blau-marmoriert), mit oder ohne weiße Abzeichen. Braune und gelbe Farbtöne unerwünscht.
Größe und Gewicht: Rüde 56 cm und darüber, Hündin darunter; Gewicht o. A.

Bordeaux-Dogge, FCI-Nr. 116 a *Bild 23* *Frankreich*

Erscheinung: kurzhaariger, kompakter, muskulöser Schutzhund mit sehr kräftigem Kopf, kurzem, abgestumpftem Fang, kleinen, zurückliegenden Ohren, Hängerute.
Charakter und Verwendung: naher Verwandter von Mastiff und Bullenbeißer, stammt aus Südfrankreich, wo er als Kampfhund gezüchtet wurde. Der schwere Kopf, das starke Gebiß und die ungewöhnliche Stärke machen ihn zu einem furchterregenden Gegner, rücksichtslosen Verteidiger und Wächter. Im Haus ruhig und angenehm, bedarf aber einer energischen, kraftvollen Hand.
Kopf: sehr groß, schwer, kurz, breit. *Schädel:* breit, hoch, fast eckig; schwarze oder rote Maske; starke Stirnfurche; Faltenbildung zwischen Augen, an Stirn und Fang; Augenjochbogen betont; unvermittelter Stop im Winkel von 90 Grad; tiefe Stirnhöhle. *Fang:* dick, kurz, ganz leicht konkav, quadratisch; Kiefer mächtig, breit, quadratisch; Unterkiefer mindestens 1 cm vortretend; Lefzen breit, herabhängend; Unterlefze dick, ein wenig gefaltet; Backen hervortretend, muskulös. Gesicht und Fang mit seilartigen Falten von dicker, loser Haut bedeckt. *Nase:* breit, dunkel, in Übereinstimmung mit der Maskenfärbung; senkrecht oder leicht vor dem Unterkiefer. *Gebiß:* Vorbeißer. *Augen:* oval, groß, so weit wie möglich auseinanderstehend, nicht hervortretend. *Ohren:* klein, in der Basis und im unteren Teil ein wenig erhoben, zurückfallend, etwas dunkler gezeichnet, gestutzt.
Hals: kurz, sehr stark bemuskelt; starke Wamme.
Rumpf: Rücken gerade, breit, muskulös, kurz im Kreuz; Widerrist hervortretend, danach gerader Abfall mit schrägem, nicht rundem Übergang in die Kruppe; Brust mächtig, breit, tief; Bauch gut aufgezogen.
Rute: stark im Ansatz, nicht über das Sprunggelenk hinabreichend; gute Verjüngung; kurz behaart; niedrig getragen, nur in der Erregung leicht angezogen.
Gliedmaßen: *Vorderhand:* Schultern anliegend, bemuskelt, schräg; Läufe kräftig, stark bemuskelt, wegen der breiten Brust leicht einwärts gebogen, sonst gerade. *Hinterhand:* kräftig, bemuskelt; Oberschenkel etwas nach unten gezogen; Sprunggelenke genügend gewinkelt. *Pfoten:* kräftig; Zehen gut gewölbt, geschlossen; Hinterpfoten weniger breit.
Haar und Farbe: kurz, fein, weich. – Mahagonifarben, Fahl bis Feuerrot, Hellgelb, Goldgelb, Hirschfarben; weiße Flecken gestattet; abstechende Maske in Schwarz oder Rot.
Größe und Gewicht: Rüde 60–68 cm, 50 kg; Hündin 58–66 cm, 45 kg.

Boston Terrier, FCI-Nr. 140 a *Bild 24* *USA*

Erscheinung: mittelgroß, kurzhaarig, kompakt, hochläufig; kurzer Kopf, kupierte Rute; schmissig, beweglich. Die weiße Blesse und Markierung ist charakteristisch.

Charakter und Verwendung: hochintelligent, an allem interessiert; innig an Herrn, Haus und Familie hängend. Weniger laut und scharf als die reinen Terrierrassen. Haltung durch das kurze Haar, das anschmiegsame Wesen sowie Intelligenz leicht.

Kopf: quadratisch. *Schädel:* flach, ohne Runzeln; Backen flach; Augenbrauen steil abfallend, stark ausgeprägt; Jochbogen breit; Stop markiert. *Fang:* kurz, viereckig, breit, tief, im Verhältnis zum Schädel stehend; ohne Runzeln; kürzer in der Länge als in Weite und Tiefe; in der Länge nicht über $^1/_3$ der Schädellänge; Weite und Tiefe gut bis zum Ende ausgeprägt; Fang vom Augenbrauenabsatz bis zur Nasenspitze in einer Linie parallel zur Oberlinie des Schädels verlaufend; Lefzen von guter Tiefe, nicht herabhängend, die Zähne völlig bedeckend, wenn Fang geschlossen. *Nase:* schwarz, weit mit ausgeprägter Linie zwischen den Nasenlöchern. *Gebiß:* Kiefer breit, viereckig mit kurzen, regelmäßigen Zähnen (genügend vorbeißend, um die Schnauze viereckig zu machen). *Augen:* weit auseinanderliegend, groß, rund, dunkel; Ausdruck lebhaft, aber freundlich, intelligent; Augen sollen vierkant im Schädel sitzen, ihre äußeren Ränder, von vorn gesehen, in einer Linie mit den Backen liegen. *Ohren:* aufrecht getragen, klein, dünn, der Kante des Schädels so nahe wie möglich ansitzend.

Hals: von guter Länge, leicht gebogen, zierlich den Kopf tragend; trocken.

Rumpf: tief mit weiter Brust; Rücken kurz; Rippen tief, gut gebogen, in den Lenden weit nach hinten reichend; Lenden kurz, muskulös; Rumpf in leichter Biegung bis zum Ansatz der Rute; Flanke nur sehr leicht hochgezogen. Körper soll kurz, aber nicht plump erscheinen.

Rute: tief angesetzt, kurz, fein, läuft in eine Spitze aus; gerade oder Schraubenrute ohne Fransen oder grobes Haar, nicht über der Horizontale getragen.

Gliedmaßen: *Vorderhand:* Schultern abfallend, mäßig weit auseinanderstehend, in einer Linie mit Schulterspitze; Läufe gerade in Knochen, gut bemuskelt; Mittelhandknochen kurz, kräftig. *Hinterhand:* fest angesetzt, gebogen im Kniegelenk, kurz vom Sprunggelenk zur Pfote; Sprunggelenke weder nach innen noch nach außen gedreht; Schenkel stark, gut bemuskelt. *Pfoten:* rund, schmal, kompakt, weder ein- noch auswärts gedreht; Zehen gut aufgebogen.

Haar und Farbe: kurz, glatt, glänzend, fein in Textur. – Gestromt mit weißer Markierung; das Gestromte gleichmäßig verteilt, klar abgegrenzt; Schwarz mit weißen Markierungen zugelassen, aber gestromt mit Weiß ist vorzuziehen. Ideale Markierung: weißer Fang, gleichmäßig weiße Blesse über Kopf, Hals, Brust, Teil oder das Ganze der Vorderläufe und die Hinterläufe unterhalb des Sprunggelenks.

Größe und Gewicht: o. A.; leichter Typ: nicht unter 7 kg, mittlerer Typ: 7–8,5 kg, schwerer Typ: 8,5–11 kg.

Boxer, FCI-Nr. 144 b *Bild 25* *Deutschland*

Erscheinung: mittelgroß, glatthaarig, stämmig; kurze, quadratische Figur mit charakteristischem, kurzfängigem Kopf, gestutzten Stehohren und kupierter Rute.

Charakter und Verwendung: energischer, kraftvoller Schutz- und Diensthund; Herrn und Familie gegenüber gutmütig und treu; Fremden gegenüber mißtrauisch, Feinden gegenüber furchterregend. Schneidiger Angreifer und Zupacker. Seines kurzen Haares wegen ein angenehmer Hausgenosse, äußerst wachsam. Futteransprüche normal.

Kopf: Oberkopf leicht gewölbt, weder kugelig-kurz noch flach, nicht zu breit; Hinterhauptbein nicht zu hoch; Stirn mit Nasenrücken bildet deutlich markierten Stirnabsatz; Stirnfurche angedeutet. *Fang:* kurz, mächtig entwickelt; Oberkiefer am Oberkopf breit angesetzt, verläuft breit, verjüngt sich nur wenig nach vorn; Unterkiefer breit mit Unterlefze aufwärts gebogen; Backen sehr kräftig, gehen in leichter Wölbung in den Fang über; beide Kiefer vorn sehr breit; Oberlefze dick, wulstig, füllt den Hohlraum aus, der durch Hervorragen des Unterkiefers gebildet ist; wird von den unteren Fangzähnen getragen. *Nase:* breit, schwarz; Nasenlöcher weit, dazwischen Nasenlippenfurche; Nasenschwamm leicht aufgestülpt, da Nasenspitze höher liegt als -wurzel. *Gebiß:* Vorbeißer. *Augen:* möglichst dunkel, nicht klein, nicht hervorquellend, nicht tiefliegend, nicht finster, drohend oder stechend; Lider dunkel. *Ohren:* hoch angesetzt, spitz kupiert, Muschel nicht zu breit, werden lotrecht getragen.

Hals: mittellang, rund, muskulös, kräftig, trocken, ohne Wamme; verläuft mit deutlich markiertem Genickansatz in elegantem Bogen zum Rücken.

Rumpf: quadratisch; Rücken kurz, gerade, breit, stark bemuskelt; Widerrist gut markiert; Brust tief, gut gewölbt, nicht tonnenförmig gerundet; Brusttiefe etwa die Hälfte der Gesamthöhe; Flanken geschlossen, gespannt, leicht aufgeschürzt; untere Bauchlinie verläuft in elegantem Schwung nach hinten.

Rute: Ansatz breit, hoch; kupiert, aufwärts getragen. In einzelnen Ländern unkupiert.

Gliedmaßen: *Vorderhand:* Schultern lang, schräg, geschlossen anliegend, nicht zu stark mit Muskeln bepackt; Oberarm lang, im rechten Winkel zum Schulterblatt liegend; Unterarm gerade mit starken, festgefügten Knochen, senkrecht, lang, stramm bemuskelt; Vorderfußwurzel kurz, gut markiert, doch nicht aufgetrieben; Vordermittelfuß kurz, nur wenig schräg, fast senkrecht zum Boden stehend. *Hinterhand:* sehr stark bemuskelt; Muskulatur bretthart, plastisch durch die Haut hervortretend; Keule breit, gewölbt; Ober- und Unterschenkel lang; Hüft- und Kniegelenkwinkel nicht zu stumpf; Sprunggelenkwinkel etwa 140 Grad; Hintermittelfuß Neigung von 95–100 Grad; Hinterläufe gerade; Sprunggelenke trocken mit kräftigem Fersenbein. *Pfoten:* klein, geschlossen; Zehen gewölbt; Ballen hart; Zehen der Hinterhand etwas länger.

Haar und Farbe: kurz, hart, glatt, anliegend. – Gelb in verschiedenen Schattierungen und Gestromt; weiße Abzeichen gestattet.

Boxer mit weißer, schwarzer oder anderer Grundfarbe werden nicht ins Zuchtbuch eingetragen und zur Ausstellung zugelassen. Weiße Abzeichen dür-

fen nur etwas weniger als ein Drittel der Grundfarbe ausmachen. Dunkle Maske erwünscht.
Größe und Gewicht: Rüde 57–63 cm, mittleres Gewicht: 30 kg; Hündin 53–59 cm, mittleres Gewicht: 25 kg.

Briard, FCI-Nr. 113 a *Bild 21* *Frankreich*

Erscheinung: der Schäferhund von Brie ist groß, kräftig, beweglich, stehohrig, mit Ziegenhaar bedeckt und besitzt eine mittellange Hängerute.
Charakter und Verwendung: lebhafter, aufmerksamer, wachsamer Hüte- und angenehmer Haushund.
Kopf: stark, ziemlich lang; betonter Nasenabsatz, der in gleicher Entfernung zur Nasenkuppe und zum Scheitelpunkt des Schädels liegt. Stark behaart. *Fang:* konisch, aber nicht spitz. *Nase:* viereckig, schwarz. *Gebiß:* Scherengebiß. *Augen:* dunkel, groß, keine Schlitzaugen. *Ohren:* hoch angesetzt, kupiert und aufrechtstehend.
Hals: muskulös und gut von den Schultern abgesetzt.
Rumpf: muskulös. Rücken: gerade, kräftig. Brust oval, tief. Kruppe nur wenig abfallend.
Rute: unkupiert, bis zum Sprunggelenk herabreichend, behaart, am Ende Haken bildend.
Gliedmaßen: *Vorderhand:* starkknochig, gerade gestellt. *Hinterhand:* bemuskelt. Sprunggelenke nicht zu nahe am Boden und so gewinkelt, daß der hintere Mittelfuß fast gerade gestellt ist. *Pfoten:* stark, rund, schwarze Krallen, geschlossen.
Haar und Farbe: lang, gedreht, trocken (wie Ziegenhaar). – Alle Farben außer Weiß zugelassen. Stets nur einfarbig.
Größe und Gewicht: Rüde 62–68 cm, Hündin 56–64 cm; Gewicht o. A.

Bull Terrier, FCI-Nr. 11 b *Bild 26* *England*

Erscheinung: ebenmäßig gebaut, mittelgroß, kurzhaarig, kräftig; verhältnismäßig großer Kopf; spitze Stehohren; Hängerute. Äußeres und Auftreten verkörpern überlegene Kraft, Kampffreudigkeit und Entschlossenheit.
Charakter und Verwendung: furchtlos, schneidig, gelehrig, anhänglich, springlebendig, liebenswürdig; ein wachsamer, furchtloser Hund. Nichts für Schwächliche und Nervöse; angenehm für den, der eine kraftvolle, energische Hundepersönlichkeit sucht.
Kopf: lang, stumpf, keilförmig; Oberkopf flach; Jochbogen breit, gewölbt; Stirn breit, gerade; Augen weit auseinanderstehend; weder Stop, Stirngrube noch Stirnfurche; Kopfhaut möglichst straff. *Fang:* breit, tief, lang, sehr kräftig, vorn stumpf, jedoch nicht senkrecht abgestutzt; Nasenschwamm darf Unterkiefer nur unwesentlich überragen. *Nase:* Nasenrücken breit, Nasenschwamm groß, Nasenkuppe schwarz. *Augen:* mittelgroß, weder hervorquellend noch tiefliegend, mandelförmig oder Form eines flachbogigen Dreiecks; Iris so dunkel wie möglich; Aureole oder äußerer Ring der Iris unbedingt braun. *Ohren:* aufgerichtet, klein und leicht, hoch angesetzt, ziemlich dicht beisammenstehend.

Hals: lang, leicht gewölbt, schön auf den Schultern aufgesetzt, ohne lose Haut; Nacken stark, kräftig.
Rumpf: Rücken kurz; Widerrist lang, ausgeprägt; Lenden sehr breit, ziemlich lang, leicht gewölbt; Kruppe lang, breit, nicht abschüssig; Brust auffallend tief, breit; Rippenkorb gut gewölbt. Bull Terrier erscheinen von oben und vorn breit.
Rute: tief angesetzt, dick am Ansatz, läuft in schöne Spitze aus; verhältnismäßig kurz in Relation zum Körper; leicht gebogen und herabhängend getragen.
Gliedmaßen: *Vorderhand:* weder kurz- noch hochläufig; gerade, beulig bemuskelt; Schultern lang, schräggestellt, muskelbepackt; Gelenke stark; Ellbogen und Pfoten weder ein- noch auswärts gedreht; Mittelfuß kurz. *Hinterhand:* kräftig, gerade, muskelbepackte Keulen; Sprunggelenke mäßig gewinkelt. *Pfoten:* kräftig, rund; Zehen gut gewölbt, geschlossen.
Haar und Farbe: kurz, glänzend, dicht, weder seidig noch zu hart. – Reinweiß mit feinem Silberglanz oder Weiß mit einigen Flecken, aber nur auf dem Kopf. Andere Farben gestattet.
Größe und Gewicht: Höhe nicht über 35 cm; Gewicht 9 kg nicht überschreitend.

Der Zwerg-Bull Terrier stimmt in allen Punkten – abgesehen von den bei allen Zwergrassen auftretenden Abweichungen – mit den vorstehenden Beschreibungen überein. Wesentlicher Unterschied nur das Gewicht: höchstens 7 kg.

Cairn Terrier, FCI-Nr. 4 a *Bild 27* *England*

Erscheinung: fuchsähnlicher, kleiner, stehohriger, rauhhaariger Niederlauf-Terrier in verschiedenen Farben; mittellange Rute.
Charakter und Verwendung: temperamentvoll, wetterfest, immer fidel und zum Stöbern und Suchen aufgelegt. In seiner Heimat beliebter scharfer Bauhund. Als Haushund aufmerksam, lebhaft und raubzeugscharf. Liebhaber dieser Rasse sollen „ihren" Hund nicht verkünsteln, weder sein Haarkleid noch seine Ohren oder seine Rute – vor allem nicht sein Temperament.
Kopf: *Schädel:* verhältnismäßig breit; deutliche Einsenkung zwischen den Augen; Haar am Vorkopf voll. *Fang:* kräftig, aber nicht schwer; Unterkiefer sehr kräftig. *Gebiß:* Scherengebiß, weder Vor- noch Rückbeißer; Zähne groß; Unterkiefer stark. *Augen:* weit auseinanderstehend, mittelgroß, dunkel-haselnußfarben, ziemlich tiefliegend; zottige Brauen. *Ohren:* klein, spitz, stets aufrecht getragen, nicht zu engstehend.
Hals: gut angesetzt, mittellang, nicht zu kurz.
Rumpf: Rücken kompakt, gerade, mäßig lang; Rippen gebogen, tief; Nierenpartie gerade, muskulös.
Rute: mittellang, ohne Fransen, vergnügt, aber nicht über dem Rücken getragen.
Gliedmaßen: *Vorderhand:* Schultern schräg; Ellbogen nicht nach außen stehend; Läufe mittellang; Knochen gut, aber nicht zu stark, mit hartem Haar bedeckt. *Hinterhand:* kräftig. *Pfoten:* Vorderpfoten größer als die hinteren, dürfen leicht nach außen gedreht sein; Ballen dick, kräftig; keine Hasenpfoten.
Haar und Farbe: doppelte Behaarung; reiches, hartes, nicht grobes Deckhaar;

Unterwolle pelzartig, kurz, weich, enganliegend; Kopf soll gut behaart sein. – Rot, Sandfarben, Grau, Gestromt und fast Schwarz. Dunkle Spitzen, z. B. Ohren und Fang, sehr typisch.
Größe und Gewicht: o. A., Idealgewicht 6,3 kg.

Cavalier King Charles-Spaniel, FCI-Nr. 136 a *Bild 28* *England*

Erscheinung: lebhafter, eleganter, hochläufiger Zwergspaniel mit langer seidiger Behaarung verschiedenartiger Farbe, reichlich befransten Behängen und (zumeist) kupierter Rute.
Charakter und Verwendung: in seiner englischen Heimat ein mit Erfolg zur Jagd abgerichteter Spaniel; auf dem Festland vor allem ein Haushund, der durch fröhliches Temperament, unverzüchteten Charakter, graziöse und freie Bewegungen entzückt.
Kopf: *Schädel:* fast flach zwischen den Behängen, ohne Neigung zur Rundung; Stop stark, nicht eingedrückt. *Fang:* Länge von Stopbasis zur Nasenspitze ca. 3,75 cm, schmäler werdend nach der Spitze hin; Lefzen gut deckend, nicht herabhängend. *Nase:* breit, schwarz; Nasenlöcher gut entwickelt. *Gebiß:* Scherengebiß. *Augen:* groß, rund, dunkel, weit auseinanderstehend. *Behänge:* hoch angesetzt, lang, gut herabfallend, reichlich befranst.
Hals: gut angesetzt.
Rumpf: kurz; Rücken gerade, kurz; Nierenpartie und Kruppe gerade; Brust mitteltief; Rippenkorb ausreichend gewölbt; Bauch leicht aufgezogen.
Rute: in angeborener Länge oder kupiert, behaart.
Gliedmaßen: *Vorderhand:* Schultern nicht zu steil; Läufe gerade, mäßig starke Knochen, befedert. *Hinterhand:* mäßig starke Knochen; Sprunggelenke leicht gewinkelt. *Pfoten:* kompakt, geschlossen, befedert; gute Ballen.
Haar und Farbe: lang, seidig, ohne Locken; mäßige Wellung erlaubt; reichliche Befederung. – *Black and tan:* Rabenschwarz mit rotbraunen Abzeichen; *Ruby:* einfarbig leuchtend Rot; *Blenheim:* auf perlweißem Grund leuchtend kastanienrotbraune, unterbrochene Flecken; gleichmäßig verteilte rote Abzeichen auf dem Kopf, dort ein rautenförmiger, weißer Fleck freigelassen. *Tricolor:* Schwarz und Weiß möglichst gut verteilt und unterbrochen mit rotbraunen Abzeichen (Brand). Schwarzweiß gestattet.
Größe und Gewicht: o. A., 5–8,5 kg.

Cesky Terrier, FCI-Nr. 246 *Bild 30* *CSSR*

Erscheinung: kräftiger Niederlaufterrier mit Hängeohren und mittellanger, unkupierter Rute.
Charakter und Verwendung: angenehm als Haushund, kinderfreundlich, verursacht keinen unnötigen Lärm; als Jagdhund für die Arbeit über und unter der Erde vielseitig verwendbar.
Kopf: verhältnismäßig lang, mit geringem Stop; *Schädel:* nicht zu breit; Backen nicht zu kräftig. *Fang:* kräftig. *Nase:* Nasenkuppe je nach Fellfarbe Schwarz bis Leberfarben. *Gebiß:* Scherengebiß. *Augen:* mittelgroß, etwas tief

eingesetzt; dunkel- bis hellkaffeebraun. *Ohren:* ziemlich hoch angesetzt, dreieckig, herabhängend.
Hals: mittellang, schräg getragen, ohne Wamme.
Rumpf: mittellang; *Rücken:* gerade, nur die Lendenpartie leicht gewölbt, Kruppe kräftig, mäßig abfallend. Brust eher walzenförmig als tief. Idealumfang: 40–45 cm.
Rute: 18–20 cm lang, nicht zu hoch angesetzt, herabhängend oder horizontal getragen.
Gliedmaßen: *Vorderhand:* gerade und starkknochig. Ellbogen locker, jedoch weder einwärts gedreht noch auswärts gebogen. Läufe gerade. *Pfoten* groß, mit gewölbten Zehen. *Hinterhand:* Oberschenkel gut bemuskelt. Läufe starkknochig, Sprunggelenke verhältnismäßig hoch, parallel gestellt. *Pfoten* etwas kleiner als an der Vorderhand.
Haar und Farbe: ziemlich lang, daher zwei Schuren im Jahr erforderlich. In Ausstellungskondition 1½ cm lang, Behaarung dicht, seidenglänzend, eher gewellt als lockig. – Graublau und Hellkaffeebraun mit gelben, grauen oder weißen Abzeichen an Kopf, Hals und Körperunterseite.
Größe und Gewicht: zwischen 27 und 35 cm; 6–9 kg.

Chihuahua, FCI-Nr. 218 (sprich: tschiwawa) *Bild 31* *Mexiko*

Erscheinung: wohl der kleinste Hund der Welt, ähnelt entfernt dem Zwergpinscher. Auffallend die übergroßen Fledermausohren, werden meistens gefaltet zurückgelegt. Dieser mexikanische Zwerghund wird kurz- und langhaarig gezüchtet.
Charakter und Verwendung: aufmerksam, lebendig, keineswegs schlafmützig; fühlt sich auf dem Arm seiner Herrin am wohlsten. Zucht und Haltung nicht ganz einfach.
Kopf: *Schädel:* gut gerundeter Apfelschädel mit genügender Breite zwischen den Ohren. *Fang:* spitz zulaufend mit trockenen Wangen und Kinnbacken. *Nase:* kurz, leicht zugespitzt, möglichst schwarz, bei blonden Typen rosafarbene Nase erlaubt. *Gebiß:* Scherengebiß. *Augen:* groß, rund, möglichst dunkel, leicht hervorstehend. *Ohren:* groß; bei Aufmerksamkeit aufrecht gestellt, sonst an den Seiten des Kopfes, etwa im Winkel von 45° gefaltet zurückgelegt.
Hals: schlank, leicht gewölbt, anmutig in die Schultern übergehend.
Rumpf: Rücken gerade, möglichst kurz; Brust tief, nicht tonnenförmig; Gesamterscheinung länger als hoch.
Rute: mäßig lang, geringelt, auf- oder auswärts, auch über den Rücken geringelt getragen, so daß Spitze den Rücken berührt, aber niemals untergeklemmt; Stummelrute oder natürlicher Stutzschwanz erlaubt; Haarfarbe in Harmonie mit dem übrigen Haarkleid; pelzartige Behaarung der Rute bevorzugt.
Gliedmaßen: *Vorderhand:* zierlich, gerade, gut untergesetzt; Schulterblätter leicht abfallend, dem Ellbogen freien Lauf gebend. *Hinterhand:* muskulös, gut herabgelassen; Sprunggelenke gewinkelt, weder ein- noch auswärts gestellt. *Pfoten:* klein; Krallen mäßig lang; Zehen gut gespalten, aber nicht gespreizt; Ballen hart (weder Hasen- noch Katzenpfoten).

Haar und Farbe: *Kurzhaar:* dicht, weich, glänzend, gut dem Körper anliegend; Kopf, Ohren knapp behaart; ausgeprägter Halskragen; Stockhaar mit Unterwolle erlaubt. *Langhaar:* weich, anliegend oder gelockt; Unterwolle bevorzugt; Ohren mit leicht überfallenden Fransen; Federn an Läufen und Pfoten; weicher Halskragen; Hosen an den Hinterläufen; Rute lang, voll behaart wie eine Fahne. – Jede Farbe gestattet; einfarbig, mit Abzeichen oder gefleckt.
Größe und Gewicht: o. A., Gewicht: 0,9–3,5 kg. Mittleres Gewicht 1,3–1,8 kg.

Chinesischer Nackthund, FCI-Nr. 288 *Bild 94* *China/USA*

Dieser Kleinhund ähnelt sehr dem Mexican Hairless. Wie dieser hat er als besonderes Kennzeichen die nackte Haut, unterscheidet sich aber vom mexikanischen Nackthund durch einen federbuschartigen Schopf längerer Haare auf dem Schädel. Standard wie Mexikanischer Nackthund s. S. 89.

Chow Chow, FCI-Nr. 205 *Bild 32* *China/England*

Erscheinung: mittelgroß, spitzähnlich, reich behaart, meist rot gefärbt mit kleinen Stehohren, löwenähnlicher Halskrause und buschiger Ringelrute.
Charakter und Verwendung: selbstbewußt, freiheitsliebend, durchaus selbständig, eigenbrötlerisch; selten zum Spiel aufgelegt, ein ernsthafter Kamerad, typischer Einmannhund. Bedarf ziemlicher Sorgfalt und guter Aufsicht, da er jedes Eingesperrtsein haßt und die Freiheit sucht.
Kopf: flach, breit, stumpf, geringer Stop; unter den Augen gut ausgefüllt. *Fang:* mäßig lang, breit von den Augen bis zur Spitze, nicht zugespitzt; Zunge blau-schwarz; Lefzen und Gaumen schwarz; schwarzes Zahnfleisch bevorzugt. *Nase:* groß, breit, schwarz; bei weißen und cremefarbenen Tieren hellere Nase gestattet; bei blauen und zimtfarbenen gleichfarbene Nase erlaubt. Schwarze Nase wird bei allen Farbvarietäten vorgezogen. *Gebiß:* Scherengebiß. *Augen:* dunkel, klein, möglichst mandelförmig; bei blauen und zimtfarbenen Tieren hellere Färbung gestattet. *Ohren:* klein, dick, an den Spitzen leicht abgerundet; steil aufrecht getragen, nach vorwärts über die Augen gerichtet; weit auseinanderstehend. Dies verleiht der Rasse den finsteren Ausdruck.
Hals: stark, kräftig, leicht gewölbt; gut den Schultern aufgesetzt; stark behaart.
Rumpf: Rücken kurz, gerade, kräftig; Brust breit, tief; Lendenpartie kraftvoll.
Rute: hoch angesetzt, gut über den Rücken getragen.
Gliedmaßen: *Vorderhand:* Schultern muskulös, abfallend; Läufe vollkommen gerade, mäßig lang, Knochen kräftig. *Hinterhand:* muskulös, gerade; Sprunggelenke tief angesetzt, gerade. Der charakteristische, stelzende Gang wird durch die sog. doppelt gebrochene Hinterhand hervorgerufen. *Pfoten:* klein, rund, katzenartig; gut auf den Zehen stehend.
Haar und Farbe: üppig, dicht, gerade, abstehend; Deckhaar rauh, Unterwolle weich, wollig. – Einfarbig: Schwarz, Rot, Blau, Zimt, Creme oder Weiß; häufig abgetönt, aber nicht fleckig oder gescheckt. Untere Teile der Rute und der „Hosen" oft heller.
Größe und Gewicht: Rüde 45,5 cm Mindesthöhe, Hündin etwas niederer; Gewicht o. A.

Cocker Spaniel, FCI-Nr. 5 a *Bild 33* *England*

Erscheinung: mittelgroßer, munterer Jagdhund mit langem, schlichtem Haar, langen Behängen und kupierter Rute.
Charakter und Verwendung: Diese englische Rasse gehört zu den beliebtesten auf der ganzen Welt. So ist es erklärlich, daß nur noch ein kleiner Prozentsatz jagdlich verwendet wird. Trotzdem ist man bemüht, ihr den Jagdhundcharakter zu erhalten. Daneben ist der Cocker ein angenehmer, geschätzter Hausgenosse, nicht zu laut, nicht zu lebhaft, nicht zu scharf, sondern von wohl ausgewogenem Mittelmaß. Zur Zeit des Haarwechsels erregt er hie und da den Ärger der Hausfrau; aber der Blick seiner großen, sprechenden Augen unter dem Madonnenscheitel läßt allen Unmut rasch verrauchen.
Kopf: eher gewichtig und gestreckt als zu leicht, zu kurz und zusammengezogen; Augen genau in der Mitte zwischen Nasenspitze und Hinterhauptbein. *Schädel* und Stirn gut entwickelt, fein gemeißelt, trocken, deutlicher Stirnabsatz; Jochbogen nicht ausladend; Backen trocken; Nasenrücken läuft etwa parallel der Außenlinie des Unterkiefers. *Fang:* rechteckig. *Nase:* weit, gut entwickelt. *Gebiß:* Scherengebiß. *Augen:* voll, nicht vorstehend, braun oder haselnußbraun, im Einklang mit Farbe des Haarkleides. *Behänge:* lappenförmig, tief angesetzt, mit feinem Leder, das nicht über die Nase reicht; gut bedeckt mit langem Seidenhaar, glatt ohne ausgesprochene Locken oder Ringel.
Hals: lang, kräftig, muskulös; fließender Übergang in die schön schrägen Schultern.
Rumpf: kompakt, fest gefügt; Rücken kurz, außerordentlich kräftig, kompakt, zum Rutenansatz leicht abfallend; Beckenpartie breit, gut gerundet, sehr muskulös; Brust tief, aber nicht zu breit und rund.
Rute: tief angesetzt, parallel zur Rückenlinie getragen – je tiefer, um so besser; nicht zu kurz kupiert.
Gliedmaßen: *Vorderhand:* Schultern schräg, fein; Läufe gerade, starke Knochen; Länge ausreichend, aber nicht zu kurz. *Hinterhand:* gut gewinkelt, muskulös. *Pfoten:* fest, rund, katzenartig, nicht zu groß, gespreizt oder weich gefesselt.
Haar und Farbe: glatt, seidig, niemals rauh oder gewellt, mit ausreichenden Fahnen, aber nicht zu üppig, niemals gelockt. – Farbe unterschiedlich; bei Einfarbigen weißer Brustfleck unerwünscht, ebenso weiße Pfoten.
Größe und Gewicht: ca. 41 cm; 11–13 kg.

Collie, FCI-Nr. 156 *Bild 38* *England*

Erscheinung: dekorativer, langhaariger, dreifarbiger Hund mit mächtiger Halskrause, schlankem, edlem Kopf, hoch angesetzten Kippohren und langer, behaarter Rute.
Charakter und Verwendung: Dieser schottische Schäferhund ist verhältnismäßig spät entdeckt worden; als aber der Barsoi seinen edlen Kopf, der Gordon-Setter seine Farben hinzugab, präsentierte sich die Rasse als eine der ansprechendsten Neuschöpfungen. Die kurzhaarige Form ist bei der Hütearbeit widerstandsfähiger, die langhaarige dagegen ein ausgesprochen angenehmer Begleithund.
Kopf: lang, flach, mäßig breit zwischen den Ohren; Stop gering. *Fang:* kräftig,

von guter Länge, zur Nasenspitze schmäler werdend, ohne Einbuchtungen abgerundet. *Nase:* schwarz. *Gebiß:* Scherengebiß. *Augen:* mittelgroß, mandelförmig, schräg eingesetzt; dunkelbraun, bei blau marmorierten jedoch blau und weiß oder meliert gestattet; lebhafter, intelligenter Ausdruck. *Ohren:* klein, mäßig breit, hoch angesetzt, mit gekippter Spitze.
Hals: lang, muskulös, kräftig, gewölbt; starke Mähnenbildung.
Rumpf: rechteckige Erscheinung; Rücken breit, lang, gerade; Lendenpartie mächtig, leicht gebogen; Kruppe abfallend; Brust tief; Rippen gut gewölbt.
Rute: mäßig lang, herabhängend getragen; leicht aufgezogene Spitze; in Erregung höher, aber nicht seitlich oder über den Rücken gerollt getragen.
Gliedmaßen: *Vorderhand:* Schultern lang, schräg; Läufe gerade, muskulös, genügend Knochen; Vorderarm etwas fleischig; Ellbogen fest, anliegend, weder ein- noch auswärts gedreht. *Hinterhand:* Lenden leicht gewölbt, kräftig; Läufe muskulös, trocken, sehnig, gut gewinkelt. *Pfoten:* gut geschlossen, oval; Zehen gewölbt; Krallen kräftig; Ballen hart.
Haar und Farbe: *Kurzhaar:* hart, dicht, kurz; *Langhaar:* Deckhaar straff, hart, etwas steif; Unterwolle so dicht, daß es schwer ist, die Haut zu finden. Außer an Kopf, Ohrenspitzen und Läufen sehr dicht; Brust und Hals sehr lang behaart, Vorderläufe und Hinterläufe oberhalb der Sprunggelenke gut befedert. – Schwarz-Rot, Schwarz-Weiß und Braun, Schwarz-Weiß.
Größe und Gewicht: Rüde 56–61 cm, 20–30 kg; Hündin 51–56 cm, 18 bis 25 kg.
Kurzhaar-Collie: er unterscheidet sich vom langhaarigen nur durch die Behaarung, die hart, dicht und ganz kurz sein soll.

Bearded Collie, FCI-Nr. 271 — *England*

Erscheinung: ein lebhafter Hund mit langem, schlankem Körper, ohne die kräftige Substanz und Stämmigkeit des Bobtails.
Kopf: *Schädel:* breit, flach; ziemlich lang im Vorgesicht, mit mäßigem Stop. *Nase:* schwarz, außer bei braunen und rehfarbenen, die einen braunen Nasenschwamm haben dürfen. *Gebiß:* Scherengebiß. *Augen:* groß und intelligent, weit auseinanderstehend, der Haarfarbe angepaßt. Die Augenbrauen sind nach oben gewölbt und leicht vorfallend, jedoch nicht so stark, daß sie die Augen verdecken. *Ohren:* hoch angesetzt, mittelgroß, herabhängend, mit langem Haar versehen. Ohrenansatz leicht angehoben, um Wachsamkeit anzudeuten.
Hals: verhältnismäßig lang, muskulös und leicht gewölbt.
Rumpf: langgestreckt, gerader Rücken, flache Rippen und kräftige Lenden. Brustkorb tief und lang, flache Schultern. Gerade Front.
Rute: niedrig angesetzt, von mittlerer Länge, reichlich behaart. Wenn der Hund in Ruhe ist, wird die Rute niedrig getragen mit einer nach oben gerichteten Fahne. In der Bewegung und Erregung wird die Rute höher, jedoch nicht über dem Rücken getragen.
Gliedmaßen: *Vorderhand:* gerade mit gutem Knochenbau, biegsame Fesseln, ohne Schlaffheit, rundherum mit langem Haar bedeckt. *Hinterhand:* muskulös,

gut gewinkelt. *Pfoten:* oval, gut gepolstert; Zehen leicht gewölbt und eng anliegend, gut bedeckt mit Haar auch zwischen den Ballen.
Haar und Farbe: Deckhaar rauh, kräftig und schlicht, ohne Neigung zu Wellen und Locken; Unterwolle weich, pelzig und dicht. Der Nasenrücken ist weniger behaart, etwas länger die Kopfseiten, so daß die Lippen gerade bedeckt werden, unter denen sich dann der lange Bart gut abhebt. Kräftiger Haarwuchs unter dem Kinn, der über Hals und Brust an Länge zunimmt. – Schiefergrau, Rehfarben, Schwarz, alle Farbtöne in Grau, Braun und Sandfarben mit und ohne weiße Collie-Zeichnung.
Größe und Gewicht: Rüde 53,5–56 cm, Hündin 51–53 cm; Gewicht o. A.

Dachsbracke, FCI-Nr. 254 *Bild 29* *Österreich*

Erscheinung: mittelgroß, stockhaarig, langgestreckt, dachshundähnlich, mit Hängeohren und mittellanger Bürstenrute.
Charakter und Verwendung: laut jagender, brackierender, kräftiger Jagdhund auf verhältnismäßig niederen Läufen; geeignet zur langsamen Suche und Hetze von Hase und Fuchs; guter Riemenarbeiter auf der Schalenwild-Wundfährte, zuverlässiger Apporteur von kleinem Federwild. Nur für Jäger geeignet.
Kopf: mittellang, nicht zu schwer, trocken, mit glatt anliegender Haut. *Schädel:* ziemlich breite Stirn mit flach gewölbtem Stirnabsatz; Hinterhauptbein nicht zu stark entwickelt. *Fang:* kräftig, nicht spitz. *Nase:* groß, schwarz. *Gebiß:* stark. *Augen:* braun, gut geschlossen, ohne ausgeprägten Tränensackwinkel. *Behänge:* breit, lang, glatt herabfallend oder schief nach vorwärts gerichtet, vom Kopf abstehend.
Hals: mittellang, kräftig, ohne Wamme oder Kehlhaut.
Rumpf: Rücken gerade, lang, weder auf- noch abwärts gekrümmt, weder im Widerrist noch in der Kruppe höher; Rumpflänge zur Körperhöhe im Verhältnis 5 : 3; Nierenpartie muskulös, kräftig entwickelt, breit, kurz; Brust tief, wohl gewölbt; Bauch ein wenig aufgezogen.
Rute: mittellang, zur Spitze hin sich verjüngend, mäßige Bürste, leicht herabhängend oder aufwärtsgebogen getragen.
Gliedmaßen: *Vorderhand:* Schultern schräg, fest anliegend, muskulös; Läufe vollkommen gerade, kräftig, stark bemuskelt. *Hinterhand:* gut gewinkelt; Läufe gerade, gut bemuskelt, weder ein- noch auswärts gedreht. *Pfoten:* rund, gut geschlossen, derb mit harten Ballen. Hasenpfoten fehlerhaft.
Haar und Farbe: derb, hart, kurz, aber nicht glatt, gut anliegend; soll dem Otterfell ähneln. – Tief Hirschrot ohne weiße Abzeichen; Schwarz, mit rotem Brand ohne jedes weiße Abzeichen; Rot, Hirschrot mit schwarzer Stichelung und dunkler Gesichtsmaske.
Größe und Gewicht: 34–42 cm; Gewicht o. A.

Dachsbracke (westfälische), Deutschland, FCI-Nr. 100 a

Ist dreifarbig: Weiß-Rot-Schwarz.

Größe: 30–35 cm.

Dachshunde, FCI-Nr. 148 b *Bild 34, 36, 37* *Deutschland*

Erscheinung: niedrig, kurzläufig, langgestreckt, mit kecker Kopfhaltung, mittellangen Behängen und langer, horizontal getragener Rute.

Charakter und Verwendung: unter der Erde scharf, draufgängerisch, über der Erde vielseitig führbar als Stöberer, Schweißhund am langen Riemen und spurlauter Brackierer. Die meisten Vertreter dieser Rasse sind angenehme, wachsame Hausgenossen, deren Haltung keine Mühe macht.

Kopf: langgestreckt, zur Nasenspitze gleichmäßig schmäler werdend; Oberkopf schwach gewölbt, mit harmonischem Übergang in den fein geformten, leicht gewölbten Nasenrücken; Augenjochbogen kräftig hervortretend; kein Stop. *Fang:* trocken mit regelmäßiger Verjüngung; Kiefer kräftig; Lefzen gut gespannt. *Nase:* lang, schmal, dunkel, dem Haarkleid entsprechend. *Gebiß:* Scheren- oder Zangengebiß. *Augen*: mittelgroß, oval, seitwärts liegend; leuchtend dunkelbraun bis schwarzbraun. Bei Getigerten Glas-, Fisch- oder Perlaugen gestattet. *Behänge:* hoch, nicht zu weit vorn angesetzt, mittellang, weder schmal noch spitz oder faltig; Vorderrand gut anliegend; beweglich.

Hals: genügend lang, muskulös, trocken; im Nacken leichte Wölbung; ohne Wamme.

Rumpf: Rücken lang, breit, muskulös; Widerrist hoch, lang, danach gerade; Nierenpartie leicht gewölbt; Kruppe gerade, lang, breit, rund, voll bemuskelt; Brust oval, nicht zu tief; Brustbein derb, so stark vorspringend, daß auf beiden Seiten Gruben entstehen; weit nach hinten aufgerippt; Bauch mäßig aufgezogen.

Rute: lang, nicht zu dünn, ziemlich kräftig am Ansatz, horizontal getragen, mit leichter Krümmung; beim Langhaar Fahne bildend.

Gliedmaßen: *Vorderhand:* Schultern lang, schräg, fest aufliegend, plastisch bemuskelt; Oberarm im rechten Winkel zum Schulterblatt, starkknochig, straff anliegend. Bei richtiger Winkelung deckt in Seitenansicht Vorderlauf den tiefsten Punkt des Brustkorbes; Unterarm kurz, gerade, bemuskelt; Vordermittelfuß weder steil noch durchgedrückt. *Hinterhand:* Oberschenkel derb, lang; Keulen gerundet, bemuskelt; Unterschenkel kurz, im rechten Winkel zum Oberschenkel, bemuskelt, gerade; Sprunggelenke breit mit stark vorspringendem Fersenbein. *Pfoten:* rund; Zehen gewölbt, geschlossen; Ballen hart.

Haar und Farbe: *Kurzhaar:* kurz, glatt, dicht, glänzend. *Langhaar:* weich, schlicht, glänzend; verlängert unter dem Hals, an Unterseite und an Behängen. Rückseite der Läufe befedert, Rutenunterseite mit langer Fahne. Pfoten nicht zu reich behaart. *Rauhhaar:* Deckhaar rauh, harsch, anliegend, dicht; weiche, anliegende Unterwolle. Am Fang Bart, buschige Augenbrauen; Behang kürzer; Rute derb, möglichst anliegend, ohne Bürstenbildung behaart. – Einfarben: Rot, Schwarz, Braun und andersfarbig. Zweifarben: Schwarz mit rostroten, Rot, Braungrau mit roten oder gelben Abzeichen. Mischfarben: Gestichelt, Gestromt, Getigert, Gefleckt.

Größe und Gewicht: o. A.; Rüde 4–9 kg, Hündin 3,5–9 kg.

Zwergteckel: Rüde bis 4 kg und 35 cm Brustumfang, Hündin 3,5 kg und 35 cm Brustumfang vom 15. Lebensmonat an.

Kaninchenteckel: Hunde bis 30 cm Brustumfang.

Dalmatiner, FCI-Nr. 153 a *Bild 39* *Jugoslawien*

Erscheinung: mittelgroßer, eleganter, kurzhaariger Jagdhund mit herabfallenden Behängen, langer Rute und auffälliger Pardelzeichnung, d. h. mit gut verteilten kleinen schwarzen oder braunen Flecken auf weißem Grund. Er ist kräftig und ebenmäßig gebaut. Das Spiel seiner Muskeln verrät, daß er über Ausdauer und ziemliche Schnelligkeit verfügt. Die Welpen sind bei der Geburt weiß; die Zeichnung entwickelt sich erst vom 14. Tag an und kann sich bis zum Erwachsensein verändern.

Charakter und Verwendung: 1862 zum ersten Mal in England gezeigt und etwa seit 1920 auf dem Kontinent bekannt. Der Überlieferung nach soll dieser Hund als Wachhund bei den Grenztruppen in Dalmatien verwendet worden sein. In neuerer Zeit wird diese eigenartig gezeichnete Rasse in erster Linie als Begleithund gehalten, doch ist ihre Jagdpassion noch nicht ganz verkümmert. Der Dalmatiner ist ein liebenswerter, anhänglicher, leicht zu haltender Haushund.

Kopf: *Schädel:* mäßig lang, flach, zwischen den Ohren am breitesten, unterhalb der Augen gut abgesetzt; mäßige Stirnfurche; Haut straff anliegend, keine Faltenbildung. *Fang:* lang, kräftig; Lefzen straff anliegend. *Nase:* Kuppe breit, gut geöffnete Nasenlöcher, schwarz oder braun. *Gebiß:* Zangengebiß. *Augen:* mittelgroß, rund, glänzend, mit intelligentem Ausdruck; bei schwarzgefleckten Hunden dunkelbraun, bei braungefleckten gelb bis hellbraun; Augenränder möglichst schwarz. *Behang:* hoch angesetzt, breit im Ansatz, nach unten schmaler werdend, an den Enden abgerundet; mäßig groß, dünn, fein, dicht anliegend; schwarz bzw. schwarzgefleckt oder braun bzw. braungefleckt.

Hals: mäßig lang, schön gewölbt mit gutem Übergang in Rücken- und Schulterpartie; möglichst ohne Falten und Wamme.

Rumpf: edel, nicht schwerfällig; Rücken stark, gerade; Nierenpartie kräftig, muskulös, leicht gewölbt; Brust sehr tief, geräumig, aber nicht zu breit; Rippenkorb daher nur sanft gewölbt; Bauch leicht aufgezogen.

Rute: stark im Ansatz, nicht zu tief angesetzt, läuft in feine Spitze aus; wird waagrecht gestreckt mit schwacher Biegung nach oben getragen, nie geringelt; möglichst regelmäßig und reich gefleckt.

Gliedmaßen: *Vorderhand:* Schultern mäßig schräggestellt, gut bemuskelt, frei und schnell beweglich; Vorderläufe gerade, starke Knochen, kräftige Muskulatur; Ellbogen dicht am Körper. *Hinterhand:* gut bemuskelt; Läufe stark, gerade, bemuskelt; Sprunggelenke gut niedergelassen. *Pfoten:* rund, geschlossen; Zehen gut gewölbt; Ballen dick, hart, elastisch; Krallen bei schwarzgefleckten Hunden schwarz oder weiß, bei braungefleckten braun oder weiß.

Haar und Farbe: kurz, dicht, fein, glatt, hart, glänzend; weder wollig noch seidig. – Grundfarbe reines Weiß, ohne versprengte andersfarbige Haare; Flekken klar abgesetzt in Tiefschwarz oder Leberbraun, in der Größe von 50-Pfennig- bis 2-Mark-Stück; Flecken an Kopf, Rute und Gliedmaßen kleiner als an Rumpf oder Hals.

Größe und Gewicht: Rüde 55–60 cm, ca. 25 kg; Hündin 50–55 cm, ca. 20 kg.

Dandie Dinmont Terrier, FCI-Nr. 168 a *Bild 35* *England*

Erscheinung: niederläufig, langrückig, herabhängende Behänge, lange Rute mit längerem, pfeffer- und salzfarbenem Haarkleid und hellerem Stirnschopf.

Charakter und Verwendung: jagdfreudiger Hund, scharf auf jedes Raubwild. Zur Niederwild- und Großjagd verwendbar; auch als Haushund recht beliebt.

Kopf: kräftig, groß, aber im Verhältnis zur Größe des Hundes; Muskeln ungewöhnlich entwickelt. *Schädel:* breit zwischen den Ohren, zum Auge hin abnehmend; Vorderteil des Schädels gut aufgerundet; Kopf bedeckt mit weichem, seidigem Haar, nicht nur auf oberen Schopf beschränkt; je heller und seidiger, desto besser; Backenpartie, beginnend bei den Ohren, fällt gradweise zum Fang hin ab. *Fang:* tief, kräftig modelliert; ca. 7,5 cm lang; behaart, eine Schattierung dunkler als Schopf; Oberseite des Fangs im allgemeinen hinter der Nase etwa 2,5 cm haarlos; haarlose Partie läuft dem Auge zu spitz aus. Fang innen schwarz oder dunkel gefärbt. *Nase:* schwarz. *Gebiß:* sehr kräftig, besonders Fangzähne; Schneidezähne gleichmäßig, obere leicht über untere greifend. *Augen:* dunkel haselnußbraun, weit auseinanderliegend, groß, voll, rund, nicht hervorquellend, glänzend, niedrig eingesetzt, nach vorn blickend. *Ohren:* herabhängend, gut zurück- und auseinanderliegend, tief am Schädel angesetzt, dicht an der Wange herabhängend, an der Basis wenig abstehend, breit am Übergang zum Kopf, fast in eine Spitze auslaufend. Farbe in Harmonie mit der des Körpers; bei Pfefferfarbenen mit weichem, geradem, dunklem Haar bedeckt (manchmal fast schwarz); bei Senffarbenen Haar senffarben, eine Schattierung dunkler als am Körper, nicht schwarz; alle Farbvarietäten eine dünne Feder hellen Haares, von annähernd gleicher Farbe und Textur wie Schopf; Knorpel und Haut des Ohres sehr dünn.

Hals: sehr muskulös, gut entwickelt, gut in die Schultern eingelassen.

Rumpf: lang, kräftig, biegsam, gut und rund aufgerippt; Brust gut entwickelt, gut zwischen den Vorderläufen herabreichend; Rücken an den Schultern mit leicht abwärts gerichteter Kurve, einem Bogen über der Lendenpartie entsprechend, mit leichtem, gradweisem Abfall vom höchsten Punkt der Lendenpartie zur Rutenwurzel; beide Seiten des Rückgrates gut bemuskelt.

Rute: Länge etwa 20 bis 25 cm, auf der Oberseite mit drahtigem Haar bedeckt, dunkler als Körperbehaarung; unterwärts Haar heller, nicht so drahtig, mit etwa 5 cm langer, zum Rutenende kürzerer Feder; ziemlich dick an der Wurzel, dem Rutenende zu in Spitze auslaufend. Weder verdreht noch geringelt, sondern säbelförmig; nicht zu hoch, nicht zu niedrig angesetzt.

Gliedmaßen: *Vorderhand:* kurz, starke Muskeln und Knochen, weit auseinanderstehend, die Brust gut zwischen ihnen herabkommend. Bei Pfefferfarbenen entsprechend der Farbe des Körpers variierend von tiefem Braun zur Sektfarbe; bei Senffarbenen dunkler schattiert als der Kopf, der cremeweiß ist. In beiden Fällen etwa 5 cm lange Befederung. *Hinterhand:* ein wenig länger als Vorderhand, ziemlich weit auseinanderstehend, jedoch nicht unnatürlich auseinandergereckt; Schenkelknochen gut entwickelt; Haar von gleicher Farbe und Textur wie an Vorderhand, ohne Afterkralle. *Pfoten:* gewölbt; Krallen dunkel, entsprechend der Körperfarbe variierend. Pfoten eines Pfefferfarbenen lohfarben;

entsprechend der Körperfarbe variierend von tiefer Schattierung zu blasser Sektfarbe; beim Senffarbenen dunkler schattiert als der Kopf. Hinterpfoten wesentlich kleiner als Vorderpfoten.

Haar und Farbe: Haar etwa 5 cm lang, zwischen Schädel und Rutenwurzel harsches und weiches Haar gemischt, muß sich rauh anfühlen; nicht drahtig. – Pfeffer- oder senffarben. „Pfeffer" variiert von dunklem, bläulichem Schwarz bis zu hellem Silbergrau; Zwischenschattierungen vorgezogen; Körperfarbe kommt an Schulter und Hüfte gut herab, geht allmählich in die Farbe der Läufe über. Senffarbene variieren von rötlichem Braun bis zu blasser Sektfarbe; Kopf cremeweiß; Läufe und Pfoten etwas dunkler als Kopf. Krallen dunkel wie bei den anderen Farben. Fast alle Hunde dieser Rasse etwas Weiß an der Brust, einige haben weiße Krallen.

Größe und Gewicht: Höhe 20–25 cm; Länge von Schulter bis Wurzel der Rute nicht mehr als die doppelte Höhe des Hundes. Idealgewicht möglichst 8 kg.

Deerhound, FCI-Nr. 164 a *Bild 40* *England*

Erscheinung: Der Deerhound, ein Schotte, ist ein großer, starker, schneller Windhund mit rauher Behaarung, herabhängenden kleinen Ohren und Hängerute.

Charakter und Verwendung: wurde dazu gezüchtet, mit großer Schnelligkeit den verwundeten Hirsch einzuholen und festzuhalten. Als Begleithund repräsentativ und im Charakter das Wesen des Windhundes nicht verleugnend.

Kopf: zwischen den Ohren breit, verjüngt sich konisch zur Nase hin. *Schädel:* eher flach als gewölbt, lang; Profil in Augenhöhe etwas nach vorn gebogen, jedoch kein Stop. *Fang:* o. A. *Nase:* schwarz, selten heller und spitz. *Gebiß:* Zangengebiß. *Augen:* dunkel; Augenlider schwarz. *Ohren:* hoch angesetzt, nach hinten gefaltet, gefaltet herabhängend getragen, bei Aufmerksamkeit halb aufrecht; je kleiner desto besser; schwarz oder dunkelfarbig; fein und glänzend behaart.

Hals: lang, windhundartig, stark; Nacken beim Kopfansatz stark vorspringend; Kehle sichtbar, gut abgezeichnet, mit Haarkragen geschmückt.

Rumpf: sehr hoch mit starken Knochen; Rücken und Lenden gut gewölbt; Kruppe abfallend; Brust mehr tief als breit, nie eng, mit flachen Rippen.

Rute: sehr lang, dünn; hängt fast bis zum Erdboden herab; in der Ruhe gerade, in der Bewegung zusammengerollt, nicht über die Rückenlinie erhoben.

Gliedmaßen: *Vorderhand:* Schultern schräg; Spitzen der Schulterblätter gut nach hinten gerichtet, nicht viel Zwischenraum; Vorderläufe so gerade wie möglich. *Hinterhand:* so breit und kräftig wie möglich mit weit vorstehenden Keulenpunkten; Hinterläufe gewinkelt; Schenkel lang. *Pfoten:* ziemlich breit, geschlossen, kompakt, mit gut stehenden Zehen.

Haar und Farbe: hart, drahtig, 7,5–10 cm lang; Kopf, Brust, Bauch etwas weicher behaart; Hinterkante der Läufe mit leichter Haarfranse; Gesamteindruck dick, struppig, rauh oder hart, nie wollig oder seidig. – Schieferfarben, Grau oder Gestromt, Dunkel oder Hell, Gelb, Rotgelb, Rotgrau mit schwarzer Maske, schwarzen Ohren.

Größe und Gewicht: Rüde ab 76 cm, 38,5–48 kg; Hündin ab 71 cm, 30–36 kg.

Deutsch Drahthaar, FCI-Nr. 98 a *Bild 41* *Deutschland*

(wird in der Tschechoslowakei als Sonderform gezüchtet: *Cesky Fousek)*

Erscheinung: Vorstehhund mittleren Schlages von edler Erscheinung, unscheinbar gefärbt, mit sehr harter, drahtiger Behaarung, Hängeohren und kupierter Rute.

Charakter und Verwendung: selbstbewußt, frühreif, treu, anhänglich und verständig, von robustem, dressurfähigem Wesen und wetterharter Konstitution. Für den Jäger in allen Jagdsparten – ausgenommen die Erdjagd – zuverlässig und vielseitig verwendbar, scharf und leichtführig. Gehört nur in Jägerhand.

Kopf: mäßig lang. *Fang:* breit, kräftig, genügend lang. *Nase:* breit, wohl geöffnet. *Gebiß:* Zangengebiß. *Augen:* klar, gut schließende Lider: *Behänge:* mittellang, groß.

Hals: mittellang, kräftig.

Rumpf: Rücken kurz, gerade; Widerrist hoch, lang, voll; Lendenpartie muskulös; Hüften breit; Kruppe lang, gut bemuskelt, mäßig schräg gestellt; Brust tief, mäßig breit; Rippen gut gewölbt; Bauch schlank, nach hinten aufgezogen, mit kurzen Weichen.

Rute: kupiert.

Gliedmaßen: *Vorderhand:* Schultern fest anliegend, schräggestellt; Läufe mit richtiger Winkelstellung der Knochen, von vorn betrachtet senkrecht stehend. *Hinterhand:* muskulös, mit gut gewinkelten Sprunggelenken, von hinten gesehen senkrecht. *Pfoten:* rund; Zehen gewölbt, geschlossen; Ballen derb, hart.

Haar und Farbe: auf der straff anliegenden Haut gut anliegendes Haarkleid; Behaarung sehr hart, mittellang, drahtig; darf die Umrisse des Körpers nicht verdecken; so lang, daß es gegen Witterungseinflüsse und Verletzungen schützt; am Kopf buschige Augenbrauen und kräftiger, nicht zu langer Bart; Läufe im unteren Teil und Pfoten kurz behaart. – Unscheinbar gefärbt.

Größe und Gewicht: Rüde 60–67 cm, Hündin 56–62 cm; Gewicht o. A.

Deutsch Kurzhaar, FCI-Nr. 119 a *Bild 42* *Deutschland*

Erscheinung: eleganter, mittelgroßer, temperamentvoller, kurzhaariger Vorstehhund mit mittellangen Behängen und kupierter Rute.

Charakter und Verwendung: vielseitiger Vorstehhund, der dem Jäger in Wald, Feld und Wasser ein zuverlässiger Gehilfe ist; mit gutem, arbeitsfreudigem Charakter und von leichter Dressurfähigkeit. Kein Luxushund, sondern reiner Gebrauchshund.

Kopf: weder zu leicht noch zu schwer, trocken, markant; Oberschädel genügend breit, flach gewölbt; Hinterhauptbein leicht markiert; Nasenrücken leicht gewölbt; Mittelfurche nicht zu tief; Ramsnase erwünscht; Kiefer kräftig, Kinnbackenmuskeln gut ausgebildet; Augenbogen, von der Seite gesehen, bilden deutlichen Absatz. *Fang:* kräftig, lang, nie spitz; Lefzen herabfallend; verlaufen in flachem, schön geschwungenem Bogen zum Lippenwinkel; nicht zu stark überfallend. *Nase:* stets braun – je größer desto besser; breite, gut geöffnete, bewegliche Nasenlöcher. *Gebiß:* Scherengebiß. *Augen:* mittelgroß, weder vorspringend noch tiefliegend; nur braun; gut schließende Augenlider. *Behänge:* mäßig lang;

hoch und breit angesetzt; weder fleischig noch zu fein; glatt und ohne Drehung, dicht am Kopf herabhängend; nach vorn gelegt, schneiden sie ungefähr mit den Lefzenwinkeln ab; unten stumpf abgerundet.
Hals: von guter Länge, leicht gebogen, wird den Schultern zu allmählich breiter; Nacken sehr muskulös; Kehlhaut möglichst fest anliegend.
Rumpf: Rücken kurz, stramm; Nierenpartie breit, leicht gewölbt; Kruppe breit, genügend lang, nur wenig zum Rutenansatz absinkend; Brust mehr tief als breit; Rippenkorb oval gewölbt, lange Fehlrippen; Bauch leicht aufgezogen.
Rute: hoch und kräftig angesetzt; zur Hälfte gestutzt; waagerecht getragen.
Gliedmaßen: *Vorderhand:* Schulterblätter schräg, beweglich, hart bemuskelt; Oberarm möglichst lang; Ellbogen weit nach hinten gelagert, weder angepreßt noch nach auswärts gedreht; Läufe gerade, trocken, ausreichend bemuskelt, mit kräftigen Knochen; Vordermittelfuß fast gerade, nur wenig durchgebogen, jedoch nie völlig steil. *Hinterhand:* Oberschenkel breit angesetzt, trocken bemuskelt; Läufe gut gewinkelt; Fußwurzeln starkknochig, ziemlich gerade unter die Sprunggelenke gestellt, weder nach innen noch nach außen gedreht. *Pfoten:* rund bis löffelförmig, derb, geschlossen; Zehen gewölbt; Krallen kräftig; Ballen derb, hart.
Haar und Farbe: kurz, dicht, derb, hart; an Behang und Kopf dünner und kürzer; Haut straff anliegend, keine Faltenbildung. – Helles oder dunkleres Braun mit und ohne Abzeichen (Platten, Tupfen). Auch Weiß mit braunen Platten, Tupfen und Kopfzeichen. Schwarz in den gleichen Nuancen wie Braun; gelber Brand zugelassen.
Größe und Gewicht: 60–70 cm; 27–32 kg.

Deutsch Langhaar, FCI-Nr. 117 a *Bild 43* *Deutschland*

Erscheinung: großer, kräftiger, muskulöser, langhaariger Vorstehhund mit herabhängenden Behängen und Fahnenrute.
Charakter und Verwendung: arbeitsfreudiger, zuverlässiger Vorstehhund, sicherer Verlorenbringer bei Feld- und Waldjagd. Seine besondere Passion: die Stöberarbeit in Bruch, Moor und Wasser. Gehört nur in die Hand des Jägers.
Kopf: langgestreckt, trocken, genügend breit; Oberkopf leicht gewölbt; Stirnabsatz schräg ansteigend; Fang und Schädel etwa gleich lang; Nasenrücken leicht gewölbt, ziemlich breit; Unterkiefer kräftig. *Nase:* flach, mehr oder weniger braun. *Gebiß:* lückenlos mit starken Fangzähnen. *Augen:* dunkel, Lider gut geschlossen. *Behänge:* breit und hoch angesetzt, anliegend, unten gut abgerundet; Länge in gutem Verhältnis zum Kopf; etwas länger behaart.
Hals: kräftig, edel, geht in eleganter Linie in Brust und Schultern über.
Rumpf: Rücken fest, gerade, kurz; Schulterpartie gering überhöht; Nierenpartie ausgeprägt; Kruppe leicht abfallend; Rückenlänge etwa der Schulterhöhe gleich, dadurch quadratische Erscheinung; Brust tief, oval, bis zu den Ellbogen hinabreichend; Bauch leicht aufgezogen.
Rute: gut angesetzt; waagerecht oder leicht aufwärts gebogen getragen, gestreckt bis in die Spitze; zu lange Ruten dürfen ein wenig kupiert werden; gute Fahnenbildung, längste Behaarung in der Mitte der Rute.

Gliedmaßen: *Vorderhand:* Schulterblätter schräg, fest anliegend; obere Spitze darf Rückenlinie nicht überragen; Schulterblatt, Oberarm, Unterarm und Mittelfußknochen von vorn gesehen eine senkrechte Linie; Schulterblatt und Oberarm sollen einen rechten, Ober- und Unterarm einen flachen Winkel bilden. *Hinterhand:* Hüfte, Ober- und Unterschenkel von hinten gesehen eine senkrechte Linie; Sprunggelenke gut gewinkelt. *Pfoten:* mäßig lang, gerundet, gut geschlossen.
Haar und Farbe: Rücken und Seiten des Körpers 3–5 cm lang; Halsvorderseite, Vorderbrust, Bauch etwas länger behaart; Kopf behaart, Läufe befedert; Zehen dicht, Rute lang behaart. – Braun-Weiß, gefleckt oder geplattet.
Größe und Gewicht: ca. 63–70 cm; Gewicht o. A.

Deutsch Stichelhaar, FCI-Nr. 232 *Bild 44* *Deutschland*

Erscheinung: mittelgroßer, kräftiger, rauhhaariger Vorstehhund mit herabhängenden Behängen und kupierter Rute.
Charakter und Verwendung: arbeitsfreudiger, passionierter, vielseitig verwendbarer Jagdgebrauchshund. Diese alte deutsche Rasse gehört nur in Jägerhand.
Kopf: mittelgroß, nicht zu schwer, etwa 23–25 cm lang; Oberkopf leicht gewölbt, breit, höchste Wölbung in der Mitte des Oberkopfes; Hinterhauptbein nicht zu stark entwickelt; Nasenrücken lang, breit, gerade, niemals durchgebogen; Stirnabsatz allmählich übergehend, nicht plötzlich ausgeschnitten. *Fang:* mehr quadratisch, nicht spitz; kräftig, nicht zu kurz; Lefzen herabfallend, dicht schließend, bilden im Lippenwinkel eine Falte. *Nase:* breit, gut geöffnet, je nach der Farbe des Hundes dunkel oder hellbraun, nicht doppelfarben. *Gebiß:* Zangengebiß. *Augen:* mittelgroß, leicht oval, klar, weder vorspringend noch tiefliegend; braun, bei heller Behaarung etwas lichter, aber nicht raubvogelgelb; Augenlider auch im Winkel gut schließend; Augenbrauen kräftig, buschig entwickelt; Haare im Bogen nach außen und abstehend gewendet. *Behänge:* mittellang, nicht zu breit; hoch angesetzt in voller Breite; nicht zu weit über den Kopf hinausragend; sollen möglichst ohne Drehung glatt und dicht am Kopf herabhängen.
Hals: mittellang, kräftig; im Nacken leicht gebogen; dehnt sich allmählich nach unten zur vollen Brustweite aus; ohne Kehlwamme.
Rumpf: Rücken breit, gerade; Nierenpartie möglichst breit, kurz; Kruppe nicht zu kurz, wenig abfallend; Rücken und Lenden möglichst kräftig bemuskelt; Brust mäßig breit und tief; Rippen gut gewölbt, niemals flach; Bauch geschlossen, nach hinten mäßig aufgezogen.
Rute: mittellang; gestutzt, daß der verbliebene Teil etwa halb so lang ist wie Entfernung von Rutenansatz bis Sprunggelenk; Rutenwurzel kräftig, nicht zu niedrig angesetzt, sich allmählich verjüngend.
Gliedmaßen: *Vorderhand:* Schultern schräg, anliegend; Ellbogen weder ein- noch auswärts gedreht; Läufe gerade, kräftig; Vorderfußwurzel nicht durchgebogen. *Hinterhand:* Kruppe, Keulen, Unterschenkel muskulös; Unterschenkel in mäßigem Winkel zum Sprunggelenk; Hintermittelfuß fast gerade unter die Sprunggelenke gestellt; diese weder aus- noch einwärts gedreht. *Pfoten:* rund; Zehen gut gewölbt, geschlossen; Krallen gekrümmt; Ballen groß, derb.
Haar und Farbe: straff, hart, borstenartig, etwa 4 cm lang, lose anliegend, in

gleicher Richtung von vorn nach hinten bzw. von oben nach unten verlaufend; kaum sichtbare, im Winter stärker werdende Unterwolle; über Schultern, an Vorderseite von Hals und Brust sowie am Bauch etwas länger, bilden leichte Franse oder Feder; am Kopf kurz, hart, flach anliegend; am Fang mäßiger Bart; auf dem Nasenrücken kurz, rauh; Augenbrauen kräftig, buschig; an den Läufen kurze, harte, an der Rückseite etwas verlängerte Federn; Rute voll, stark behaart, an der Unterseite etwas länger. – Braun und Weiß, Graubraun meliert, mit einzelnen größeren dunkelbraunen Platten.
Größe und Gewicht: Rüde 60–66 cm, ca. 30 kg; Hündin etwas niederer.

Deutsche Bracke, FCI-Nr. 254 *Bild 45* *Deutschland*

Erscheinung: leichter, mittelgroßer, hochstehender, kurzhaariger, eleganter Laufhund in den Farben Rot, Weiß, Schwarz, mit edlem Kopf, langen Behängen und ziemlich kräftiger, langer Rute.
Charakter und Verwendung: laut jagender Brackierer mit starker Jagdpassion und hervorragender Nase; gehört nur in Jägerhände.
Kopf: langgestreckt, leicht trocken; Oberkopf leicht gewölbt; Hinterhauptbein wenig hervortretend; Stirnabsatz gering; Nasenrücken leicht gewölbt; Lefzen mäßig überfallend, Lippenfalte klein; von vorn erscheint Kopf schmal und langgestreckt; Oberkopf nur wenig breiter als die schwach in den Fang verlaufende, nicht scharf hervortretende Backenpartie; Kopflänge etwa 21 cm. *Fang:* Länge von Nasenkuppe bis Stirnabsatz zwischen den Augen 9 cm. *Nase:* Kuppe bei dunklen Hunden mit hellem, fast fleischfarbenem Streifen über der Mitte; Nasenflügel mehr oder weniger vollständig pigmentiert. *Gebiß:* Zangengebiß. *Augen:* mittelgroß, klar, hell, mit freundlichem Ausdruck. *Behänge:* 14 cm lang, 9 cm breit, gut anliegend, unten abgerundet.
Hals: mäßig lang, im Verhältnis zum Kopf ziemlich stark.
Rumpf: Rücken leicht gewölbt; Kruppe ein wenig abgeschlagen; Brust tief, bis unter die Ellbogen reichend, flach gewölbt, mit langem Rippenkorb.
Rute: lang, dick, fast wurstartig, bürstig; verläuft in eine Spitze, an der Wurzel nicht auffällig stark; leicht herabhängend oder in sanftem Bogen nach oben, waagerecht getragen.
Gliedmaßen: *Vorderhand:* Schultern trocken; Ellbogen gut anliegend; Läufe verhältnismäßig lang, gerade, trocken, feinknochig, sehnig. *Hinterhand:* Keule im Profil breit, voll, gut bemuskelt; Unterschenkel lang, nicht sehr breit; Sprunggelenke gut gewinkelt. *Pfoten:* derb, länger als Katzenpfoten; Zehen gut geschlossen.
Haar und Farbe: fast stockhaarig, sehr dicht, hart, auch der Bauch dicht behaart; an der Unterseite geringe Bürstenbildung; Keulen gut behost. – Rot bis Gelb mit schwarzem Sattel und typischen weißen Brackenabzeichen: durchgehende Blesse, weiße Brust, weißer Fang mit Halsring; Läufe und Rutenspitze ebenfalls weiß.
Größe und Gewicht: mittelgroß, ca. 40 cm; Gewicht o. A.

Deutsche Dogge, FCI-Nr. 235 *Bild 46* *Deutschland*

Erscheinung: groß, kräftig, wohlgefügt, kurzhaarig, mit ausdrucksvollem, rechteckigem Kopf, kupierten Stehohren und langer Rute.

Charakter und Verwendung: stolz, zurückhaltend, mißtrauisch; Angehörigen des Hauses gegenüber freundlich, liebevoll, anhänglich. Hoch entwickelte Intelligenz, ein äußerst wachsamer, unerschrockener Verteidiger von Herrn, Haus und Hof. Schließt sich nur an wenige Auserkorene an. Ausgesprochener Wach-, Schutz- und Begleithund, dem aber der nötige Gehorsamsappell beigebracht werden muß. Die Dogge bedarf einer einfühlsamen, aber auch energischen Hand, denn der Hund weiß nicht, w i e stark er ist. Seiner Größe entsprechend braucht er eine große Bewegungsfreiheit in Hof und Garten, ebenso größere Spaziergänge. Kein Hund für enge Wohnverhältnisse und magere Geldbeutel!

Kopf: langgestreckt, von oben und vorn gesehen, schmal; markant, ausdrucksvoll, feingemeißelt; Stirnabsatz stark betont; Nasenrücken breit; Backenmuskeln nur leicht angedeutet, keinesfalls hervortretend; Kopf von allen Seiten eckig. *Fang:* eckig, vorn möglichst senkrecht abgestumpft; voll belefzt, mit ausgeprägten Lippenwinkeln; Fang von Nasenspitze bis Stirnabsatz etwa gleich lang wie von Stirnabsatz zum schwach ausgeprägten Hinterhauptbein. *Nase:* groß, bei gestromten und einfarbigen Doggen stets schwarz. *Gebiß:* Scherengebiß. *Augen:* mittelgroß, rund, dunkel; Augenlider anliegend; lebhafter kluger Ausdruck; Augenbrauen gut entwickelt. *Ohren:* hoch angesetzt, nicht zu weit auseinanderstehend; lang, spitz kupiert; gleichmäßig straff aufrecht getragen.

Hals: lang, trocken, muskulös, sehnig, ohne Wamme oder Kehlhautfalten; hoch angesetzt; von der Brust bis zum Kopf sich leicht verjüngend; schön geschwungen, mit gut ausgebildetem Genickansatz.

Rumpf: Widerrist bildet höchste Stelle des kräftigen Rückens; von dort in annähernd gerader Linie schwach nach hinten abfallend; kurz, straff; Brust reicht tief bis zu den Ellbogen hinab; ziemlich breit; Rippenkorb gut gewölbt; Kruppe voll, schwach abfallend, verläuft unmerklich in den Rutenansatz; Lenden leicht gewölbt, kräftig; Bauch nach hinten gut aufgezogen, bildet mit der Unterseite des Brustkorbes eine schön geschweifte Linie.

Rute: hoch, breit angesetzt, schlank, dünn auslaufend; mittellang, reicht bis zum Sprunggelenk hinab; in der Ruhestellung hängt sie gerade herab, in der Bewegung wird sie nicht übermäßig über Rückenhöhe getragen.

Gliedmaßen: *Vorderhand:* Schultern so lang und schräggestellt, daß mit Oberarmbein im Schultergelenk möglichst rechtwinklig vereinigt; Oberarm sehr muskulös; Ellbogen weder nach innen noch nach außen gedreht; Unterarm völlig gerade; Vorderfußwurzel verläuft von vorn gesehen in der gleichen geraden Linie. *Hinterhand:* Keulen breit, muskulös; Unterschenkel lang, stark, gut gewinkelt, gerade. *Pfoten:* rundlich, weder nach außen noch nach innen gedreht; Zehen geschlossen, gut gewölbt; Krallen kurz, stark, möglichst dunkel.

Haar und Farbe: sehr dicht, kurz, glatt anliegend, glänzend. – *Gestromte Doggen:* Grundfarbe von Hellgoldgelb bis zu sattem Goldgelb, stets mit schwarzen, kräftigen Querstreifen gestromt. Je leuchtender die Grundfarbe, je kräftiger die Stromung, desto besser. *Gelbe Doggen:* Hellgoldgelb bis zu sattem Gold-

gelb; schwarze Maske erwünscht, ebenso schwarze Krallen. *Blaue Doggen:* möglichst reines Stahlblau, ohne Anflug von Gelb oder Schwarz; hellere Augen zulässig, ebenso weiße Abzeichen an Brust und Pfoten. *Schwarz-weiß-gefleckte Doggen* (Tigerdoggen): Grundfarbe rein weiß, möglichst ohne jede Stichelung, mit über den ganzen Körper verteilten, zerrissenen, ungleichen lackschwarzen Flecken. Augen dunkel; helle oder zweierlei Augen zugelassen. Nase schwarz, schwarzgefleckt oder fleischfarben. Doggen mit weißer Grundfarbe und großen schwarzen Platten (Plattenhunde). Manteltiger: das Schwarz mantelartig über den ganzen Körper, nur Hals, Läufe und Rutenspitze weiß. Schwarz, Lackschwarz, glänzend, Augen dunkel; weiße Abzeichen zugelassen.
Größe und Gewicht: Rüde mindestens 80 cm; Hündin mindestens 72 cm. Wesentliche Überschreitung dieser Maße erwünscht. Gewicht o. A.

Deutsche Spitze, FCI-Nr. 97 b *Bild 47, 48* *Deutschland*

Erscheinung: Die deutschen Spitze (Wolfsspitz, schwarzer, weißer und andersfarbiger Spitz) ähneln in ihrer Gestalt ihrem holländischen Vetter, dem Keeshond. Vor allem der Wolfsspitz ist kaum von dem ihm nahe verwandten Keeshond zu unterscheiden. Spitze erhalten erst im dritten Lebensjahr ihre volle Haarpracht: den mähnenartigen Kragen, die buschige Rute und die reich behaarten Hinterläufe.
Charakter und Verwendung: argwöhnisch, mißtrauisch; läßt sich von fremden Personen nicht anfassen; wachsam, aufmerksam, hängt treu an Herrn, Haus und Hof. Bellt gern und oft. Keine Jagdpassion, wildert nicht; der ideale Wachhund für einsam gelegene Grundstücke. Haltung ist einfach, da der Spitz genügsam ist und durch sein dichtes Haarkleid vor Kälte, Wind und Nässe geschützt wird.
Kopf: mittelgroß; von oben gesehen hinten am breitesten; verschmälert sich keilförmig zur Nasenspitze hin; Stop mäßig. *Fang:* im Verhältnis zur Stirnlänge nicht zu lang; Lefzen nicht überfallend; keine Falte am Lippenwinkel; Farbe der Lefzen und Augenränder schwarz, auch bei weißen Spitzen. *Nase:* Kuppe rund, klein, etwas Ramsnase; schwarz, bei braunen Spitzen dunkelbraun. *Gebiß:* Scherengebiß. *Augen:* dunkel, mittelgroß, länglich geformt, etwas schräg eingesetzt. *Ohren:* klein, dicht aneinandergestellt, je dichter, desto besser; dreieckig zugespitzt, hoch angesetzt, stets mit steifer Spitze aufrecht getragen.
Hals: mittellang; üppige Mähne bedeckt Hals und gesamte Frontpartie von Brust und Schultern.
Rumpf: Rücken völlig gerade, fällt zur Kruppe leicht ab; so kurz wie möglich; Brust tief; Rippenkorb gewölbt; Leib nach hinten mäßig aufgezogen.
Rute: mittellang, hoch angesetzt; sofort an der Wurzel aufwärts und nach vorn über den Rücken gebogen, danach seitlich (rechts oder links) gerichtet und kreisförmig gerollt, fest auf dem Rücken liegend oder direkt auf den Rücken gerollt.
Gliedmaßen: *Vorderhand:* Schultern schräg; Läufe mittellang, im Verhältnis zum Rumpf stämmig, völlig gerade. *Hinterhand:* in den Sprunggelenken nur wenig gebogen. *Pfoten:* so klein wie möglich, rundlich zugespitzt; Zehen gewölbt.
Haar und Farbe: an Gesicht, Ohren, Pfoten, Außen- und Innenseite der Vorder-

und Hinterläufe kurz, dicht, am ganzen übrigen Körper reich behaart. Eigentümlichkeit des Haares: namentlich an Hals und Schultern ringsherum locker, gerade vom Körper abstehend, nicht gewellt, gekräuselt oder zottig. Auf dem Rücken darf sich das Haar nicht scheiteln; es breitet sich locker anliegend, gleichmäßig nach allen Seiten aus; größte Länge unter dem Hals und an der Rute. Hinterseite der Vorderläufe trägt eine stark ausgebildete, vom Ellbogen nach unten verlaufende Feder. An den Hinterläufen reicht die üppige Hose nicht ganz bis zu den Sprunggelenken hinab, so daß der Hinterlauf dann wieder kurz behaart erscheint. – Farbe des *Wolfsspitzes:* Wolfsgrau, d. h. Silbergrau mit schwärzlichem Anflug der Haarspitzen; an Fang, Umgebung der Augen, am Bauch, an Läufen und Rute heller. *Schwarzer Spitz:* Blauschwarz, ohne Weiß oder sonstige farbige Abzeichen. Unterhaar sowie Haut dunkel. *Weißer Spitz:* Reinweiß, ohne gelblichen Anflug. *Brauner Spitz:* einheitliches Braun ohne Scheckung.
Größe und Gewicht: Wolfsspitz: Rüde und Hündin, Mindestgröße 45 cm; Großspitz: Schwarz, Weiß, Braun, Widerristhöhe mindestens 40 cm.

Mittelspitze

Für diese Schläge wurden im Jahre 1969 neue Zuchtbestimmungen erlassen. Danach sind Farbschläge in Schwarz, Weiß, Braun, Orange und Wolfsfarben zugelassen.
Größe und Gewicht: 28–36 cm; Gewicht o. A.

Deutsche Kleinspitze *Bild 49* *Deutschland*

Erscheinung: Sie unterscheiden sich von den großen Spitzen nur durch ihre geringe Größe und entsprechend feinere Bauart. Ohren und Pfoten müssen sehr klein und äußerst fein behaart sein.
Charakter und Verwendung: mißtrauisch, wachsam, aufmerksam und treu. – Ein Zwerghund stellt höhere Anforderungen an die Haltung als größere Rassen. Der Kleinspitz ist lebenstüchtig, aber in seiner Gesamtkonstitution empfindlicher, anfälliger und seelisch empfindsamer. Sein Haar bedarf sorgfältiger Pflege.
Von seinem großen Vetter unterscheidet er sich durch folgende Punkte:
Haar und Farbe: wie Mittelspitz – Schwarz, Braun, Weiß, Orange und Wolfsfarben.
Größe und Gewicht: Höchstmaß 28 cm; Höchstgewicht 3,5 kg.

Deutscher Jagd-Terrier, FCI-Nr. 103 c *Bild 50* *Deutschland*

Erscheinung: langrückig, hochläufig, in gedeckter Farbe, mit kleinen Kippohren und gestutzter Rute.
Charakter und Verwendung: vielseitiger, kleiner Jagdgebrauchshund mit großer Jagdpassion, Schärfe und Spurlaut. Gehört nur in Jägerhand, kein Haus- oder Stubenhund.
Kopf: eher schwer als leicht. *Schädel:* nicht zu schmal, flach; Stop gering. *Fang:* lang, stark, nicht spitz; Kiefer kräftig. *Nase:* schwarz oder farbig. *Gebiß:*

Zangengebiß. *Augen:* dunkel, klein, schräg eingesetzt, gut schließender Lidrand. *Behänge:* V-förmig, gut am Kopf anliegend.
Hals: ziemlich lang, kräftige Genickmuskulatur, ohne lose Wamme.
Rumpf: Rücken stark, gerade, länger als beim Foxterrier; Nierenpartie und Kruppe breit und stark bemuskelt; Brust mäßig breit, nicht zu tief und schmal.
Rute: hoch angesetzt, stark, gerade und aufrecht getragen; auf die Hälfte, höchstens auf ein Drittel kupiert.
Gliedmaßen: *Vorderhand:* Schultern lang, schräg; Läufe stark, kurz, gerade; Ellbogen fest anliegend; Knochen normal stark. *Hinterhand:* stark, bemuskelt; Schenkel lang, kräftig, gut gewinkelt; Sprunggelenke tief angesetzt. *Pfoten:* klein, rund; Krallen gewölbt; Ballen hart.
Haar und Farbe: gut anliegendes Stockhaar oder harsches Rauhhaar. – Schwarz mit rotem oder gelbem Brand; Braun, Senffarben; Rot, Gelbrot auch mit Schwarz durchstrichelt.
Größe und Gewicht: nicht über 40 cm; Rüde 9–10 kg, Hündin 7,5–8,5 kg.

Deutscher Pinscher, FCI-Nr. 184 a *Bild 102* *Deutschland*

Erscheinung: mittelgroß, kurzhaarig, elegant gebaut; spitze, zunächst aufrecht und dann nach vorn überfallend getragene Ohren; kupierte Rute in verschiedenfarbenem Haarkleid. Kopf stets keck erhoben.
Charakter und Verwendung: aufmerksam, klug, anstellig, immer in Bewegung. Ein unermüdlicher Wächter des Hauses und Feind von Ratten und Mäusen. Als Begleithund geschätzt.
Kopf: mittellang. *Schädel:* schwach gewölbt. *Fang:* in gutem Verhältnis zum Schädel, mittellang ohne auffallende Backenbildung, verjüngt sich konisch; Lefzen nicht überfallend, ohne Falten im Lippenwinkel. *Nase:* schwarz. *Gebiß:* Scherengebiß. *Augen:* oval, nach vorn gerichtet, dunkel mit lebhaftem Ausdruck. *Ohren:* hoch angesetzt, von der Wurzel aus aufrecht getragen; die überfallende Spitze gut kupiert und unkupiert: v-förmig, mittellang, trocken.
Hals: trocken, nicht zu kurz, schlank mit gutem Übergang in Schultern und Schädel: keine Kehlfalten.
Rumpf: Rücken kräftig; Nierenpartie etwas aufgezogen; Kruppe fast gerade; Brustkorb oval, seitlich etwas zusammengedrückt, tief herabreichend.
Rute: hoch angesetzt, mittelstark, aufwärts getragen, kupiert.
Gliedmaßen: *Vorderhand:* Schultern gut bemuskelt, fest in den Gelenken; Läufe von allen Seiten gerade, fest, sehnig, trocken. *Hinterhand:* mäßig gewinkelt; Keulen muskulös, nicht zu weit ausladend. *Pfoten:* klein, rund, gerade nach vorn gerichtet; Zehen geschlossen, gewölbt.
Haar und Farbe: kurz, dicht, glatt, anliegend, glänzend. – Glänzendes Schwarz mit rostrotem bis braunem Abzeichen; einfarbig Braun bis Hirschrot. Pfeffer- und Salzfarben. Abzeichen möglichst scharf abgesetzt.
Größe und Gewicht: 43–48 cm; Gewicht o. A.

Deutscher Schäferhund, FCI-Nr. 166 a *Bild 51* *Deutschland*

Erscheinung: langgestreckt, kräftig bemuskelt, mittelgroß, Stehohren, Hängerute, gutes Stockhaar, verschiedene Farben – ein typischer Wolfshund.

Charakter und Verwendung: hat als Schutz- (Militär, Polizei, Grenzschutz, Sanität) und Hütehund seit 50 Jahren Unschätzbares geleistet. Wachsamkeit, Treue, Unbestechlichkeit, Schneid machen ihn zum idealen Wächter und Begleiter. Für Haus und Hof in Stadt und Land hervorragend geeignet.

Kopf: mittelgroß, trocken, zwischen den Ohren mäßig breit; Stirn von vorn und von der Seite gesehen wenig gewölbt, keine oder nur angedeutete Mittelfurche; Backen verlaufen seitlich in sanfter Rundung nach vorn, ohne hervorzustehen; Oberkopf verjüngt sich gleichmäßig von den Ohren zur Nasenkuppe, geht mit schräg verlaufendem, nicht scharf abgesetztem Stirnabsatz über in den keilförmig zugespitzten, langen, trockenen Schnauzenteil. *Fang:* kräftig; Lippen straff, trocken, gut anschließend; der gerade Nasenrücken verläuft nahezu in der gleichen Verlängerungslinie der Stirn. *Nase:* dunkel. *Gebiß:* sehr kräftiges Scherengebiß. *Augen:* mittelgroß, mandelförmig, etwas schrägliegend, nicht hervortretend, möglichst dunkel. *Ohren:* mittelgroß, hoch und breit angesetzt, laufen in scharfer Spitze aus; aufrechtstehend und nach vorn gestellt getragen; Stehohr wird dem gelegentlich auftretenden Kippohr vorgezogen.

Hals: kräftig, mittellang, gut entwickelte Muskeln; weder lose Kehlhaut noch Wamme; gerade, in der Erregung aufgerichtet getragen.

Rumpf: Rücken gerade, kräftig, nicht zu lang; Rumpflänge soll Schulterhöhe übertreffen; Brust tief, nicht zu breit; Rippen weder flach noch tonnenförmig; Lendenpartie mäßig aufgezogen; Lenden breit, kräftig; Kruppe lang, leicht abfallend.

Rute: buschig behaart, reicht zum Sprunggelenk hinab; bildet am Ende bisweilen seitlich abgebogenen Haken; in der Ruhe in sanftem Bogen herabhängend getragen; in der Bewegung und Erregung stärker gebogen, gehoben, geht jedoch nie über die senkrechte Lage hinaus.

Gliedmaßen: *Vorderhand:* Schultern lang, schräggestellt, flach anliegend, gut bemuskelt, nicht vorgelagert; Unterarm von allen Seiten gesehen gerade; Vordermittelfuß nicht zu steil. *Hinterhand:* Keulen breit, kräftige Muskeln; Oberschenkel ziemlich lang, steht von der Seite gesehen schräg zum entsprechend langen Unterschenkel; Sprunggelenke kräftig. *Pfoten:* rundlich, kurz, gut geschlossen, gewölbt; Ballen sehr hart; Krallen kurz, kräftig, zumeist dunkel.

Haar und Farbe: stockhaarig, Deckhaar möglichst dicht; einzelnes Haar gerade, harsch, fest anliegend; kurz am Kopf einschließlich Ohrinneres, Vorderseite der Läufe, Pfoten, Zehen; länger und stärker behaart am Hals; Haar an der Rückseite von Vorder- und Hinterläufen verlängert bis zur Vorderfußwurzel oder bis zum Sprunggelenk; bildet an den Keulen mäßige Hosen. – Schwarz, Eisengrau, Aschgrau, Rotgelb, Rotbraun; einfarbig oder mit regelmäßigen rotbraunen bis weißgrauen Abzeichen; Gelb mit schwarzem Sattel; Reinweiß nur bei zotthaarigen, sog. Altdeutschen; Weiß mit dunklen Platten (Blau-Rot-Schimmel usw.) selten. Wolfsfärbung: dunkel gewolkt (schwarzer Anflug auf grauem, gelbem, rotgelbem oder lichtbraunem Grund mit entsprechend hellerem Ab-

zeichen). Unterwolle immer etwas lichter gefärbt, Ausnahme: schwarze Schäferhunde.
Größe und Gewicht: Rüde zwischen 60–65 cm, Hündin 55–60 cm; Gewicht o. A.

Deutscher Wachtelhund, FCI-Nr. 104 a *Bild 53* *Deutschland*

Erscheinung: mittelgroßer, wellig behaarter, langgestreckter, verhältnismäßig massiger Jagdhund mit lockig behaartem, langem Behang und um ein Drittel kupierter, befederter Rute.
Charakter und Verwendung: Dieser Waldgebrauchshund ist mit seinem lockeren Spurlaut ein zuverlässiger Stöber- und Buschierhund, darüber hinaus ein guter Verlorenbringer und ausgezeichneter Wasserhund. Diese vielseitige, lebhafte, harte Rasse gehört nur in die Hand der Jäger und Hundeführer.
Kopf: trocken. *Schädel:* leicht gewölbt mit schwachem Hinterhauptbein; Stirnabsatz leicht ansteigend; Stop fehlerhaft. Schädel und Fang gleich lang. *Fang:* nicht zu lang auslaufend oder spitz; nie kurz; Ramsnase gestattet. *Nase:* braun, beweglich, mit weit geöffneten Löchern; nicht gespalten. *Gebiß:* kräftiges, gut schließendes Scherengebiß. *Augen:* braun in allen Tönungen, groß, ausdrucksvoll, gut geschlossen, weder vorspringend noch tiefliegend, ohne sichtbare rote Nickhaut; Lider fest anliegend. *Behänge:* hoch und breit angesetzt; flach, ohne Drehung dicht hinter den Augen herabhängend; mindestens bis zum Nasenschwamm reichend; über den Lederrand hinaus lockig behaart.
Hals: kräftig, edel, nicht zu kurz; ohne Wamme; geht in schöner Linie in Brust und Rücken über; Nacken besonders kräftig und stark bemuskelt.
Rumpf: Rücken etwas länger als hoch; Widerrist und Kruppe stark entwickelt, daher bodenweit stehend; Lendenpartie gut entwickelt; alles kräftig bemuskelt; Kruppe nicht zu lang, nur mäßig abfallend; Brust von vorn breit, von der Seite tiefer als bei den deutschen Vorstehhunden; Bauch und Flanken geschlossen, nach hinten mäßig aufgezogen.
Rute: ziemlich hoch angesetzt; gerade, eher etwas abwärts getragen; befedert; etwa um ein Drittel gestutzt.
Gliedmaßen: *Vorderhand:* Schultern schräg; Läufe gerade, stramm, aber nicht zu steil, im Fußgelenk leicht durchgedrückt. *Hinterhand:* gut entwickelt und gewinkelt, gerade. *Pfoten:* ziemlich groß; Zehen gut gewölbt, nicht gespreizt, länglich, weder Katzen- noch Hasenpfoten.
Haar und Farbe: kräftig, glänzend, nicht seidig, leicht gewellt; an Hals und Nacken auch lockig; Läufe, Keulen, Rute befedert. An Kopf und Fang kurz und dicht. Zu reiches, seidiges Haar fehlerhaft. – Dunkelbraun, oft mit einigen weißen Abzeichen an Brust und Zehen. *Tiger:* Weiß mit braunen Platten oder Sprenkeln. *Schimmel:* Weiß mit braunen oder graublauen Tönen eng gemischt. *Dreifarbige:* mit roten oder gelben Abzeichen. Rot-Orange- Schecken bzw. Schimmel.
Größe und Gewicht: Rüde 45–52 cm, Hündin etwas kleiner; Gewicht o. A.

Dobermann, FCI-Nr. 143 a *Bild 54* *Deutschland*

Erscheinung: mittelgroß, kurzhaarig, elegant; Schutzhund mit gestutzten Stehohren und kupierter Rute.
Charakter und Verwendung: gelehrig, aufmerksam, unbestechlich; gefährlicher Wächter und Verteidiger seines Herrn und dessen Familie; jeder Neckerei abgeneigt. Temperamentvoll, lebendig, entschlossen. Dressurfähig, als deutscher Schutz- und Polizeihund anerkannt. – Braucht viel Bewegung. Kenner sagen, daß der Hund sich erst richtig wohlfühlt, wenn er täglich 10–15 km neben dem Fahrrad herlaufen kann. Der Dobermann braucht enge Verbindung mit seinem Herrn, tägliche Beschäftigung. Nimmt an allen Vorgängen des täglichen Lebens und seiner Umwelt regsten Anteil. Haltung nicht jedermann zu empfehlen.
Kopf: *Schädel:* keilförmig geschnitten, gestreckt, trocken; in Vorder- und Seitenansicht möglichst flach; Stop gering. *Fang:* gute, die Keilform nicht verwischende Tiefe, vor den Augen gut ausgefüllt, trockene Lefzen. *Nase:* schwarz. *Gebiß:* kräftiges Scherengebiß. *Augen:* dunkel, schwarz bis braun; bei braunen und blauen Hunden hellere Augen- und Nasenfarbe zulässig. *Ohren:* hoch angesetzt, gestutzt, aufrecht getragen.
Hals: trocken, muskulös, von guter Länge, zum Brustkorb hin sich allmählich verbreiternd; Nackenpartie gefällig gebogen.
Rumpf: Rücken kurz, straff, muskulös; Widerrist besonders beim Rüden deutlich ausgeprägt; Nierenpartie gut bemuskelt, leicht gebogen; Kruppe leicht gerundet, nicht zu kurz; Vorbrust ausgeprägt; Rippenkorb geräumig, tief, oval; Leib aufgezogen, so daß untere Rumpflinie leicht geschwungen ist.
Rute: auf 2–4 cm gestutzt.
Gliedmaßen: *Vorderhand:* von allen Seiten gesehen gerade, muskulös, sehnig; Knochen rund, klar; Schultern lang, schräg, fest anliegend, gut bemuskelt. *Hinterhand:* Keulen breit, kräftig bemuskelt; Oberschenkel gut gewinkelt; Sprunggelenke kräftig, nicht allzu stumpfer Winkel; Läufe senkrecht zur Erde gestellt. *Pfoten:* kurz, gewölbt, geschlossen.
Haar und Farbe: kurz, hart, dicht, fest anliegend; weder wellig, weich noch stumpf. – Schwarz, Dunkelbraun, Braun oder Blau mit rostrotem, scharf abgegrenztem, reinem Brand.
Größe und Gewicht: Rüde zwischen 68 und 70 cm, Hündin 63–66 cm; Gewicht o. A.

Dogo Argentino, FCI-Nr. 292 *Bild 55* *Argentinien*

Erscheinung: mittelgroße, kurzhaarige, elegante Dogge, mit leichtem Kopf, Stehohren und langer Rute.
Charakter und Verwendung: ein Schutz- und Wachhund, der leicht zu führen ist, im Haus verträglich, nicht zu laut, kinderlieb und verteidigungsbereit.
Kopf: rechteckig, elegant, ohne starken Stop; Schädellänge etwas größer als Fangpartie (Verhältnis 5 : 2), breit zwischen den kupierten Ohren und flach mit ausgeprägter Stirnfurche. *Fang:* kantig, flach. *Nase:* Nasenkuppe schwarz. *Gebiß:* Scherengebiß erwünscht. *Augen:* dunkel, mittelgroß. Lider pigmentiert. *Ohren:* kurz kupiert.

Hals: elegant, mittellang, ohne Wamme.
Rumpf: langgestreckt. Rücken gerade, Lendenpartie gut modelliert. Brust oval, Bauch nur leicht aufgezogen, Kruppe bemuskelt.
Rute: mittellang, herabhängend getragen.
Gliedmaßen: von guter Länge. *Vorderhand:* Schultern ziemlich breit, gut anliegend, schräg gestellt. Läufe gerade. Vordermittelfuß ziemlich lang. *Pfoten* geschlossen, mit harten Ballen. *Hinterhand:* muskulöse Keulenpartie, gut gewinkelt, Sprunggelenk ziemlich tief und kräftig, parallel gestellt. *Pfoten* geschlossen, kräftige Ballen.
Haar und Farbe: kurz, dicht, hart. Haut straff und dick. – Weiß mit kräftigen Pigmentflecken. Schwarzer Fleck am Kopf gestattet, sonst keine schwarzen Haarbüschel am Körper erwünscht.
Größe und Gewicht: Rüde um 60 cm, ca. 45 kg; Hündin um 58 cm, ca. 35 kg.

Drentse Patrijshond, FCI-Nr. 224 *Bild 84* *Niederlande*

Erscheinung: mittelgroß, langhaarig; sein schlichtes Haar erscheint in den Farben braun-weiß oder dreifarbig braun-weiß-orange. Schwerer gebaut als der Kleine Münsterländer (Heidewachtel), gleicht er, oberflächlich betrachtet, dem Deutsch Langhaar, hat aber einen kürzeren, stumpfen Fang mit straff gespannten Lefzen und etwas leichterem Kopf.
Charakter und Verwendung: im Haus sanft, sehr intelligent, anhänglich. Für den Jäger ein zuverlässiger Hühnerhund (patrijs = Rebhühner), Apporteur und Verlorensucher. Er sucht ruhig unter der Flinte und steht mauerfest vor; scheut auch die Wasserarbeit nicht.
Kopf: *Schädel:* ziemlich breit, mäßig gewölbt; schwache Stirnfurche von dem schwach verlaufenden Stop bis fast zum mäßig entwickelten Hinterhauptbeinstachel; allmählicher Übergang vom Schädel zum Fang; Augenbrauenbogen deutlich sichtbar; Backen mäßig entwickelt. *Fang:* keilförmig, endet stumpf; Lefzen dünn, trocken, nicht herabhängend; Nasenrücken breit, gerade. *Nase:* braun, gut entwickelt; Nasenlöcher weit geöffnet. *Gebiß:* Scherengebiß. *Augen:* mittelgroß, oval; weder dunkel noch hell, sondern bernsteinfarben, weit auseinanderstehend; Lider fest anliegend; Ausdruck intelligent, gutmütig. *Behänge:* hoch angesetzt, breit im Ansatz; enden in stumpfer Spitze; herabfallend, ohne Knick oder Falten den Backen anliegend; in der Länge auf drei Finger breit an die Nase heranreichend; Außenseite reichlich mit langen, gewellten Haaren besetzt – keine Locken; Rand der Innenseite stark befedert.
Hals: kräftig, eher kurz als lang; guter Übergang in Kopf und Rumpf, ohne Wamme, trocken.
Rumpf: Gesamterscheinung gestreckt, länger als hoch; Rücken kräftig, nicht zu kurz, mittellang; Nierenpartie kräftig bemuskelt; Kruppe breit, lang, etwas abfallend; Brust breit, tief, reicht bis zum Ellbogen; Rippenkorb gewölbt, lange Rippen; Fehlrippen gut entwickelt; Bauch leicht aufgezogen.
Rute: ziemlich hoch angesetzt, reicht fast bis zum Sprunggelenk; leicht herabhängend, mit leichter Aufwärtsbeugung im letzten Viertel getragen; reich behaart, gute Fahnenbildung; größte Länge in der Rutenmitte, dann abnehmend.

Gliedmaßen: *Vorderhand:* Schultern lang, schräg, gut gewinkelt (90°); Läufe gerade, gut bemuskelt; Ellbogen anliegend. *Hinterhand:* Ober- und Unterschenkel 90° gewinkelt; Sprunggelenke nahe dem Boden gewinkelt; Hintermittelfuß kurz; Läufe von hinten gesehen gerade. *Pfoten:* rund bis oval; Zehen gut geschlossen; Ballen hart.
Haar und Farbe: schlicht, anliegend, länger an Hals und Vorbrust; Behänge, Vorderhand gut befedert; Hinterhand behost; Pfoten zwischen den Zehen stark behaart. – Weiß mit braunen oder orangefarbigen Platten und Flecken; u. U. gelbbraune Abzeichen und brauner Mantel.
Größe und Gewicht: 55–63 cm; Gewicht o. A.

English Bulldog, FCI-Nr. 149 a *Bild 52* *England*

Erscheinung: glatthaarig, untersetzt, kompakt, mit viel loser Haut. Niedrig und lang gebaut, mit übergroßem, viereckigem Kopf, Rosenohr und mittellanger, gerader Rute. Trotz seines schweren Baues erstaunlich leicht in der Bewegung. Die Toy-Bulldog ist eine verkleinerte Ausgabe.
Charakter und Verwendung: der Nachkomme des alten Bullenbeißers hat viel von seiner ursprünglichen Wildheit verloren; trotzdem mutig und draufgängerisch, treu und anhänglich, selbstbewußt und zurückhaltend, ein idealer Kamerad.
Kopf: groß, viereckig. *Schädel:* keilförmig, zwischen den Ohren flach; Stirn groß, flach, breit; Backen breit, seitwärts über die Augen hervortretend; Augenbrauen breit, viereckig, hoch; tiefe breite Stirnfurche von Stirnabsatz bis Hinterhauptbein; Stop breit, sehr tief; feine und doch lose Falten; Vordergesicht viereckig und gut unter den Augen gefüllt. *Fang:* breit, viereckig, aufwärts gerichtet; Nasenbein kurz, nach oben gerichtet; Nasenkurve von der Seite gesehen in einer gedachten Linie vom Rand der Unterlefze bis zum Einbug zwischen den Augen gerichtet; Kiefer breit, massiv, viereckig; Unterkiefer überragt den Oberkiefer, ist deutlich nach oben aufgebogen; Oberlefze breit, sehr dick, hängt so tief herab, daß sie seitlich den Unterkiefer völlig bedeckt, vorn mit der Lippe abschneidet und die Zähne bedeckt. *Nase:* schwarz, tief zurückliegend; Nasenlöcher breit, sehr tief; ausgeprägte, gerade Linie zwischen den Nasenlöchern sichtbar. *Gebiß:* Vorbeißer. *Augen:* weit auseinanderstehend, nur wenig höher als Basis des Nasenbeins eingesetzt; rund, mäßig groß, weder vorstehend noch tiefliegend, dunkel. *Ohren:* klein, dünn, hoch am Kopf, weit voneinander entfernt angesetzt, rosenförmig.
Hals: mäßig kurz, dick angesetzt, tief, muskulös, im Nacken gut gewölbt, mit dicker, lockerer Haut bedeckt; Wamme.
Rumpf: kurz gedrungen; Rücken breit, hinter den Schultern tiefer, erhebt sich in schöner Linie bis zur Spitze der Lenden; Brust breit, tief; Rippen gerundet; Lenden muskulös; Kruppe schnell abfallend (Karpfenrücken); zwischen den Schultern breit, den Lenden zu schmäler zulaufend.
Rute: tief angesetzt, fast senkrecht nach unten gebogen, mäßig kurz, am Ansatz dick, ohne Aufbiegung, läuft zur Spitze immer schmäler zu.
Gliedmaßen: *Vorderhand:* Schultern schräg, tief angesetzt; Vorderläufe weit auseinanderstehend, sehr dick, stark bemuskelt, kräftig, gerade, mäßig kurz; die

starke Bemuskelung an der Außenseite läßt sie krumm-, aber nie faßbeinig erscheinen. *Hinterhand:* kräftig, gut bemuskelt, schlanker als Vorderläufe, merklich länger als diese, so daß Lendenpartie höher als Widerrist liegt; Sprunggelenke rund, leicht nach außen gedreht, jedoch nicht kuhhessig, gut niedergelassen. *Pfoten:* rund, eher groß, ein wenig nach außen gedreht; Zehen dick, kompakt, gut gespalten.

Haar und Farbe: fein, anliegend, glatt, hart. – Weiß, Gestromt, Rot, Rot- oder Fahlgelb; entweder einfarbig, buntscheckig, gemischt oder scheckig.

Größe und Gewicht: Rüde 63–69 cm, 50–59 kg; Hündin 60–66 cm, 41–50 kg.

English Setter, FCI-Nr. 2 a *Bild 56* *England*

Erscheinung: mittelgroßer langhaariger Vorstehhund mit weißem Haarkleid, farbigen Tupfen, hängenden Ohren und mittellanger, stark befederter Rute.

Charakter und Verwendung: arbeitsfreudiger, lebhafter Jagdhund, der durch die Eleganz seiner Erscheinung, die Pracht seines Haarkleides das Auge der Hundefreunde fesselt. Anhänglich, liebevoll, gutmütig, spielfreudig, ein angenehmer Haus- und Begleithund. Auf der Jagd ausgezeichnet durch gute Nase, flotte Suche, Apportierwillen und Wasserfreudigkeit.

Kopf: *Schädel:* lang, trocken mit gut betonter Stirnfurche; Stop von Ohr zu Ohr oval; Hinterhauptbein gut ausgeprägt. *Fang:* mäßig tief, nahezu rechteckig, lang zwischen Augen und Nasenspitze; Kiefer nahezu gleich lang; Lefzen nicht pendelnd. *Nase:* breit; Nasenlöcher groß, weit auseinanderstehend; schwarz bei weiß-schwarzen Hunden, bei den übrigen Farben braun bis leberfarben; jeweils mit der Farbe des Haarkleides harmonierend. *Gebiß:* Scherengebiß. *Augen:* dunkelhaselnußbraun, so dunkel wie möglich; mittelgroß, leuchtend, von sanftem Ausdruck. *Behänge:* mäßig lang, tief angesetzt, liegen in hübscher Falte geschlossen den Backen an; Spitzen kurz, samtig; ihr Oberteil mit feinem, seidigem Haar bedeckt.

Hals: mäßig lang, muskulös, trocken, elegant; in seiner oberen Linie leicht gebogen; am Kopfansatz klar geschnitten, wird den Schultern zu stärker und sehr muskulös; ohne Kehlhaut, ohne Wamme.

Rumpf: Rücken kurz, gerade; Lenden leicht gebogen, breit, kräftig, muskulös; Brust tief, gut gewölbt; Brustbein tief herabreichend; Fehlrippen lang.

Rute: Ansatz in Rückenhöhe; mittellang, gerade; in leichter Kurve, jedoch ohne Tendenz nach oben getragen; Befederung beginnt unterhalb des Ansatzes, ist in der Mitte am längsten, nimmt zur Spitze hin gleichmäßig ab; Rutenfahne lang, weich, seidig, gewellt – jedoch nicht gelockt; Rutenspitze reicht bis zum Sprunggelenk herab.

Gliedmaßen: *Vorderhand:* Schultern gut schrägliegend, nicht gebunden; Vorderläufe stark, sehr muskulös; Ellbogen gut niedergelassen. *Hinterhand:* von Hüfte bis zum Sprunggelenk lang; Sprunggelenke kräftig, gut gewinkelt. *Pfoten:* kräftig, sehr geschlossen; wohl geschützt durch Behaarung zwischen den Zehen.

Haar und Farbe: vom Behangansatz abwärts leicht gewellt, lang, seidig. Vorderläufe und Rückseite der Hinterläufe bis zur Fußwurzel gut befedert. – Schwarz

und Weiß, Zitronenfarben und Weiß, Feuerfarben und Weiß, oder dreifarbig Schwarz-Weiß-Rot. Hunde mit Tupfen sind solchen mit Platten vorzuziehen.
Größe und Gewicht: Rüde 65–70 cm, 27–30 kg; Hündin 61–65 cm, 25–28 kg.

Epagneul Breton, FCI-Nr. 95 a *Bild 57* *Frankreich*

Erscheinung: langhaariger, kleiner Vorstehhund mit Hängeohren und Stummelrute.
Charakter und Verwendung: unter den Vorstehhunden der kleinste, hat dieser Hund in den letzten Jahren in Europa sehr viele Freunde unter den Jägern gefunden, die seine Passion, die kleine Figur und das aufmerksame Wesen – auch in Haus und Hof – schätzen.
Kopf: rund, mittellang, deutlicher schräger Stop, Backen betont gerundet. *Fang:* gerade oder leicht aufgezogen, Länge 2 : 3 zum Schädel. *Nase:* dunkel. *Gebiß:* Scherengebiß. *Augen:* dunkelbernsteinfarben, lebhaft und ausdrucksvoll. *Ohren:* hoch angesetzt, eher kurz als lang, herabhängend getragen. Keine Fransenbildung, obwohl gut gewellt behaart.
Hals: mittellang, kräftig, trocken, gut vom Rumpf abgesetzt.
Rumpf: kurz; Rücken kurz mit hervortretendem Widerrist. Nieren- und Kruppenpartie kurz, kräftig und abfallend.
Rute: oft angeborene Stummelrute, sonst auf 10 cm Länge kupiert.
Gliedmaßen: *Vorderhand:* sehr gerade, Mittelhandknochen etwas schräg gestellt, mit gewellten Federn von geringer Länge. *Hinterhand:* breite Schenkel, weit herabreichend, muskulös. Läufe gerade gestellt, Sprunggelenke nicht zu gewinkelt, gut behost. *Pfoten* geschlossen, schmal, wenig behaart.
Haar und Farbe: fein, glatt, nur leicht gewellt. – Weiß-Orange und Weiß-Braun.
Größe und Gewicht: höchstens 51 cm. Rüde 48–50 cm, Hündin 47–49 cm; Gewicht o. A.

Eurasier, FCI-Nr. 291 *Bild 59* *Deutschland*

Erscheinung: mittelgroßer, spitzartiger Hund mit einer Haarlänge, die die Proportionen des Körpers noch erkennen läßt.
Charakter und Verwendung: durch sein ruhiges, aufgeschlossenes Wesen und seine Wachsamkeit ein idealer Haushund; nicht sehr lautfreudig, wenig Jagdtrieb.
Kopf: wolfsähnlich, keilförmig. *Schädel:* flach mit erkennbarer Stirnfurche. Nasenrücken gerade, mit wenig Stop, parallel zur Schädellinie. *Fang:* verjüngt sich stark, anliegende Lefzen. *Nase:* dunkel. *Gebiß:* Scherengebiß. *Augen:* dunkel, mandelförmig. *Ohren:* mittelgroße, spitze Stehohren.
Hals: mäßig bemuskelt, ohne Kehlwamme, mit hohem Ansatz und harmonisch zur Schulterpartie hin.
Rumpf: langgestreckt. Rücken: gerade, kräftig, Kruppe nur leicht abfallend. Höchster Punkt ist der Widerrist. Lendenpartie breit. Brust breit und tief. Mäßig hochgezogene Bauchpartie.
Rute: in voller Länge nach vorn über den Rücken gerollt oder seitwärts ge-

rollt getragen; bei Ruhe und Unlust bis zum Sprunggelenk hängend. Buschig behaart.

Gliedmaßen: *Vorderhand:* bemuskelte Schulter mit schrägem Oberarm. Unterarm gerade und steil zum straffen Mittelfuß. *Hinterhand:* schräg gestellt, nie steil. Sprunggelenke nicht zu tief angesetzt, mäßigen Winkel bildend. *Pfoten* groß mit dicken geschlossenen Ballen und gewölbten Zehen.

Haar und Farbe: mittellanges Grannenhaar mit dichter Unterwolle. Im Gesicht, an Fang, Ohren und den Vorderseiten der Läufe kurz. – Rot bis Falb, Wolfsgrau, rein Schwarz, Schwarz mit graubraunen Abzeichen.

Größe und Gewicht: Rüde 52–60 cm, 25–32 kg; Hündin 48–56 cm, 18–28 kg.

Fila Brasileiro, FCI-Nr. 225 *Bild 60* *Brasilien*

Erscheinung: groß, kurzhaarig, von hohem Bau, starkem Knochengerüst, kräftiger Bemuskelung. Der Körper ist symmetrisch und wohlproportioniert. Auffallend die weit ausgreifenden Schritte, der rhythmisch-elastische Gang und die tänzerische Bewegung. Im Schrittgang wird der Kopf etwas unter Rückenhöhe gehalten.

Charakter und Verwendung: tapfer, mutig, ja angriffslustig; ausgeprägte Wachsamkeit und Mißtrauen gegenüber Fremden. Unübertrefflicher Wachhund für Haus und Hof sowie ein guter Schutzhund für die großen Viehherden seiner Heimat. Herrn und Familie gegenüber treu, anhänglich, folgsam, liebevoll. Jagdtrieb und ausgeprägte Neigung zum Folgen und Spüren von Wild. Die Haltung dieser eigenwilligen, kraftvollen Hundepersönlichkeit ist nur auf großen Besitzungen möglich.

Kopf: groß, schwer im Verhältnis zum Körper, eckig, massiv. *Schädel:* groß, breit, verengt sich bei der Verbindung von Fang und Stirn ziemlich plötzlich; Stirn von vorn gesehen kaum sichtbar, eingedrückt mit deutlich erkennbarer Stirnfurche; Hinterhauptbein tritt gut hervor. *Fang:* stark, breit, etwas kürzer als Schädel; Vorderkante des Fanges verläuft fast senkrecht, so daß der Fang eckig erscheint; Oberlefzen dick, weich, über die Unterlefzen herabhängend; Unterlefzen an der Spitze des Fanges fest, an den Backen lose anliegend. *Nase:* schwarz; bei schokoladenfarbenem, braunem oder weißgrundigem Fell braun; Nasenlöcher breit, gut entwickelt, geöffnet. *Gebiß:* starkes Scherengebiß. *Augen:* mittelgroß, leicht mandelförmig, wohl getrennt, ziemlich tiefliegend, von dunkler Farbe mit traurigem Ausdruck; wegen der losen Stirnhaut oft fallende Augenlider. *Ohren:* groß, V-förmig, im hintersten Teil des Schädels eingesetzt; in der Ruhe tief in der Wurzel zurückgelegt, wobei Inneres sichtbar; bei Aufmerksamkeit treten sie fast bis zur höchsten Linie des Schädels vor; Rosenohren gestattet.

Hals: mehr kurz als lang, gut entwickelt, mit starker Muskulatur; obere Linie leicht gewölbt; dicke, lose Haut; Kehlwamme.

Rumpf: stark mit dicker, loser Haut bedeckt; Rücken kräftig, führt in leicht ansteigender Linie vom Widerrist zu der etwas höher liegenden Kruppe, fällt vom Hüftknochen an unmerklich ab und geht in die Rutenwurzel über; Brust breit, tief, reicht mindestens bis zum Ellbogen hinab; Brustkasten tritt stark hervor; Rippen gut gebogen; Bauch nur wenig eingezogen.

Rute: breiter Ansatz, verjüngt sich stark bis zur Spitze, die am Sprunggelenk endet und sich am Ende leicht krümmt; weder geringelt noch auf dem Rücken gerollt getragen.
Gliedmaßen: *Vorderhand:* Schultern gut gewinkelt; Schulterblätter sind am Widerrist ziemlich weit voneinander entfernt; Läufe ziemlich breit gestellt, starkknochig; Ellbogen und Widerrist bilden eine senkrechte Linie. *Hinterhand:* weniger starkknochig, etwas höher als Vorderhand; geringe Winkelung; Sprunggelenke nur leicht nach hinten gestellt. *Pfoten:* stark, gut gebogen; Krallen kräftig, meist schwarz, aber auch weiß.
Haar und Farbe: dicht, weich, kurz, anliegend; an der Kehle bilden sich Bartwülste. – Alle Farben und deren Kombinationen; Gestromt, weiße Flecken an Kehle, Brust, Pfoten, Rutenspitze gestattet.
Größe und Gewicht: ca. 68 cm; Gewicht o. A.

Finnenspitz, FCI-Nr. 49 a *Bild 61* *Finnland*
Erscheinung: klein, fuchsrot, dicht behaart; feine Stehohren und seitlich über dem Rücken getragene Rute.
Charakter und Verwendung: vielseitiger Jagdhund, besonders auf Birk- und Auerwild. Angenehmer, anspruchsloser, harter Haus- und Wachhund.
Kopf: mittelgroß, trocken; Stirn und Kopf etwas gerundet mit deutlichem Stirnwinkel. *Fang:* schmal, trocken, von allen Seiten gleichmäßig zur Nasenspitze schmäler werdend; Lefzen gut geschlossen, dünn. *Nase:* Kuppe schwarz. *Gebiß:* Scherengebiß. *Augen:* mittelgroß oder etwas größer, dunkel, lebhafter Ausdruck. *Ohren:* aufrechtstehend, scharf zugespitzt, beweglich, fein behaart.
Hals: kräftig, bei Hündinnen mittellang, bei Rüden wegen der Haarkrause kurz erscheinend.
Rumpf: Rücken gerade, stark, kurz; Brust tief, oval; Flanken aufgezogen.
Rute: mittellang, als Ringelrute seitlich gegen den Oberschenkel gepreßt getragen; buschig.
Gliedmaßen: *Vorderhand:* Schultern und Ellbogen fest anliegend; Läufe fest, gerade. *Hinterhand:* kräftig, ziemlich gerade; Sprunggelenke wenig gewinkelt. *Pfoten:* rund; Zehen gewölbt.
Haar und Farbe: Unterwolle kurz, dicht, weich, hell; Deckhaar an Kopf und Vorderseite der Läufe kurz, anliegend, am Hals steifer, am Körper ziemlich lang, zur Hälfte oder ganz nach außen gerichtet; an der Rückseite der Oberschenkel lang, buschig, ebenso an der Rute. – Dunkel- oder Fuchsrot, Weiß an Brust und Pfoten zugelassen, ebenso schwarze, dünne Stichelhaare mit schwarzer Spitze auf dem Rücken; an den Innenseiten etwas heller.
Größe und Gewicht: Rüde 42–48 cm, Hündin 38–44 cm; Gewicht o. A.

Foxhound, FCI-Nr. 159 a *Bild 64* *England*
Erscheinung: Der englische Fuchshund ist mittelgroß, wohlproportioniert, hat herabhängende Ohren und eine lustig getragene Rute.
Charakter und Verwendung: der beliebteste Hetz- und Spürhund bei der Reitjagd; wird in Meuten gehalten und zur Verfolgung des Fuchses eingesetzt; gute

Nase, ausgeprägter Spurwille und Spursicherheit; läuft über weite Strecken durch Gebüsch und Gestrüpp, bergauf, bergab. Bei uns wird die Fuchsschleppe künstlich gelegt. Das Zusammenspiel von Meute und Master, von Reitern und Pferden bietet einen großartigen Sportgenuß.
Kopf: kräftig, aber nicht schwer; Augenjochbogen hoch, aber nicht scharf gebogen; genügend lang und breit, so daß beim Rüden vor den Ohren der Umfang 40 cm beträgt. *Fang:* Länge 11 cm. *Nase:* weit, offen. *Gebiß:* Zangengebiß. *Augen:* dunkel. *Behänge:* tief angesetzt, dicht anliegend, am unteren Ende um 2 cm abgerundet kupiert.
Hals: lang, trocken, ohne Kehlwamme, vom Schädelansatz bis zur Schulter 25,4 cm lang; verläuft in schöner Linie von Kopf zu den Schultern; oberer Umriß leicht erhaben.
Rumpf: Rücken gerade, muskulös ohne Einbuchtung beim Übergang in die Lendenpartie; obere Rückenlinie eben verlaufend; Brust breit, 78 cm Umfang bei einem 60 cm hohen Foxhound; Fehlrippen tief herabgezogen.
Rute: gut und kräftig angesetzt, lustig getragen, keinesfalls über den Rücken gerollt.
Gliedmaßen: *Vorderhand:* Schultern lang, muskelbepackt, schräg, frei von losem Fleisch und Fett; in den Spitzen nicht zu schwer; Ellbogen gerade, weder ein- noch auswärts gedreht, bei dem langen Oberarm gut herabgelassen; Läufe gerade, stark. *Hinterhand:* sehr stark, Schenkel gerade, wie beim Greyhound gewinkelt; Läufe gerade mit festen Knochen. *Pfoten:* rund; Zehen gut gewölbt; Ballen stark.
Haar und Farbe: kurz, dicht, hart, glänzend. – Schwarz, Lohbraun, Weiß oder irgendeine Verbindung dieser drei Farben; Mischfarbe aus Hasenfarben und Weiß; Dachsfarben, Gelb oder Lohbraun.
Größe und Gewicht: ca. 58 cm; Gewicht o. A.

Fox-Terrier, FCI-Nr. 12 a, 169 b *Bild 62, 63* *England*

Erscheinung: klein, hochläufig, drahtig, temperamentvoll; kleine, nach vorn fallende Knickohren, kupierte Rute; in weißer Grundfarbe mit braunen Abzeichen.
Charakter und Verwendung: leidenschaftlich, lustig, verspielt. Ausgesprochene Jagdpassion; zum Stöbern, Erdjagd und Schweißarbeit verwendet. Ist hinter jeder Katze, Ratte und Maus her. Sein lebhaftes, unruhiges Wesen für nervöse Menschen ungeeignet. Für Nichtnervöse ein höchst kurzweiliger, ausgezeichneter Freudenspender. – Haltung einfach, sofern er genügend Bewegung hat. In der rauhhaarigen Ausgabe ein beliebter Haus-, ja beinahe Modehund.
Kopf: *Schädel:* flach, mäßig schmal; zwischen den Ohren breiter, von da über die Augen zur Nasenkuppe sich allmählich verjüngend; Stop gering; Stirnfurche nicht sichtbar. *Fang:* Ober- und Unterkiefer kraftvoll, muskulös, ohne volle Backen, von ausreichender Länge; Verjüngung unterhalb der Augen nicht zu stark. *Nase:* schwarz. *Gebiß:* gleichmäßig stark. *Augen:* dunkel, klein, gut geschlossen; ziemlich tiefliegend, feurig. *Ohren:* ziemlich klein, mäßig dick, V-förmig, nach vorn gerichtet, dicht an den Wangen anliegend getragen.

Hals: muskulös, wohlgeformt, von guter Länge; den Schultern zu allmählich breiter; ohne Kehlwamme.
Rumpf: Rücken kurz, gerade, fest; hinter den Schultern mit kräftig entwickelter, leicht gewölbter Nierenpartie und Kruppe; Brust tief, nicht zu breit; Vorderrippen mäßig gewölbt; Fehlrippen erstrecken sich tief nach hinten; Bauch leicht aufgezogen.
Rute: hoch angesetzt; munter, aber nicht über den Rücken oder geringelt getragen; ziemlich stark, gut behaart; kupiert.
Gliedmaßen: *Vorderhand:* Schultern lang, schräg, am Widerrist scharf ausgeprägt, am Buggelenk fein ausgebildet; Läufe völlig gerade; Vorderfußgelenke wenig oder keinen Vorsprung, völlig gerade, stark in den Knochen; kurz, straff in den Fußwurzeln; Ellbogen nicht nach außen gedreht, senkrecht zum Rumpf stehend. *Hinterhand:* Keulen kräftig, muskulös, nicht nach vorn unter den Körper geschoben; Oberschenkel lang; Unterschenkel lang, kräftig; Sprunggelenke nahe dem Boden; Fußwurzel gerade. *Pfoten:* rund, geschlossen, nicht zu groß; weder ein- noch auswärts gedreht; Zehen mäßig gewölbt; Ballen hart.
Haar und Farbe: *Glatthaar,* FCI-Nr. 12 a: glatt, hart, dicht, reichlich, flach anliegend: keine kahlen Stellen an Bauch und Innenseite der Schenkel. *Rauhhaar,* FCI-Nr. 169 b: hart, drahtig, weder wollig noch seidig, nicht zu lang oder zottig. – Weiß herrscht vor mit dunklen, schwarzen Flecken oder Platten.
Größe und Gewicht: mittlere Widerristhöhe: 30 cm. Der Kopf darf nur bis 18,5 cm darüber liegen, aber nicht weniger als 17,8 cm. – Rüde 8 kg, Hündin 6,5–7,5 kg.

Französische Bulldogge, FCI-Nr. 101 a *Bild 65* *Frankreich*

Erscheinung: klein, untersetzt, muskulös, gedrungen. Breiter, eckiger Kopf, kurzer Fang; kurzhaarig; Fledermausohren.
Charakter und Verwendung: intelligent, lebhaft, wachsam, liebenswürdig, anhänglich. Geringes Bewegungsbedürfnis, geringe Nahrungsansprüche, für den Großstadtmenschen in jeder Hinsicht geeignet.
Kopf: massiv, eckig, breit. *Schädel:* zwischen den Ohren fast flach; Stirn gewölbt; Stop gut ausgeprägt; Stirnfurche reicht nur bis zur Augenhöhe; Backenmuskeln kräftig entwickelt; Kopfhaut lose, weich, bildet fast symmetrische Falten. *Fang:* schwarz, kurz, gut zurückgelegt; Nasenrücken sehr kurz; Lefzen schwarz, dick; Oberlefze deckt die untere seitlich, darf nicht über den unteren Rand des Unterkiefers reichen; Unterlefze berührt Oberlefze in deren Mitte; Zähne und Zunge nie sichtbar; Unterkiefer sehr breit, kräftig über den Oberkiefer vorstehend und aufwärts gerundet. *Nase:* schwarz, breit; Nasenlöcher weit geöffnet; Zwischenlinie gut markiert. *Gebiß:* Vorbeißer. *Augen:* dunkel, eher groß als klein, weder tiefliegend noch hervortretend, dürfen kein Weiß zeigen; ziemlich weit auseinanderliegend; nieder, liegen in gleicher Höhe wie Nasenrücken; großer Abstand zwischen Augen und Ohransatz. *Ohren:* Fledermausohren, länglich, unten breit, an der Spitze abgerundet; hoch angesetzt, weit voneinander gestellt, aufrecht getragen; Ohrmuschel von vorn ganz sichtbar.
Hals: kurz, kräftig, gut gewölbt; Halshaut lose, jedoch keine Kehlwamme.

Rumpf: kurz, birnenförmig mit Karpfenrücken; Rücken kurz, an den Schultern breit, dahinter leicht fallend, zur Lendenpartie hin wieder hochgezogen, sich verjüngend; Brust tief, breit; Rippen gut gewölbt; Bauch gut aufgezogen.
Rute: tief angesetzt, kurz, dick im Ansatz, verjüngt sich rasch; abwärts, nie über die Rückenlinie getragen; nicht kupiert.
Gliedmaßen: *Vorderhand:* Schultern anliegend; Läufe kurz, gerade, stark, muskulös, weit voneinanderstehend. *Hinterhand:* etwas höher gestellt als Vorderhand (überbaut); Läufe sehr kräftig, muskulös, etwas länger als Vorderläufe; Sprunggelenke gut niedergelassen, gewinkelt, nicht steif. *Pfoten:* klein, kompakt, gut gewölbt, weder ein- noch auswärts gedreht; Zehen geschlossen; Krallen kurz; derb; Hinterpfoten etwas länger.
Haar und Farbe: fein, dicht, kurz, glatt, weder drahtig noch lang. – Alle gestromten, besonders dunkelgestromten Farben zugelassen. Schecken, weiß mit gestromten Platten, mit vorherrschendem Weiß als Grundfarbe; Reinweiß, evtl. mit einigen Pigmentflecken; kleine weiße Abzeichen bei dunklen Hunden gestattet.
Größe und Gewicht: o. A.; 8–14 kg.

Galgo Espagnol, FCI-Nr. 285 *Bild 69* *Spanien*

Erscheinung: der spanische Windhund ist kurz- oder rauhhaarig, ziemlich groß, elegant und doch kräftig, mit langem Kopf, kräftigem Rumpf, hohen Läufen und langer Rute.
Charakter und Verwendung: ein reiner Hetzhund, der bei außerordentlicher Ausdauer große Geschwindigkeiten entwickelt.
Kopf: langgezogen mit wenig Stop. Das lange Schädeldach ist schmal zwischen den Ohren. *Fang:* lang, trocken, kräftig. *Nase:* dunkel. *Gebiß:* Scherengebiß. *Augen:* groß, dunkel, nie gelb. *Ohren:* hoch angesetzt, dünn, nach hinten liegend, halb fallend.
Hals: schlank, fast gerade, muskulös.
Rumpf: kräftig. Rücken kräftig und nur leicht gewölbt. Lendenpartie kräftig, leicht gebogen, ebenso die Kruppe. Brust tief, Bauchlinie aufgezogen.
Rute: lang, dünn, im Bogen bis zu den Sprunggelenken herabhängend.
Gliedmaßen: *Vorderhand:* Schulterblatt gut gewinkelt; Läufe trocken, gerade, bemuskelt. *Hinterhand:* sehr kräftig bemuskelt und bestens gewinkelt. *Pfoten* länglich, gut geschlossen, mit starken, breiten Ballen.
Haar und Farbe: 1. kurzhaarig, fein, dicht. 2. rauhhaarig. – Zimtfarben, Kastanienbraun, Rot, Schwarz, Gemischt.
Größe und Gewicht: Rüde 65 cm, 25–30 kg; Hündin 60 cm, 20–25 kg.

Golden Retriever, FCI-Nr. 111 b *Bild 66* *England*

Erscheinung: dieser goldfarbene, mittelgroße, Apportierhund (to retrieve = zurückbringen) ist wohl der auf dem Kontinent am meisten geschätzte Vertreter der fünf verschiedenen Retrieverrassen. Sein Haar ist gewellt, die lange, gerade Rute buschig; die ziemlich kleinen Behänge sind kurz und seidig behaart.

Charakter und Verwendung: munter, kräftig, ein wertvoller Kamerad des Jägers; er bringt zuverlässig angeschossenes Wild, zeigt große Wasserpassion und ist im Wesen ruhig, arbeitsfreudig, anhänglich und im Hause angenehm.
Kopf: *Schädel:* breit, anmutig auf den trockenen, muskulösen Nacken aufgesetzt; Stop ausgeprägt. *Fang:* kräftig, breit, stumpf; Kiefer kraftvoll; Lefzen dunkel. *Nase:* weit geöffnet, nie spitz, schwarz. *Gebiß:* Scherengebiß. *Augen:* mittelgroß, gut eingesetzt, dunkel, freundlicher Ausdruck; Lider ebenfalls dunkel. *Behänge:* mitteltief angesetzt, mäßig groß, herabfallend getragen.
Hals: mittellang, muskulös, ohne lose Haut.
Rumpf: Rücken gerade; Nierenpartie kräftig; Brust tief, gut gewölbt; Kruppe leicht abfallend. Gesamterscheinung: kurz, ausgewogen, tief über der Herzlinie.
Rute: gerade bis zur Rutenspitze; weder lustig noch über den Rücken gerollt getragen.
Gliedmaßen: *Vorderhand:* Schultern gut angesetzt mit ausgeprägtem Schulterblatt; lang, schräg; Vorderläufe gerade mit guten Knochen. *Hinterhand:* Keulen stark, muskulös; Läufe gut gewinkelt; Sprunggelenke gut heruntergesetzt, weder faßbeinig noch kuhhessig; stark, gerade, muskulös. *Pfoten:* runde Katzenpfoten; Zehen weder offen noch gespalten.
Haar und Farbe: Deckhaar dicht, glatt oder leicht wellig, wasserabstoßend, flach anliegend; Unterwolle dicht. – Reiche Goldfarbe; einzelne weiße Haare an der Brust gestattet.
Größe und Gewicht: Rüde 56–61 cm, 29–31,5 kg; Hündin 51–56 cm, 25–27 kg.

Gordon Setter, FCI-Nr. 6 a *Bild 67* *England*

Erscheinung: großer, kräftiger, langhaariger Vorstehhund mit herabhängenden Ohren, befederter Rute in schwarzem Haarkleid mit roten Abzeichen.
Charakter und Verwendung: widerstandsfähiger Jagdhund mit guten Leistungen in der Feld- und Wasserarbeit. Eine würdevolle, prächtige Hundeerscheinung; im Haus anhänglich, ruhig, angenehm.
Kopf: eher tief als breit. *Schädel:* gerundet, am breitesten zwischen den Behängen; deutliche Stirnfurche; Augenpartie trocken; Jochbeine flach anliegend. *Fang:* ziemlich lang; seine Linien, von allen Seiten gesehen, parallel laufend; Lefzen trocken. *Nase:* breit, groß; Nasenlöcher weit geöffnet; schwarz. *Gebiß:* Scherengebiß. *Augen:* dunkelbraun, weder tiefliegend noch hervortretend. *Behänge:* niedrig angesetzt; ziemlich groß, dünn; lang behaart.
Hals: lang, trocken, gegen den Kopf zu gebogen, ohne Wamme.
Rumpf: Rücken muskulös; Nierenpartie leicht gewölbt; Brust tief, nicht zu breit; Rippenkorb gut gewölbt.
Rute: stark an der Wurzel, läuft in feine Spitze aus, reicht bis zum Sprunggelenk hinab; horizontal getragen; gut befedert; Fransen beginnen nahe der Wurzel, sind in der Mitte am längsten, fallen gerade herab; von da bis zur Spitze nehmen sie gleichmäßig ab.
Gliedmaßen: *Vorderhand:* Schultern schräg, lang; Ellbogen frei, gut niedergelassen; Vorderläufe gerade, starkknochig, weder einwärts noch auswärts gedreht, gut befedert. *Hinterhand:* von der Hüfte bis zum Sprunggelenk lang, flach

bemuskelt, vom Sprunggelenk bis zum Zehengelenk kurz, stark; Knie- und Sprunggelenke gut gebogen, weder einwärts noch auswärts gedreht. *Pfoten:* oval; Zehen geschlossen, gut gewölbt, Zwischenräume stark behaart; Ballen gut gepolstert.
Haar und Farbe: weich, seidig glänzend; gerade oder leicht gewellt, nicht lockig; lang an Behängen, Körperunterseite und Rückseite der Läufe. – Schimmerndes Kohlschwarz mit satten, warmen, mahagoniroten, glänzenden Abzeichen; schwarze Stichelung an den Zehen sowie weißer Brustfleck erlaubt.
Größe und Gewicht: Rüde 66 cm, 29,4 kg; Hündin 62 cm, bis 25 kg.

Grahund, FCI-Nr. 112 a *Bild 68* *Norwegen, Schweden*

Erscheinung: Als „Elchhund" ist unter Jägern ein derber, mittelgroßer, grauhaariger Spitz bekannt; stehohrig, mit über dem Rücken getragener Rute. In Skandinavien werden verschiedene Lokalschläge verwendet, in Schweden zwei Rassen systematisch gezüchtet. Neueste Rassekennzeichen seit 12. März 1952.
Charakter und Verwendung: klug, wetterfest, schneidig und feinnasig. Wichtiger Gehilfe des Elchjägers in den endlosen Mooren, auf den bewaldeten Hochflächen und Bergen Schwedens. Am Brustgeschirr führt er seinen Herrn kilometerweit an das meist unsichtbare Wild, lotst ihn aber auch zu Bären und – je nach Abrichtung – Schneehühnern, Auer- und Birkwild.
Kopf: breit zwischen den Ohren; ohne Stop von oben und der Seite gesehen; verläuft keilförmig in den stumpfen Fang. *Schädel* und Stirn schwach gewölbt; nur bei wenigen Hunden markierter Stop. *Fang:* stumpf, verhältnismäßig kräftig, ein wenig kürzer als Schädel; Nasenrücken gerade, nicht spitzig; Haut eng anliegend; Lefzen fest geschlossen. *Nase:* schwarz. *Gebiß:* Zangengebiß. *Augen:* dunkelbraun, mittelgroß, nicht hervortretend. *Ohren:* hoch angesetzt, spitzig, verhältnismäßig klein, höher als breit im Ansatz, leicht beweglich.
Hals: mittellang, gut aufgerichtet, kräftig, mit geschmeidiger, fest anliegender Haut.
Rumpf: kräftig, kompakt, kurz; Rücken gerade mit wohl entwickelten Lenden; Kruppe breit, muskulös, schwach abfallend; Brust breit, tief mit gut gewölbten Rippen; Bauch wenig aufgezogen.
Rute: hoch angesetzt, kräftig, ziemlich kurz; am besten über der Mittellinie des Rückens getragen.
Gliedmaßen: *Vorderhand:* Schultern lang, schräggestellt; Läufe grob, trocken, kräftig; von vorn gesehen gerade und parallel. *Hinterhand:* mäßig, aber deutlich gewinkelt in Knie und Sprunggelenk, gerade; Gangwerk weit ausholend. *Pfoten:* klein, länglich, gerade nach vorn gerichtet; Zehen dicht geschlossen, gut gewölbt.
Haar und Farbe: verhältnismäßig lang, gerade, harsch mit schwarzen Spitzen; Unterwolle sehr weich, rein hellgrau. – Grau in verschiedenen Nuancen, heller an Hals, Brust, Bauch, Läufen, Rutenunterseite; Ohren und Gesicht dunkler.
Größe und Gewicht: Rüde 52 cm, Hündin 49 cm; Gewicht o. A.

Greyhound, FCI-Nr. 158 a *Bild 69* *England*

Erscheinung: groß, schlank wirkend, elegante Körperlinien, kurzhaariges Fell, darunter plastische Muskelwülste; langer, schmaler Kopf; lange, feine Rute.
Charakter und Verwendung: der beliebteste Hund auf den englischen Windhundrennen. Charakterlich ähnelt er im Hause gehalten dem Barsoi. Seine wahre Natur entfaltet sich erst richtig, wenn er hinter dem lebendigen Hasen über weite Strecken freien Geländes oder auf der Rennbahn hinter der Hasenattrappe dahinstürmen kann.
Kopf: lang, fast ohne Stop, nicht zu schmal zwischen den Ohren. *Fang:* lang, schmal; Kiefer kräftig; Lefzen dünn. *Nase:* voll, weit geöffnet. *Gebiß:* gutes Scherengebiß. *Augen:* groß, feurig; Farbe der Haarfarbe entsprechend, stets gleichfarbig, so dunkel wie möglich. *Ohren:* hoch, weit hinten angesetzt zusammengefaltet, an den Seiten des Nackens anliegend, die Innenflächen zeigend; nur im Affekt aufgerichtet, Ohrmuschel klein.
Hals: lang, bemuskelt, eleganter Schwung, guter Übergang zur Schulter.
Rumpf: Rücken breit, außerordentlich muskulös, an der Lende leicht aufgebogen, so daß er dort höher steht als am Widerrist; Muskeln treten in der Lendenpartie an beiden Seiten der Wirbelsäule hervor, bilden längs der Mittellinie des Rückens eine leichte Rille; Kruppe breit, ohne Unterbrechung zur Rutenwurzel neigend; Brust tief, breit; Rippen gut hervortretend, nicht zu flach, insbesondere die Fehlrippen; Bauch windhundartig stark aufgezogen.
Rute: lang, dünn; zwischen den Sprunggelenken herabfallend getragen; am Ende ohne ausgesprochenen Haken, elegant eingebogen.
Gliedmaßen: *Vorderhand:* Schultern schrägliegend; Oberarm sehr lang, muskulös; Knochen klar, trocken; Ellbogen vom Rumpf abstehend, bewegen sich frei in einer Linie, die parallel zum Körper liegt; Mittelfuß kurz, gerade; Läufe ebenfalls gerade; Fußwurzel möglichst nahe am Boden. *Hinterhand:* Keulen stark bemuskelt; Oberschenkel sehr lang, sehr breit; Winkelung im Knie und Sprunggelenk sehr betont; Sprunggelenke von der Seite gesehen breit, nahe dem Boden. *Pfoten:* geschlossen; Ballen dick, weder ein- noch auswärts gedreht.
Haar und Farbe: fein, kurz, dicht, glänzend; unter der dünnen Haut markieren sich deutlich Muskeln, Sehnen, Adern. – Alle Farben zugelassen.
Größe und Gewicht: Rüde 71–76 cm; Hündin 68,5–71 cm.

Griffon, FCI-Nr. 107 a *Bild 70* *Deutschland*

Erscheinung: mittelgroßer, kräftiger deutscher Vorstehhund mit „Kokosmatten"-Haar, Hängeohren und kupierter Rute.
Charakter und Verwendung: arbeitsfreudiger, ruhiger, vielseitiger Jagdhund mit ausgesprochener Neigung zur Feld- und Wasserarbeit. Auch als Schutzhund bewährt. Guter Appell; unempfindlich gegen Witterungseinflüsse; ein zuverlässiger Gefährte des Jägers.
Kopf: groß, lang; Oberkopf nicht zu breit. *Fang:* lang, viereckig; Nasenrücken leicht konvex gebogen, Stirnabsatz nicht zu stark abfallend; rauh, aber nicht zu lang behaart, deutlicher Schnurrbart, dichte Augenbrauen. *Nase:* Kuppe immer braun, breit, gut geöffnet. *Gebiß:* Scherengebiß. *Augen:* groß, braun oder gelb;

nicht in den Brauen verschwindend. *Behänge:* mittelgroß, nicht zu tief angesetzt, flach anliegend, glatt behaart, mit längeren Haaren durchsetzt.

Hals: ziemlich lang, kräftig, geht in guter Linie in Schultern und Brustpartie über, keine Kehlwamme.

Rumpf: Rücken kräftig, gerade, namentlich in der Nierenpartie gut entwickelt; Kruppe leicht abfallend; Brust tief, nicht zu breit; Rippen leicht gewölbt; Bauchlinie ein wenig aufgezogen.

Rute: um $^1/_3$ oder $^1/_4$ kupiert; gerade oder leicht aufwärts getragen; rauh behaart, ohne Fahne.

Gliedmaßen: *Vorderhand:* Schultern ziemlich lang, schräg, anliegend; Vorderläufe gerade, kräftig, gut unterstellt; rauh behaart. *Hinterhand:* Oberschenkel lang, gut gewinkelt; Sprunggelenke nicht steil, sondern gewinkelt, muskulös; rauh behaart. *Pfoten:* rund, kräftig; Zehen gut geschlossen.

Haar und Farbe: rauh, harsch, niemals kraus oder wollig; dichtes, weiches Unterhaar; rauhes, längeres Deckhaar, das sich wie feiner Draht anfühlt, in Büschelchen stehend (Kokosmatte). – Stahlgrau mit braunen Platten; einfarbig Braun, öfters mit grauen Haaren gestichelt; Weiß mit Braun, Weiß und Gelb.

Größe und Gewicht: Rüde 50–60 cm, Hündin 50–55 cm; Gewicht o. A.

Grönland-Hund (Eskimo Hund), FCI-Nr. 274 *Bild 58* *Canada*

Erscheinung: kraftvoller mit dichtem, schwerem Pelzkleid ausgestatteter Schlittenhund. Spitzähnlich in allen bekannten Hundefarben mit kleinen Stehohren und großer, buschiger Ringelrute.

Charakter und Verwendung: Leistet als Ziehhund in den Schneewüsten und Eisfeldern unersetzliche Dienste; wird auch bei der Eisbärenjagd verwendet. Ruhiger Hund, bellt nicht, sondern heult und jault wie ein Wolf. Wachsam, mißtrauisch und, wenn ausreichend gefüttert, arbeitsfreudig. Als Jagdgehilfe intelligent, ausdauernd, scharf. Besonders hervorstechend sein Gedächtnis. Einmal zurückgelegte Strecken findet er immer wieder.

Kopf: gut proportioniert, breit, keilförmig; kräftiger, flacher Hirnschädel mit kraftvollen Kiefern. *Fang:* mittellang; Lefzen schwarz oder braun. *Nase:* Kuppe groß, breit, schwarz oder braun gefärbt. *Gebiß:* Zangengebiß. *Augen:* klein, tiefliegend. *Ohren:* kurz, fest, aufrecht, nach vorn gerichtet getragen.

Hals: kurz, stark, sehr muskulös.

Rumpf: Rücken gerade, breit, muskulös; Brust tief, breit mit gut gewölbten Rippen, starkknochig.

Rute: groß, buschig, aufrecht oder über den Rücken gerollt getragen.

Gliedmaßen: *Vorderhand:* starkknochig, muskulös; Läufe gerade. *Hinterhand:* kraftvoll, sehr stark bemuskelt; Sprunggelenke gut gewinkelt. *Pfoten:* groß; Ballen dick, kräftig, gut durch Haare geschützt.

Haar und Farbe: dichte Unterwolle von 5–15 cm Länge, darüber schwere Decke von Oberhaar, 12–20 cm lang. – In allen bekannten Hundefarben wie Schwarz, Weiß, Schwarz-Weiß, Wolfs- bis Blaugrau, in den Abstufungen von Lohfarben bis Rötlichgelb und in allen Verbindungen dieser Farben.

Größe und Gewicht: Rüde o. A., 30 – 50 kg; Hündin o. A., 25 – 40 kg.

Großer Münsterländer, FCI-Nr. 118 a *Bild 71* *Deutschland*

Erscheinung: mittelgroßer, kräftiger, schwarz-weiß gefärbter, langhaariger Vorstehhund mit langen Behängen und Fahnenrute. Die auffällige Haarfarbe Schwarz-weiß hat den Großen Münsterländer zunächst in seiner niedersächsischen Heimat sehr beliebt gemacht.

Charakter und Verwendung: ein ausgezeichneter Stöberer und Buschierer in Mooren und Bruchlandschaften; ein guter Vorsteher und Apportierer, auch bei der Waldjagd.

Kopf: edel, langgestreckt. *Fang:* trocken. *Nase:* flach, schwarz. *Gebiß:* kräftiges Scherengebiß. *Augen:* dunkel; Lider gut geschlossen. *Behänge:* breit und hoch angesetzt, anliegend, unten gut abgerundet; Fransen lassen sie länger erscheinen.

Hals: kräftig, nicht zu lang; guter Übergang in Brust- und Schulterpartie.

Rumpf: Rücken gerade, fest; Nierenpartie muskulös; Kruppe mäßig abfallend; Brust tief, breit; Bauch leicht aufgezogen.

Rute: hoch angesetzt, gestreckt oder leicht aufwärts gebogen getragen; gute Fahnenbildung; Rutenspitze um 1–2 cm gekürzt.

Gliedmaßen: *Vorderhand:* Schulterblätter schräg, beweglich; Schulterblatt, Ober- und Unterarmbein sowie Mittelfußknochen bilden von vorn gesehen annähernd eine senkrechte Linie; Schulterblatt und Oberarm liegen im rechten Winkel. *Hinterhand:* Beckenknochen, Oberschenkel, Unterschenkel und Mittelfußknochen liegen in einer senkrechten Linie; Sprung- und Fußgelenke gut gewinkelt. *Pfoten:* derb, geschlossen; Zehen gewölbt; Krallen kräftig; Ballen derb, hart, gut behaart.

Haar und Farbe: schlicht, leicht wellig; Vorder- und Hinterhand gut befedert. – Weiß mit schwarzem Kopf, großen schwarzen Platten am Körper und unregelmäßig verteilten kleineren schwarzen Flecken und schwarzer Stichelung.

Größe und Gewicht: ca. 60 cm; Gewicht o. A.

Hannoverscher Schweißhund, FCI-Nr. 213 *Bild 72* *Deutschland*

Erscheinung: kräftiger, glatthaariger, mittelgroßer, langgestreckter Jagdhund mit breiten, herabfallenden Behängen und langer, kräftiger Rute.

Charakter und Verwendung: Der aus uraltem Blut als Spezialist für schwierigste Schweißarbeiten an Rotwild gezüchtete, in jahrelanger Arbeit abgeführte Hannoveraner gehört nur in die Hand des waid- und hirschgerechten Jägers.

Kopf: markant; in Stärke und Länge der Körperform entsprechend. *Schädel:* bei guter, nach hinten zunehmender Breite flach gewölbt; Stirn leicht faltig; Hinterhauptbein wenig ausgeprägt. *Fang:* kräftig, tief und breit; Nasenrücken leicht gewölbt oder fast gerade mit leichter Verschmälerung zur flach ansteigenden Stirn; Lefzen breit überfallend, gut abgerundet; stark ausgeprägter Lippenwinkel; Kiefer kräftig. *Nase:* schwarz, braun, selten rot; groß; Nasenflügel gut geöffnet, beweglich. *Gebiß:* Zange oder Schere. *Augen:* dunkelbraun, klar vorliegend, ausdrucksvoll; Brauen eckig aufgezogen; guter Lidschluß. *Behänge:* etwas über mittellang; sehr breit; hoch und in voller Breite angesetzt; glatt,

ohne jede Drehung dicht am Kopf herabhängend, stumpf abgerundet, nicht faltig zurückfallend.
Hals: lang, stark, erweitert sich allmählich zur Brust hin; Kehlhaut voll, locker, ohne stark herabhängende Wamme zu bilden.
Rumpf: Rücken, Lende, Kruppe vom Widerrist bis Rutenansatz bei genügender Länge stark und elastisch; Lendenpartie bei leichter Wölbung breit, biegsam; Kruppe breit, lang mit leichter Senkung zur Rute; Brust lang, geräumig, mehr tief als breit; Rippen gut gewölbt, nie tonnenförmig; Bauch in ansteigender Linie leicht aufgezogen.
Rute: lang, reicht bis zur Mitte der Fußwurzel; an der Wurzel stark, zur Spitze hin verjüngt; fast gerade, meistens schräg abwärts getragen; an der Unterseite länger und gröber behaart, ohne Bürstenbildung.
Gliedmaßen: *Vorderhand:* Schultern schräg, beweglich, hart bemuskelt; Schulterblätter flach anliegend; Oberarm möglichst lang; Ellbogen gut nach hinten gelagert, wenig angepreßt, nach auswärts gedreht; Läufe stark, gerade oder nur leicht geschweift, kräftig bemuskelt. Vorderfußwurzel breit, nur wenig durchgebogen, fast gerade, jedoch nie völlig steil. *Hinterhand:* Oberschenkel breit angesetzt, kräftig bemuskelt; Läufe trocken, lang, leicht schräggestellt; Sprunggelenk breit, stark; Hinterfußwurzel fast gerade unter Sprunggelenk gestellt; Läufe von hinten gesehen gerade. *Pfoten:* Ballen groß, derb, rund, dicht geschlossen; Zehen gut gewölbt; Krallen kräftig, krumm, dunkel.
Haar und Farbe: glatt, dicht, elastisch, mit mattem Seidenglanz; an Hinterrand der Keulen und Rutenunterseite gröber, länger. – Dunkel- bis Hellhirschrot oder auf rotbraunem Grund mehr oder weniger stark gestromt oder schwarz geflammt; mit oder ohne dunkle Maske.
Größe und Gewicht: 58–60 cm; Gewicht o. A.

Hovawart, FCI-Nr. 190 a *Bild 73* *Deutschland*

Erscheinung: groß, kraftvoll, gewandt, langhaarig; herabhängende Ohren; lange, behaarte Rute.
Charakter und Verwendung: Von deutschen Züchtern wurde der mittelalterliche Hofwart aus den im Harz und Schwarzwald erhaltenen alten Bauernhunden rückgezüchtet. Seine Aufgabe war, das Gehöft zu bewachen und zu verteidigen. Diese auch den Nachfahren angewölften Eigenschaften werden durch Zuchtwahl gefördert. Der Hovawart ist aufmerksam, wachsam, verteidigungsbereit, leicht abzurichten und eng mit Herrn und Haus verbunden. Trotz großer Kraft beweglich, gewandt, springfreudig, im Lauf ausdauernd, kinderlieb, familientreu. Da spätreif, sollen ihm in der Jugend fremde Einflüsse ferngehalten werden. Haltung auf dem Land empfehlenswert, auch in der Stadt, wenn ihm genügend Bewegung verschafft wird.
Kopf: breit, gewölbt. *Schädel:* etwa gleich lang wie Fang. *Fang:* kräftig, eher stumpf als spitz; Backen schmal; Kiefer kräftig. *Nase:* voll. *Gebiß:* kräftig. *Augen:* mittelgroß, mandelförmig, dunkel, gut geschlossen. *Ohren:* gut angesetzt, mittelgroß, herabhängend.
Hals: verhältnismäßig lang, kräftig; guter Übergang in Schulterpartie.

Rumpf: Rücken straff, bemuskelt, gerade; Nierenpartie breit, leicht gewölbt; Kruppe fällt zum Rutenansatz nur wenig ab; Brust tief, breit, nicht tonnenförmig.

Rute: kräftig im Ansatz, spitzer werdend; herabhängend, nie gerollt getragen, nur in Erregung hochgeschwungen, gut behaart (Fahne).

Gliedmaßen: *Vorderhand:* Schultern schräg, lang; Läufe gerade, kräftig; Mittelfuß federnd, nicht steil. *Hinterhand:* Schenkel mäßig lang, gut bemuskelt; Läufe gerade, kräftig, gut gewinkelt. *Pfoten:* geschlossen, kräftig, gut gewölbt; Ballen derb.

Haar und Farbe: schlicht gewellt; Unterwolle tritt nicht hervor; granniges Langhaar ohne Lockenbildung, geschlossen, gut anliegend; auf dem Rücken ganz glatt. – Mittelblond: die Decke soll zum Bauch und zu den Läufen nicht heller werden, weißer Brustfleck und weiße Rutenspitze gestattet. Tiefschwarz: mit kleinem, weißem Brustfleck, einzelne weiße Haare an Rutenspitze zugelassen. Schwarzmarkenfarbig an Halsansatz, Fang und Brust; Oberseiten von Kopf, Hals, Rücken und Rute schwarz, mittelblonde bis goldbraune Abzeichen unterhalb der Augen und des Nasenrückens bis zum Halsansatz, auf Brust und Bauch, an Vorder- und Hinterlauf und unterhalb des Rutenansatzes.

Größe und Gewicht: Rüde 63–70 cm, 30–40 kg; Hündin 55–65 cm, 25–35 kg.

Irish Blue Terrier, FCI-Nr. 3 a *Bild 83* *Irland*

Erscheinung: stärkerer, wellig behaarter, blau bis blauschwarzer, hochläufiger Terrier, meistens in modischer Schur. Nach vorn getragene, mittelgroße Ohren und gestutzte Rute.

Charakter und Verwendung: intelligent, lebhaft; zur Zeit Modehund. Guter Hausgefährte mit allen typischen Terriereigenschaften. – Für Stadtwohnung vorzüglich geeignet; Haarpflege anspruchsvoll.

Kopf: gut ausgeglichen lang, ziemlich trocken. *Schädel:* Oberteil flach; leichter Stirnabsatz; Fang, Vorgesicht und Unterkiefer sehr stark, tief, zum Zufassen geeignet. Gaumen dunkel. *Nase:* schwarz, Nasenlöcher wohlgeformt. *Gebiß:* Bezahnung gleichmäßig, Oberzähne greifen gerade noch über Unterzähne. *Augen:* so dunkel wie möglich, klein bis mittelgroß, mit lebhaftem Ausdruck. *Ohren:* klein bis mittel, V-förmig; nach vorn getragen, aber nicht so hoch wie bei einigen anderen Terrier-Rassen.

Hals: kräftig, lang; geht in schräge Schultern über.

Rumpf: gedrungen; Rücken kurz, gerade; Brustbein von guter Tiefe; Rippen wohlgebogen; Brust tief.

Rute: hoch angesetzt, um völlig geraden Rücken zu bilden, aufrecht getragen; kupiert.

Gliedmaßen: *Vorderhand:* Schultern so flach wie möglich; Ellbogen eng am Körper getragen, sowohl im Stand als auch in der Bewegung; Läufe gerade, Knochen kräftig; Front gerade, weder zu weit noch zu eng. *Hinterhand:* groß, wohlentwickelt; Knie gebogen; Sprunggelenke dicht am Boden, so daß sie vollkommene Freiheit in der Bewegung hergeben. *Pfoten:* rund, klein; Krallen schwarz.

Haar und Farbe: reich, wellig, weich, seidig. – Jede Schattierung von Blau, mit oder ohne schwarze Spitzen; bei Welpen lohfarbene Schattierung erlaubt, ebenso dunklere Farbe bis zum Alter von 18 Monaten.
Größe und Gewicht: Rüde 46–48 cm, Gewicht o. A.; Hündin etwas kleiner.

Irish Setter, FCI-Nr. 120 a *Bild 75* *England*

Erscheinung: großer, langhaariger Vorstehhund in einfarbig rotem Haarkleid, mit herabhängenden Ohren, prächtig befederter Rute – eine der schönsten Rassen. Das glänzende, seidige Haarkleid, die schönen Konturen des Körpers, vor allem der wundervolle Kopf mit den sprechenden Augen haben diese Rasse beliebt gemacht.
Charakter und Verwendung: auf der Jagd ein zuverlässiger, passionierter, vielseitiger Hund mit hervorragender Nase; Schnelligkeit, Ausdauer, tadellose Vorsteharbeit vor dem Federwild zeichnen ihn aus. Im Wasser stöbert er die Enten auf, bringt sie aus dem tiefen Wasser; auch im Bringen leistet er als Verlorensucher und Apporteur gute Arbeit. In Haus, Hof und Garten gut zu halten, sofern man nicht vergißt, daß der Setter ein Jagdhund ist und dies nicht verleugnen kann. Um ihn gesund, wesensfest und widerstandsfähig zu erhalten, sollte auch der Nichtjäger daran denken, daß ein für das Laufen, Springen und Jagen gezüchteter Hund regelmäßig und ausdauernd bewegt werden muß.
Kopf: lang, trocken. *Schädel:* zwischen den Behängen oval; Hinterhauptbein gut entwickelt; Augenbögen klar hervortretend, mit großer Entfernung zwischen Augenwinkel und Nasenspitze; Stop markiert. *Fang:* mäßig tief, nahezu viereckig; Lefzen nicht pendelnd. *Nase:* groß, schwarz, dunkelbraun oder dunkelmahagonirot. *Gebiß:* Zähne gut aufeinander passend. *Augen:* nicht zu groß, dunkel- oder satt haselnußbraun. *Behänge:* mittelgroß, dünn, tief und gut zurück angesetzt; liegen in hübscher Falte am Kopf an.
Hals: mittellang, leicht gebogen, sehr muskulös, nicht dick; ohne Kehlwamme.
Rumpf: wohl proportioniert; Rücken muskulös; Nierenpartie leicht aufgebogen; Kruppe lang, breit, gut bemuskelt; Brust so tief als möglich, fast schmal von vorn; Rippen gut gewölbt.
Rute: ziemlich tief angesetzt, mäßig lang, stark an der Basis, läuft in dünne Spitze aus; reicht bis zum Sprunggelenk hinab; darf nicht über Rückenhöhe getragen werden.
Gliedmaßen: *Vorderhand:* Schulterblätter reichen tief hinab, liegen gut zurück, laufen in dünne Spitzen aus; Läufe gerade, sehr stark, sehnig, weder ein- noch auswärts gedreht; Ellbogen tief hinabreichend, stehen frei, jedoch parallel zum Körper. *Hinterhand:* stark, gut bemuskelt; lang zwischen Hüfte und Sprunggelenk, von diesem bis zur Fußwurzel stark und kurz; Sprunggelenke breit, kräftig, parallel stehend, gut gewinkelt. *Pfoten:* klein, fest; Zehen kräftig, gut gewölbt, geschlossen; Zwischenräume gut behaart.
Haar und Farbe: kurz, dünn an Kopf, Vorderseite der Läufe und Spitzen der Behänge; an allen anderen Körperteilen mittellang, glatt anliegend, möglichst ohne Wellen und Locken; Fransen auf der Oberseite der Behänge lang, seidig; Läufe an den Rückseiten lang, dünn befedert; an der Unterseite des Körpers

bildet die Haarfülle eine Franse, die sich an Brust und Kehle ausweitet; Rute mit mäßig langen Haaren befedert. – Einfarbig sattes Kastanienbraunrot, golden schimmernd, unbedingt ohne Schwarz; etwas Weiß auf der Stirn, an Kehle, Brust, Zehen oder schmaler Nasenstrich noch gestattet.
Größe und Gewicht: Rüde mindestens 60 cm; Hündin mindestens 57 cm. Gewicht o. A.

Irish Terrier, FCI-Nr. 139 a *Bild 76* *Irland*

Erscheinung: hochläufig, einfarbig rötlich, rauhhaarig, von edlen Linien, mit kleinen, nach vorn herabfallenden Ohren und kupierter Rute.
Charakter und Verwendung: Teufelskerle! Lebhaft, schneidig, draufgängerisch gegen Raubzeug aller Art, respektlos gegen Hunde, wachsam. Im Hause freundlich, liebenswürdig, kinderlieb. In der Haltung hart, anspruchslos, brauchen aber viel Bewegung.
Kopf: lang. *Schädel:* flach, ziemlich eng zwischen den Ohren, gegen das Auge hin schmaler werdend, ohne Runzeln; Augenabsatz kaum sichtbar, außer von der Seite gesehen; Unterkiefer stark, muskulös, nicht zu voll in der Wangengegend, von einer Länge, die gutes Zufassen ermöglicht; Vorgesicht nicht stark zwischen oder unter den Augen abfallend, gut ausgebildet, durch zarte Ziselierung vor Keilform bewahrt; Kopfhaar harsch, gerade lang genug, um dem Vorgesicht den Eindruck zusätzlicher Stärke zu geben. *Fang:* Lefzen gut aufeinander passend, äußerlich schwarz. *Nase:* schwarz. *Gebiß:* gleichmäßig kräftig, frei von Verfärbung; obere Zähne leicht über die unteren greifend. *Augen:* schwarz, klein, nicht hervortretend, voll Leben, Feuer und Intelligenz. *Ohren:* klein, V-förmig, mäßig dick, gut am Kopf angesetzt, eng an den Backen nach vorn fallend; oberer Teil des gefalteten Ohres gut oberhalb der Oberlinie des Schädels; Ohr ohne Befederung, Behaarung kürzer, dunkler als am Körper.
Hals: ziemlich lang, erweitert sich gradweise zu den Schultern hin, gut getragen, ohne Wamme; im allgemeinen leichte Kräuselung an beiden Seiten des Halses, fast bis zur Ecke des Ohrenansatzes hinauf.
Rumpf: Körper mäßig lang; Brust tief, muskulös, weder voll noch weit; Rücken kräftig, gerade, ohne Hervortreten eines Abfalls hinter der Schulter; Nierenpartie muskulös, leicht hochgezogen; Rippenpartie ziemlich aufgebogen, mehr tief als rund, gut zurückliegend.
Rute: im allgemeinen auf Dreiviertellänge kupiert; ohne Franse oder Feder, aber gut bedeckt mit rauhem Haar; ziemlich hoch angesetzt, vergnügt getragen, nicht über den Rücken gezogen, nicht geringelt.
Gliedmaßen: *Vorderhand:* Schultern fein, lang, gut in den Rücken abfallend; Läufe mäßig lang, gut von den Schultern abgesetzt, absolut gerade mit viel Knochen, muskulös; Ellbogen arbeiten frei von den Seiten; Mittelfußknochen kurz, gerade; Vorderläufe in der Bewegung genau geradeaus getragen; Haar an Vorderläufen dicht, harsch. *Hinterhand:* stark, muskulös; Schenkelknochen kräftig; Sprunggelenke dicht am Boden; Kniegelenke mäßig gebogen; Hinterläufe in der Bewegung gerade nach vorn gesetzt, wobei Kniegelenke nicht nach auswärts gebogen werden; Haar an den Läufen dicht, harsch. *Pfoten:* kräftig,

rund, mäßig groß; Zehen gebogen, weder ein- noch auswärts gedreht; schwarze Krallen wünschenswert; Ballen frei von Rissen oder hornartigen Auswüchsen.
Haar und Farbe: hart, drahtig, wie gebrochen, nicht weich noch seidig, nicht so lang, daß sie die Körperumrisse verbergen; besonders an den Keulen gerade; flach ohne Zottigkeit, keine Locken oder Kräuselung; am Grund dieser steifen Haare feineres, weicheres Unterhaar. – Einfarbig Rot, Rotweizen und Gelbweizen ohne weiße Flecke.
Größe und Gewicht: Höhe 45 cm; Rüde 12 kg, Hündin $11^1/_4$ kg.

Irish Wolfhound, FCI-Nr. 160 a *Bild 77* *England*

Erscheinung: rauhhaariger, schlanker, übergroßer Hunderiese mit hoch getragenem, langem Windhundkopf und mittellanger, leicht gebogener Rute.
Charakter und Verwendung: der schnelle, einstmals sicher sehr scharfe Windhund hat heute kaum noch Gelegenheit, dem Wolf zu folgen. Nach seiner Rückzüchtung durch Kreuzung mit dem Deerhound sanfter und ein repräsentativer Haus- und Begleithund geworden; kann nur auf großen Besitzungen mit genügend Auslauf gehalten werden. Trotz machtvoller, muskulöser Erscheinung in der Bewegung zierlich, leicht und locker.
Kopf: lang; Stirnbein sehr leicht aufwärts gebogen; kleine Vertiefung zwischen den Augen. *Schädel:* nicht zu breit. *Fang:* leicht, mäßig spitz. *Nase:* dunkel. *Gebiß:* Scherengebiß. *Augen:* dunkel. *Ohren:* klein, werden wie beim Greyhound getragen.
Hals: sehr kräftig, muskulös, ziemlich lang, gut gebogen; ohne Kehlhaut.
Rumpf: Rücken eher lang als kurz; Lendenpartie gut gebogen; Kruppe abfallend; Brust sehr tief, Brustkasten breit; Bauch gut aufgeschürzt.
Rute: lang, leicht gebogen, von mittlerer Dicke, gut behaart.
Gliedmaßen: *Vorderhand:* Schultern schrägliegend, muskulös; Ellbogen tief, weder ein- noch auswärts gedreht; Läufe gerade, trocken. *Hinterhand:* Schenkel muskulös; Unterschenkel lang, stark; Mittelfuß lang, weder ein- noch auswärts gedreht. *Pfoten:* rund, mittelgroß, geradegestellt; Zehen gut gebogen, geschlossen; Krallen sehr stark gebogen.
Haar und Farbe: überall rauh, hart; besonders wirr und lang über den Augen und am Unterkiefer. – Grau, Gestromt, Rot, Schwarz, Reinweiß oder jede andere Deerhound-Farbe.
Größe und Gewicht: Rüde 79 cm, 54 kg; Hündin 71 cm, 40,5 kg.

Istrianer Bracke, FCI-Nr. 151 a (Kurzhaar), 152 a (Rauhhaar) *Bild 79* *Jugoslawien*

Erscheinung: edle, mittelgroße Bracke im weiß-orangegelben Haarkleid; eine kurzhaarige, eine rauhhaarige Varietät. Sie hat einen langen, schmalen Kopf, schlanken Körper, herabhängende Behänge und eine dünne, lange, leicht nach oben gebogene Rute. Der rauhhaarige Typ wirkt etwas gedrungener.
Charakter und Verwendung: dieser lebhafte, ausdauernde Laufhund wird von den jugoslawischen Jägern auf Fuchs und Hase angesetzt; er leistet auch gute Arbeit auf der Schweißfährte.

Kopf: länglich, schmal; Mittelfurche und Hinterhauptbein gut sichtbar; Gesamtlänge von Nasenkuppe bis Hinterhauptbein 20–25 cm. Stop leicht angedeutet, nicht abfallend. *Fang:* lang, weder spitz noch gewölbt; kraftvoll; Lefzen dünn, anliegend. *Nase:* schwarz oder dunkel; Nasenlöcher gut geöffnet. *Gebiß:* Scherengebiß. *Augen:* rund, voll, nicht vorstehend, möglichst dunkel; Nickhaut unsichtbar; Wimpern schwarz oder dunkel. *Behänge:* dünn, breit, etwas höher als in Augenlinie angesetzt, am Ende schmaler, liegen ohne Faltenbildung dicht an; herabhängend getragen, reichen bis zum Lippenwinkel.
Hals: kräftig, leicht gebogen, schräg angesetzt; Nacken muskulös, ohne Kehlwamme.
Rumpf: Rücken gerade, voll, fällt zur Kruppe hin leicht ab; Nierenpartie voll, kurz; Kruppe etwa ein Finger niederer als Widerrist, kräftig, breit, leicht abfallend; Brust nicht zu breit, tief; Brustbein kaum sichtbar; Rippen oval, gut schließend; Bauch nicht schlaff, leicht aufgezogen.
Rute: mittellang, hoch und kräftig angesetzt, reicht bis zum Sprunggelenk; zur Spitze hin stark verjüngt; je feiner, desto edler der Träger; leicht aufgehoben getragen.
Gliedmaßen: *Vorderhand:* Schultern lang, schräg, gut anliegend, im rechten Winkel zum Oberarm; Läufe gerade, muskulös; Vordermittelfuß senkrecht, kurz, nicht durchgedrückt; Knöchel wenig sichtbar. *Hinterhand:* Hüfte wenig sichtbar; Oberschenkel kurz, doch voll, breit, muskulös, im Winkel von 120° zum Schienbein; Unterschenkel lang, schräg, muskulös; Sprunggelenke stark; Läufe von hinten gesehen gerade. *Pfoten:* schmal, geschlossen, eher Katzen- als Hasenpfote; Zehen kräftig; Ballen stark.
Haar und Farbe: *Kurzhaar:* kurz, fein, dicht, glänzend; an Schenkel und Rute etwas länger. *Rauhhaar:* Deckhaar 4–10 cm lang, hart, rauh, weder weich noch gekraust; nicht anliegend, sondern abstehend; Länge und Dichte am Körper verschieden; Unterwolle, besonders im Winter üppig, weich, fast flaumig. – Grundfarbe Schneeweiß oder Weiß mit orangegelben Abzeichen an Behängen und einzelnen größeren oder kleineren Flecken über dem ganzen Körper, insbesondere an der Rutenwurzel. Orangegelbe Abzeichen stets satt, nie bleich oder braun.
Größe und Gewicht: 1. *Kurzhaar:* Rüde 44–56 cm, Idealgröße für Rüden: 50 cm, für Hündin: 48 cm, Gewicht: 18 kg; 2. *Rauhhaar:* 46–58 cm, Idealgröße für Rüden: 52 cm, für Hündin: 50 cm, Gewicht: 16–24 kg, Idealgewicht: 20 kg.

Italienisches Windspiel, FCI-Nr. 200 a *Bild 78* *Italien*

Erscheinung: klein, langgliedrig, kurzhaarig, ähnelt seinem großen Vetter, dem Greyhound, ist jedoch feiner, anmutiger, beweglicher, zerbrechlich und kostbar und trotzdem widerstandsfähig. Bemerkenswert sein trippelnder Gang.
Charakter und Verwendung: hochintelligent, in Haltung und Aufzucht anspruchsvoll, sonst aber bei ausreichender Pflege dankbarer Hausgenosse.
Kopf: schmal, lang. *Schädel:* so flach wie möglich; Stop gering. *Fang:* lang, sich verjüngend; Lefzen trocken, anliegend. *Nase:* schwarz bei dunklen Hunden, bei

hellen auch grau mit schwarzem Pigment. *Gebiß:* Scherengebiß. *Augen:* groß, rund; nicht zu weit auseinanderstehend; braun oder noch dunkler; ausdrucksvoll; weder hervorstehend noch feucht glänzend. *Ohren:* klein, fein, weich; ziemlich hoch angesetzt; aufgestellt nach rückwärts gerichtet getragen, so daß Innenseite sichtbar ist; mit der Spitze vorn dachartig überhängend.

Hals: lang, zart, trocken, graziös gebogen.

Rumpf: quadratisch, ähnelt dem des Greyhounds oder des Whippets, jedoch mit stärker ausgeprägten Merkmalen: Brust abfallend, tief; Leib sehr aufgezogen; Rücken bildet vom Widerrist bis zur Kruppe einen langen Bogen; stärkste Wölbung in der Nierenpartie; Kruppe abfallend; Rippen fein, leicht bogenförmig.

Rute: zunächst gerade herabhängend getragen, danach leichter Bogen nach oben; dünn, leicht, verjüngt sich vom Ansatz bis zur Spitze.

Gliedmaßen: *Vorderhand:* Schultern schräg, zart, trocken. Untere Körperlinie am Brustkorb sehr stark ausgeprägt, an Bauch und Flanken hoch aufgezogen; Ellbogen hoch, oberhalb der tiefsten Stelle des Brustkorbes, aber von diesem genügend entfernt; Läufe gerade, zarter Knochenbau. *Hinterhand:* Keule muskulös, gut modelliert; Läufe so gerade wie möglich; Sprunggelenke hoch, gut gewinkelt. *Pfoten:* länglich; Zehen trocken, gut gewölbt, geschlossen; Krallen schwarz oder in Haarfarbe.

Haar und Farbe: fein, weich, seidig, glatt anliegend; bedeckt gleichmäßig und ausreichend den ganzen Körper. – Einfarbig: Schwarz, Schiefergrau, Weiß an Brust und Pfoten erlaubt, Gefleckt und Gestromt in den obigen Farben.

Größe und Gewicht: 30–38 cm, höchstens 5 kg. Je kleiner, desto besser.

Jämthund, FCI-Nr. 42 a *Bild 80* *Schweden*

Erscheinung: Der schwedische Elchhund aus Jämtland ähnelt oberflächlich dem Grahund, ist jedoch größer.

Charakter und Verwendung: entspricht dem Grahund. Außerhalb der Jagdzeit guter Wachhund, zieht im Schnee gern den Skiläufer. Neueste Rassekennzeichen vom 20. 9. 1965.

Kopf: lang, trocken, ziemlich breit zwischen den Ohren. *Schädel:* ein wenig gewölbt; Stop deutlich, aber nicht scharf markiert. *Fang:* etwas kürzer als Schädel; Backen flach anliegend; weder von oben noch von der Seite spitz erscheinend; am Ansatz breit, eben, zur Nasenspitze hin nur wenig verjüngt; Nasenrücken gerade, breit, kräftig; Lefzen dicht anliegend. *Nase:* breit, schwarz. *Gebiß:* Scherengebiß. *Augen:* braun, nicht hervortretend, mandelförmig; im Ausdruck wachsam, ruhig. *Ohren:* hoch angesetzt, steif aufgerichtet, spitz, beweglich; höher als größte Breite am Ansatz; Innenseite gut behaart.

Hals: lang, trocken, kräftig, wohl aufgerichtet, reich behaart.

Rumpf: etwas länger als hoch, kräftig; Rücken gerade, schwach abfallend; Kruppe breit, nur wenig abfallend; Brust tief; Rippenkorb gewölbt; Bauch leicht aufgezogen.

Rute: hoch angesetzt, mittellang, gleichmäßig stark, reich behaart, ohne Fahne; wird geringelt über oder nahe der Wirbelsäule getragen.

Gliedmaßen: siehe Grahund.
Haar und Farbe: längeres, harsches, ziemlich anliegendes Deckhaar; Unterwolle kurz, weich, sahnefarben. – Dunkles oder helles Grau; hellgraue oder sahnefarbene Partien an Fang und Kehle besonders charakteristisch; die gleiche hellere Schattierung auch an Bauch, Läufen und Rutenunterseite.
Größe und Gewicht: Rüde 58–63 cm, Hündin 53–58 cm; Gewicht etwa 30 kg.

Japan Chin, FCI-Nr. 206 a *Bild 81* *Japan*

Erscheinung: zierlicher, eleganter, langbehaarter Kleinhund – eine Kostbarkeit von quadratischem Bau. Sein besonderer Schmuck: der Federbusch der dicht auf den Rücken gelegten Rute. Seine Eigenart: der gravitätische Gang, wobei Vorderläufe ziemlich stark in die Höhe gezogen und Hinterhand gut untergeschoben werden. Auf dem reinweißen Haarkleid heben sich klar gleichmäßig verteilte Platten in Schwarz oder Rotgelb ab. Die Ohren sind wesentlich kleiner als die der Toy Spaniels.
Charakter und Verwendung: klug, lebhaft; dank seiner eigenartigen Erscheinung einer der beliebtesten Zimmerhunde.
Kopf: im Verhältnis zum Gesamtkörper groß, gewölbt; Stop übergroß und eingebuchtet. *Fang:* sehr kurz; Nasenrücken kaum vorhanden; Oberlefzen so voll an die Nasenlöcher anschließend, daß die breite, tiefe Schnauze gepolsterten Kissen gleicht; Ober- und Unterkiefer leicht aufwärts gerichtet; Zähne nicht sichtbar. *Nase:* schwarz, bei weißgelben Hunden meist braun; im Profil gesehen, hinter der Stirnlinie liegend; Nasenlöcher groß, weit geöffnet. *Gebiß:* Reibegebiß erwünscht. *Augen:* rund, hervortretend, dunkel, glänzend; weit auseinander seitlich stehend. *Ohren:* klein, V-förmig, hoch angesetzt; leicht nach vorn gestellt, aber flach anliegend getragen.
Hals: nicht zu kurz; die starken Halswirbel geschwungen oder „vorgenackt" getragen; reiche Krause.
Rumpf: Rücken kurz, gerade; Körperhöhe = Körperlänge; Brust tief, oval.
Rute: dicht über den Rücken gelegt getragen, sehr reich behaart.
Gliedmaßen: *Vorderhand:* vollständig gerade, feinknochig; reich befedert. *Hinterhand:* ebenfalls ohne Ein- oder Auswärtsdrehung, feinknochig; etwas gewinkelt. *Pfoten:* Zehen rund, geschlossen, reich behaart.
Haar und Farbe: verschwenderisch üppig, lang, seidig, schlicht; leicht abstehend, ohne Wellen oder Locken; Hals mit reichlicher Krause; Rute verschwenderisch; Vorderläufe mit Fahnen, Hinterhand mit Hosen geschmückt; Pfoten befedert. – Reinweiß mit gleichmäßig verteilten Platten, d. h. klar abgegrenzten schwarzen oder rotgelben Flecken; unbedingt weiße Blesse und weißer Fang. Rote Platten in allen Schattierungen vom zarten Gelb bis zum dunklen Braunrot möglich.
Größe und Gewicht: Rüde 30 cm, je kleiner desto besser. Gewicht o. A.

Karelischer Bärenhund, FCI-Nr. 48 a *Bild 82* *Finnland*

Erscheinung: mittelgroß, robust, stark, spitzähnlich, mit dickem Haarkleid, meistens schwarz mit deutlichen weißen Flecken an Kopf und Körper, gespitzten Ohren und Ringelrute.

Charakter und Verwendung: mutiger, kühner, feuriger Jagdhund, wird in seiner finnischen Heimat zur Jagd auf Bär, Luchs und Elch verwendet. Hervorragende Fähigkeit, die Winterschlafplätze der Bären aufzuspüren. Seine Sinne, besonders der Geruchssinn, sind außerordentlich scharf. Große Kampfes- und Rauflust. – Haltung nur als Einzelhund in Jägerhand.

Kopf: stumpfer Keil; Stirn etwas gewölbt, ziemlich breit; Stirnabsatz verläuft schräg und sanft; Stirnhügel über den Augen schwach entwickelt; Nasenrücken gerade, zur Nasenkuppe hin sich nur wenig konisch verschmälernd. *Fang:* tief; dünne, knapp anliegende Lefzen. *Nase:* schwarz, gut entwickelt. *Gebiß:* Scherengebiß. *Augen:* dunkelbraun, ziemlich klein mit feurigem Ausdruck. *Ohren:* mittelgroß, ziemlich stumpf an den Spitzen, aufrecht getragen, leicht nach außen geneigt.

Hals: muskulös, mittelgroß, gewölbt, dicht behaart, ohne lockere Haut.

Rumpf: kräftig; Rücken kräftig, muskulös, stramm, in leichter schräger Linie zur Kruppe abfallend; Brust geräumig, oval, tief bis zum Ellbogen herabreichend; Bauch etwas aufgezogen. Gesamterscheinung: etwas länger als hoch.

Rute: mittellang, gut behaart; geringelt, möglichst in geschlossenem Kreis über dem Rücken getragen.

Gliedmaßen: *Vorderhand:* Schultern ziemlich schräg, muskulös, anliegend; Ellbogen zeigen gerade nach hinten; Läufe gerade; Mittelfuß nur leicht schräggestellt. *Hinterhand:* Schenkel kräftig, muskulös, durch reiche Behaarung im oberen Teil sehr breit wirkend; Sprunggelenke gerade nach hinten gerichtet. *Pfoten:* dick, rundlich, gut gewölbt; Pfoten der Hinterhand etwas länger, flacher.

Haar und Farbe: weiche, dichte Unterwolle; Deckhaar gerade, steif; auf Rücken, Nacken und Schenkelrückseite etwas länger. – Schwarz (etwas bräunlich oder matt), meist mit deutlich abgegrenzten weißen Abzeichen oder Flecken auf Kopf, Hals, Bauch, Brust, Läufen.

Größe und Gewicht: Rüde 54–60 cm, Hündin 49–55 cm; Gewicht o. A.

Keeshond *Niederlande*

Erscheinung: ähnlich dem Wolfsspitz; kurze, gedrungene Figur, kecke Haltung, fuchsähnlicher Kopf, spitze Stehohren, stark gerollte, buschige Rute und reiche Behaarung. Den Hals umgibt eine dichte, lange, löwenartige Mähne, die Läufe sind hosenähnlich dicht behaart.

Charakter und Verwendung: lebhaft, aufmerksam, macht einen aufgeweckten Eindruck. Außerordentlich wachsam, bellt daher sehr rasch und ausdauernd. Sein besonderer Vorzug ist der Mangel an Jagdpassion und Jagdinstinkt. Ein Spitz wildert selten oder nie. – Haltung stellt keine besonderen Ansprüche; Rasse ist unempfindlich gegen Kälte, Nässe und sonstige Witterungseinflüsse. Verhältnismäßig geringes Bewegungsbedürfnis.

Kopf: mittelgroß; hinter den Ohren am breitesten, dann verschmälert sich der Schädel keilförmig bis zur Nasenspitze; deutlicher Stop. *Fang:* mittellang, weder breit noch schmal, wird zur Nasenspitze hin schmäler; dunkel; Lefzen schwarz, dicht schließend, weder grob noch herabhängend, keine Faltenbildung.

Nase: schwarz. *Gebiß:* Scherengebiß. *Augen:* dunkelbraun, mittelgroß, mandelförmig, nicht zu weit auseinanderstehend. *Ohren:* klein, dreieckig, hoch angesetzt, aufrecht getragen; dunkle Farbe, mit dickem, samtigem, kurzem Haar bedeckt.

Hals: mäßig lang, gut geformt, in anmutiger Linie auf die Schulter aufgesetzt, mit üppiger Mähne ausgestattet, die unter dem Kiefer hervorkommt und die ganze Frontpartie von Schultern und Brust sowie den oberen Teil der Schultern bedeckt.

Rumpf: kompakt; Rücken kurz, gerade, fällt zur Hinterhand leicht ab; Lendenpartie leicht aufgezogen; Brust tief, stark, tonnenförmig gerundet, gut gerippt.

Rute: hoch angesetzt, mäßig lang, wohl befedert; dicht über den Rücken gerollt; flach, lang, dicht am Körper anliegend; kein Anhängsel, sondern Teil des Umrisses des Hundes.

Gliedmaßen: gerade, mit festen Knochen, üppig befedert; Hinterhand nur leicht gewinkelt. *Pfoten:* kompakt, rund; Zehen gut gewölbt; Krallen schwarz.

Haar und Farbe: gerade, harsch, abstehend, mit dichtem Unterhaar. An den Läufen vorn glatt, kurz, Rückseite gut befedert. An den Hinterläufen reichliche „Hosen"bildung. Von den Sprunggelenken an wieder kurz. Kopf einschließlich Fang und Ohren mit glattem, weichem, kurzem Haar bedeckt, das auf den Ohren samtartig wirkt. Das Haar soll sich auf dem Rücken nicht teilen. – Grau und Schwarz gemischt, Unterhaar hellgrau oder sahnefarben, nicht gelblich. Deckhaar endet in schwarzen Spitzen. Die Feder der Rute ist lichtgrau, die Rutenspitze schwarz, Läufe und Pfoten sahnefarben; Ohren sehr dunkel, fast schwarz. Halskrause und Hosen sind etwas heller als der Körper. Dunklere Brillenbildung um die Augen rassetypisch.

Größe und Gewicht: Rüde 48 cm, Hündin 43 cm; Gewicht o. A.

King Charles Spaniels (Toy Spaniels), FCI-Nr. 128 a *England*

Englische Zwergspaniels: Blenheim, Prince Charles, King Charles und Ruby.

Erscheinung: kleiner, langhaariger, aristokratisch wirkender, hochläufiger Hund mit eigenartig „vorgenackter" Haltung des kuppelförmigen Kopfes, lang herabhängenden Ohren und gerader, befederter Rute.

Charakter und Verwendung: beweglich, temperamentvoll, aber nicht aufdringlich oder laut. Toy Spaniels sind selbstbewußt, empfindsam und hochintelligent: Ihre Gedächtnisleistungen setzen oft in Erstaunen. In der Haltung ist auf den Charakter dieser Hunde Rücksicht zu nehmen, denn Härte ist für Zwerghunde ungeeignet.

Kopf: massiv, schwer. *Schädel:* kuppelförmig gewölbt, so daß die Stirn über den Augen hervortritt und die zurückfallende Nase fast berührt; Nasenrücken zwischen Stirn, Augen, Nasenkuppe so stark zurückgeschoben, daß in dieser Grube eine kleine Kugel Platz hätte; Stop sehr stark und eingebuchtet. *Fang:* sehr kurz; Unterkiefer gut aufgebogen, breit; Lefzen trocken, genau schließend; Zähne unsichtbar. *Nase:* breit, tief, schwarz; weit geöffnete, runde Nasenlöcher. *Gebiß:* Reibegebiß. *Augen:* dunkel, weit auseinander. *Ohren:* tief angesetzt, seitlich flach herabhängend getragen; lang, breit; sehr reich behaart.

Hals: kurz, kräftig, vorgenackt getragen, üppig behaart.
Rumpf: gedrungen; Knochengerüst trotz geringer Größe von guter Substanz; Rücken stramm, kurz; Rückenlänge = Körperhöhe; Brust tief, tonnenförmig.
Rute: in Fortsetzung des Rückens gerade getragen; lang befedert, kupiert.
Gliedmaßen: *Vorderhand:* Schultern anliegend; Läufe ziemlich hoch, gerade, massiv. *Hinterhand:* gerade, massiv, knochenschwer, schwach gewinkelt. *Pfoten:* breit, zwischen den Zehen befedert.
Haar und Farbe: lang, reichlich, seidig; möglichst flach anliegend; leicht gewellt, nie gelockt.
Blenheim: zweifarben: perlweißer Grund mit gut verteilten kastanienroten Platten; Kopfzeichnung gleichmäßig mit reinweißer Blesse; erwünscht wird „Spot", ein silbermarkstückgroßes, rotes Abzeichen auf der Stirnmitte.
Prince Charles: dreifarben: Grundfarbe Perlweiß mit tiefschwarzen Platten und braunroten Abzeichen an Backen, über den Augen, an den Innenseiten der Behänge und unter der Rute; weiße Blesse zwischen den Augen gegen die Stirn hin unerläßlich.
King Charles: glänzend schwarz, mit den bekannten roten Abzeichen.
Ruby: einfarbig: Kastanienrot ohne jegliches Abzeichen. Farbkreuzungen nur zwischen King Charles und Ruby sowie Prince Charles und Blenheim.
Größe und Gewicht: o. A.; 3,6–6,3 kg.

Kleiner Münsterländer (Heidewachtel), **FCI-Nr. 102** *Deutschland*

Bild 84

Erscheinung: mittelgroßer, langhaariger, edler, weißbrauner, nicht zu kräftiger Jagdhund mit langen Behängen und langer Fahnenrute.
Charakter und Verwendung: passionierter Jagdhund, der sich Revierverhältnissen und wechselnden Jagdarten schnell anzupassen versteht. Seine Vorzüge: fleißige, findige Suche, große Ausdauer, festes Vorstehen, zuverlässiger Spurwille und Spurlaut, Apportierfreudigkeit, ausgesprochene Passion zum Stöbern und zur Wasserjagd; gute Raubzeugschärfe. Auch in Haus und Heim angenehm und anhänglich, ein gutmütiger Freund der Familie und unbestechlicher Wächter.
Kopf: edel, trocken; Oberkopf leicht gewölbt, mit allmählichem Übergang zum *Fang:* langgestreckt, nicht plump, etwas zugespitzt; gerader oder leichtgebogener Nasenrücken; Lefzen fest anliegend, gut schließend. *Nase:* braun ohne weiße oder fleischfarbene Flecke. *Gebiß:* Scherengebiß. *Augen:* mandelförmig, dunkel; Lider in den Winkeln gut geschlossen. *Behänge:* hoch und breit angesetzt, leicht, nach unten spitz zulaufend, gut befedert.
Hals: mittellang, leicht gebogen, kräftig bemuskelt.
Rumpf: Rücken kurz bis mittellang; Kruppe gut entwickelt, leicht abfallend: Brust tief, geräumig, nicht tonnenförmig; Rippen gut gewölbt; Bauch wenig aufgezogen.
Rute: mittellang, gerade getragen, im letzten Drittel leicht nach oben gekrümmt mit prächtiger weißer oder schimmelfarbener Fahne.
Gliedmaßen: *Vorderhand:* Schulterblätter gut anliegend; im rechten Winkel zum Oberarm; Vorderläufe stramm, gerade mit festem Vorderfußwurzelgelenk.

Hinterhand: Keulen kräftig bemuskelt; Läufe und Sprunggelenke gut gewinkelt; Rückseiten gut befedert. *Pfoten:* rund, geschlossen; Zehen gut gewölbt; zuviel Behaarung unerwünscht.
Haar und Farbe: schlicht, fest anliegend, am Behang leicht gewellt und über die Behangspitzen hinausreichend; an Hals, Bauch etwas länger; Rückseite der Läufe gut befedert. – Braun-Weiß, Braunschimmel, lohfarbene Abzeichen an Fang und Auge gestattet.
Größe und Gewicht: Rüde 50–56 cm, Hündin 48–54 cm; Gewicht o. A.

Koikerhond *Bild 85* *Niederlande*

Erscheinung: kleiner, langhaariger Hund mit Hängeohren und mittellanger, befederter Rute.
Charakter und Verwendung: lebhafter, nicht bellfreudiger, aufmerksamer Haus- und Begleithund, ein intelligenter Familienhund.
Kopf: breit, mäßig gewölbt; Fang- und Schädellänge etwa gleich, mit stark betontem Stop; beim Jochbogen gut ausgefüllt. *Fang:* nicht zu tief (von der Seite aus gesehen), trockene Lefzen. *Nase:* schwarz. *Gebiß:* Scherengebiß. *Augen:* mandelförmig, tiefbraun. *Ohren:* mittelgroß, herabhängend; über der Linie Nasenkuppe – Augenwinkel angesetzt. Das lange Haar ist am Ende schwarz (sog. Ohrringe).
Hals: aufgerichtet und gut bemuskelt.
Rumpf: etwas länger als hoch. Rücken: kräftig, gerade, bemuskelt.
Rute: mittellang, waagerecht getragen, bis zum Sprunggelenk reichend, weiß befedert; nie geringelt getragen.
Gliedmaßen: *Vorderhand:* gerade, nur leicht befedert. *Hinterhand:* ziemlich lang, Sprunggelenke genügend gewinkelt. Schenkel befedert, ab Sprunggelenk kurz behaart. *Pfoten:* klein, geschlossen, kurz behaart.
Haar und Farbe: Langhaarig. – Weiße Grundfarbe mit orangefarbenen bis roten Platten und Flecken. Schwarz und Dreifarbig ist fehlerhaft. Kopfblesse erwünscht.
Größe und Gewicht: Widerristhöhe zwischen 35 und 40 cm; Gewicht o. A.

Komondor, FCI-Nr. 53 b *Bild 86* *Ungarn*

Erscheinung: groß, zottelhaarig mit wirrem, verfilztem, weißem Haarkleid; der größte der vier ungarischen Hütehundrassen. Kopf ist unter dem Haarwuchs kaum zu erkennen; an der leicht angehobenen Rute eine Fahne.
Charakter und Verwendung: robust, gegen alle Witterungseinflüsse immun; ein unermüdlicher Hüter des Großviehs, das er auch mutig gegen die Raubtiere seiner Heimat verteidigt. Typischer Einmannhund von unerschütterlicher Treue. Seine gewaltigen Kräfte, sein feuriges Temperament lassen sich nur mit Geduld, Ruhe und Sanftmut leiten. Trotz der schwierigen Haarpflege hat die Rasse dank ihrer guten Eigenschaften auch in der Stadt als Schutz- und Begleithund Eingang gefunden.
Kopf: breit, doch fein. Schädel gewölbt. Stop bemerkbar. Schädel länger als Fang. Nasenrücken gerade. *Nase:* stumpf, schwarz. *Gebiß:* Scherengebiß.

Augen: oval, dunkelbraun. *Ohren:* mittelhoch angesetzt und in „U-Form" tief herabhängend. Schädel mit langen Haaren (10–18 cm), Lefzen mit Haaren von 9–11 cm bedeckt.
Hals: mittellang, ohne Wamme; 15–20 cm lange Behaarung; im Winkel von 35 Grad zur horizontalen Rückenlinie getragen.
Rumpf: kurz; Widerrist ziemlich lang, vorn markiert; Brust mitteltief, tonnenförmig, lang. Lendenpartie mittellang, breit, muskulös. Kruppe breit, mittellang, leicht abfallend.
Rute: tief angesetzt, entschieden herabhängend; Spitze leicht angehoben.
Gliedmaßen: *Vorderhand:* Schultern und Ellbogen gut anliegend; Läufe gerade, säulenförmig, gut bemuskelt; breiter Stand; lang behaart. *Hinterhand:* stark, gut gewinkelt und bemuskelt; breiter Stand; mit dichtem, verfilztem Zottelhaar bedeckt. *Pfoten:* groß, geschlossen, mit langem Haar bedeckt; an Hinterhand sehr kräftig; Krallen schwarz oder grau; Ballen hart.
Haar und Farbe: Weiß. Der ganze Körper ist von langen Haaren bedeckt: gröbere Leithaare und feine Unterwolle. Verfilzendes, zottiges Haar oder gleichmäßig enggewellte, nicht verfilzende Schnürenbildung. Länge an Schädel und Hals 10–18 cm, an Lefzen 9–11 cm, an Rücken und Rumpf 15–22 cm und am längsten auf der Kruppe mit 20–27 cm.
Größe und Gewicht: Rüde mindestens 65–80 cm, Hündin 55–70 cm, keine Grenze nach oben; Durchschnittsgewicht: Rüde 50–60 kg; Hündin 40–50 kg.

Kromfohrländer, FCI-Nr. 192 b *Deutschland*

Erscheinung: mittelgroß, stockhaarig, weißbraun gefleckt, mit kleinen, am Kopf anliegenden Hängeohren und Ringelrute.
Charakter und Verwendung: lebhafter, aber im Wesen ruhiger Haus- und Wachhund. Die Rasse ist anhänglich, treu, wachsam und in jeder Beziehung lebenshart. – Haltung durchaus angenehm, da die Pflege nur geringe Mühe macht und der Hund auch in der Fütterung keine besonderen Ansprüche stellt.
Kopf: stumpf, keilförmig; Oberkopf flach, kräftig, jedoch nicht plump; kein wesentlicher Stirnabsatz. *Fang:* mittellang, kräftig, konisch, nicht zu spitz verlaufend. *Nase:* schwarz. *Gebiß:* Scherengebiß. *Augen:* dunkel, leicht mandelförmig, etwas schrägstehend. *Ohren:* seitlich hoch angesetzt, dreieckig, am Kopf anliegend.
Hals: mittellang, leicht gebogen, trocken, kräftig aus den Schultern hervorgehend.
Rumpf: Rücken gerade, kräftig; Lendenpartie gut entwickelt; Brust mittelbreit, tief, reicht bis zu den Ellbogen hinab, kräftiges Brustbein; Rippenkorb nur leicht gewölbt, rückwärts leicht aufgezogen; Bauch ebenfalls gut aufgezogen.
Rute: hoch angesetzte Hängerute.
Gliedmaßen: Schultern leicht schräggestellt; Ober- und Unterarm gerade von allen Seiten. *Hinterhand:* Keulen schräggestellt, gut bemuskelt; Läufe gerade, gut gewinkelt. *Pfoten:* kurz, rund, geschlossen.
Haar und Farbe: kurz- bis langhaarig, Mittelrauhhaar wird bevorzugt. Das Deckhaar soll dicht sein, Unterwolle ist erwünscht. – Weiß mit hell- bis stark

dunkelbraunen Abzeichen. Am Kopf gefleckt mit weißer Blesse, am Rumpf verschieden große Flecken; Schwarz ist nie erlaubt.
Größe und Gewicht: Rüde und Hündin 38–46 cm; Gewicht o. A.

Kuvasz, FCI-Nr. 54 b *Bild 87* *Ungarn*

Erscheinung: stattlicher, weißer, wellhaariger Hirtenhund; in Ungarn von alters her Hüter und Wächter. Behaarung an Kopf, Ohren, Vorderseite der Läufe kurz, dagegen länger am übrigen Körper, an der Rückseite der Läufe und an der langen Rute.
Charakter und Verwendung: hat von allen Rassen Südosteuropas den meisten Anklang in Europa und anderswo gefunden. Ein dekorativer, zuverlässiger Schutz- und Begleithund. Ausreichende Bewegung, sorgfältige Haarpflege wichtig!
Kopf: lang, von kurzem, glattem Haar bedeckt. *Schädel:* leicht gewölbt, mit Stirnfurchen; Stop gering. *Fang:* stumpf, verjüngt sich allmählich; Lefzen fest anschließend, bedecken Gebiß vollständig; Lippenpigment schwarz. *Nase:* tiefschwarz mit offenen Nasenlöchern. *Gebiß:* Scherengebiß. *Augen:* mittelgroß, dunkelbraun; Lider tiefschwarz, gut geschlossen. *Ohren:* mittelgroß, hoch angesetzt, V-förmig, herabhängend und leicht abstehend getragen; Spitze berührt nicht.
Hals: mittellang, muskulös, ohne Wamme; von Ohrbasis bis zur Gurgel starker Halskragen von leicht abstehenden, längeren Haaren; zur Rückenlinie im Winkel von 25–30°.
Rumpf: kräftig; Rücken gerade, leicht abfallend; Brustkorb tief, reicht mindestens bis zum Ellbogen hinunter.
Rute: tief angesetzt; wird leicht angehoben mit etwas nach oben gebogener Rutenspitze getragen; in Erregung nur bis zur Rückenhöhe erhoben; dicht behaarte Fahnenrute.
Gliedmaßen: *Vorderhand:* Schultern und Ellbogen liegen gut an; Läufe gerade, säulenförmig; mittelbreiter Stand. *Hinterhand:* gerade, gut gewinkelt und bemuskelt. *Pfoten:* fest geschlossene, runde Katzenpfoten; Krallen schwarz.
Haar und Farbe: kurz, glatt an Kopf, Vorderseite und Seiten der Läufe; an allen anderen Teilen länger, derb, spröd, gewellt; an den Hinterseiten der Läufe Federn oder Fahnen; am Hals schlicht, lang; an den Seiten und über der Kruppe gewellt. – Weiß ohne gelbe Färbung oder Flecke.
Größe und Gewicht: Rüde 71–75 cm, Hündin 66–70 cm; nicht über 60 kg.

Labrador Retriever, FCI-Nr. 122 b *Bild 88* *England*

Erscheinung: großer, kompakter Apportierhund von kräftiger Statur mit herabhängenden Ohren und starker, mittellanger Rute.
Charakter und Verwendung: der Verlorenbringer angelsächsischer Jäger. In Zusammenarbeit mit Vorstehhunden (Pointer und Setter) und Stöberhunden (Spaniels) hat diese Rasse zuverlässige Arbeit nach dem Schuß zu leisten, d. h. getroffenes Wild von den Feldern, aus Dickungen und aus dem Wasser zu holen und zu bringen.

Kopf: *Schädel:* breit; Augenjochbogen leicht betont; Backen trocken. *Fang:* lang, kraftvoll. *Nase:* breit, gut entwickelt. *Gebiß:* Scherengebiß. *Augen:* mittelgroß, braun. *Behänge:* mitteltief angesetzt, weder groß noch schwer; ziemlich weit nach hinten, mäßig dicht anliegend, herabhängend getragen.
Hals: mittellang, kräftig, ohne Kehlwamme.
Rumpf: Rücken gerade; Lendenpartie stark, kräftig; Brust tief, von guter Breite.
Rute: am Ansatz sehr kräftig, zur Spitze hin sich verjüngend, mittellang; ringsherum gleichmäßig dick behaart, einem Otterschwanz ähnelnd; ohne Feder. Lustig, aber nicht über den Rücken geringelt getragen.
Gliedmaßen: *Vorderhand:* Schultern schräg, lang, abfallend; Läufe gerade von der Schulter bis zum Boden; mittellang mit guten Knochen und Muskeln; Länge in guter Harmonie zum Gesamteindruck des Körpers. *Hinterhand:* entwickelt, von großer Kraft; Läufe gerade, mittellang, gut bemuskelt; Sprunggelenke gewinkelt, weder ein- noch auswärts gedreht. *Pfoten:* geschlossen; Zehen gewölbt; Ballen gut entwickelt.
Haar und Farbe: kurz, sehr dicht, hart, nicht wollig. – Schwarz, Leberfarben mit Neigung zu Fuchsrot, Cremefarben, ohne weiße Abzeichen.
Größe und Gewicht: Rüde: etwa 56 cm; Hündin: etwa 53 cm; Gewicht o. A.

Laiki *UdSSR*

Die Laiki, nach dem russischen lajatj = bellen, sind eine besonders typische Gruppe der nordischen Hunde. 1925 wurden in Moskau 6 Typen oder Rassen anerkannt, deren gemeinsame Merkmale das dichte, lange Haarkleid, Stehohren und lange Rute sind: Kareler Laika, Ostjaken Laika, Samojeden Laika, Syrjanen Laika, Wogulen Laika, Wotjaken Laika. Drei davon werden hier beschrieben:

Kareler Laika (ähnlich dem Karelischen Bärenhund, Bild 82)
Charakter und Verwendung: Alle Laiki werden als Zughund, Schlittenhund, zur Jagd auf Rentier, Elch, Bär, Marder, Zobel, Eichhorn, Auerwild u. a. verwendet.
Kopf: trocken, keilförmig. *Schädel:* ziemlich grob; Stirn mit wenig sichtbaren Stirnabzeichen. *Nase:* schwarz mit weit geöffneten Nasenlöchern. *Gebiß:* Scherengebiß. *Augen:* dunkelbraun. *Ohren:* spitz, nicht besonders lang, aufgerichtet.
Hals: kurz, muskulös.
Rumpf: Rücken gerade; Rippen tiefgestellt; Brust breit, muskulös, gut entwickelt.
Rute: geringelt oder sichelförmig scharf über den Rücken gebogen; auch gerade getragen.
Gliedmaßen: gerade gestellt, trocken, 5. Zehe fehlt.
Haar und Farbe: mittellang, dicht, ziemlich grob; dichte Unterwolle. – Grau, Wolfsgrau, Dunkel- bis Hellgrau in allen Schattierungen, Graurötlich; Kopf und Läufe heller, Rücken dunkler.
Größe und Gewicht: 61–62 cm; Gewicht: o. A.

Ostjaken Laika

Kopf: trocken, keilförmig, eher fuchsisch als wölfisch. *Fang:* schmal, zierlich. *Nase:* dunkel, einfarbig, gleichmäßig. *Gebiß:* Scherengebiß. *Augen:* braun oder dunkelbraun, schräggestellt. *Ohren:* spitz, 9,5 cm lang.

Hals: mittellang, muskulös.

Rumpf: kräftig; Rücken gerade; Rippen etwas verkürzt, wirken tief herabhängend.

Rute: stark behaart, fest gekrümmt, mit dünnem Ring über dem Rücken getragen; Oberseite dunkler als Unterseite.

Gliedmaßen: Läufe leicht, trocken, schwach behaart. *Pfoten:* mäßig rund, Mittelform zwischen Hasen- und Katzenpfote.

Haar und Farbe: kurz, gerade, weder wellig noch lockig. – Graugelblich, matt mit schwarzer Fangspitze, schwarzen Ohren; Weiß mit großen Platten, Grau und Hellwolfsfarben mit Silber; Weiß, Schwarz mit rauchfarbenen, nicht grellen Abzeichen zugelassen; Rücken immer dunkler als Brust und Bauch.

Größe und Gewicht: 63–64 cm; 24–34 kg.

Syrjanen Laika

Erscheinung: ziemlich groß, muskulös, schwarz, auch wolfsfarben; Stehohren, buschige Rute.

Kopf: trocken, dreieckig mit gut entwickeltem Stirnbein. *Fang:* spitz, trocken, länglich. *Nase:* schwarz. *Gebiß:* Scherengebiß. *Augen:* braun oder dunkelbraun, nicht zu groß. *Ohren:* 10–10,5 cm lang, ziemlich hoch angesetzt, aufrecht getragen.

Hals: kurz, muskulös.

Rumpf: Rücken gerade; Brust gut entwickelt.

Rute: sichelförmig, behaart.

Gliedmaßen: Läufe leicht, trocken, schwach behaart; Schultern eher steil, schräg. *Pfoten:* mäßig rund.

Haar und Farbe: mittellang, ziemlich hart; dichte Unterwolle. – Hauptsächlich Schwarz mit Brand, auch Graugelb und Wolfsfarben.

Größe und Gewicht: 60–61 cm; Gewicht o. A.

Lakeland Terrier, FCI-Nr. 70 a *England*

Erscheinung: rauhhaarig in vielen Farben, mit kleinen V-förmigen Ohren und kupierter Rute. Entfernte Ähnlichkeit mit dem Welsh Terrier.

Charakter und Verwendung: liebenswürdig, munter; bestimmt, als Haus- und Luxushund seinen Herrn zu erfreuen.

Kopf: länglich. *Schädel:* flach, fein, etwas länger als Fang. *Fang:* lang, kräftig. *Nase:* schwarz. *Gebiß:* Scherengebiß. *Augen:* dunkel bis haselnußbraun. *Ohren:* ziemlich klein, V-förmig, weder zu hoch noch zu tief angesetzt; lebhaft getragen.

Hals: lang.

Rumpf: Rücken und Nierenpartie gerade, mäßig lang und geschlossen; Brust tief, aber ziemlich eng.

Rute: ziemlich hoch angesetzt, vergnügt, aber nicht über dem Rücken oder gebogen getragen, kupiert.

Gliedmaßen: *Vorderhand:* Schultern schräg; Läufe gerade mit guten Knochen. *Hinterhand:* stark, muskulös; Schenkelknochen lang, kräftig; Kniegelenke gut gebogen; Sprunggelenke tief gestellt, gerade. *Pfoten:* klein, kompakt, rund; Ballen stark.
Haar und Farbe: dicht, wetterfest, harsch mit guter, weicher, kurzer Unterwolle. Schwarz und Lohfarben; Blau und Lohfarben; Weizenfarben; Rot-Grau meliert; Leberfarben; Blau oder Schwarz.
Größe und Gewicht: Rüde 37 cm, 7,75 kg; Hündin niederer, 6,75 kg.

Leonberger, FCI-Nr. 145 a *Bild 89* *Deutschland*

Erscheinung: groß, imposant, mittellang behaart, mit kleinen Hängeohren und langer Besenrute.
Charakter und Verwendung: zuverlässiger, ruhiger Begleit- und Wachhund, sprichwörtlich kinderlieb. Bei aller Würde gutmütig, anschmiegsam, treu, gelehrig und wachsam; wohltuend ruhig, ohne großen Bewegungsdrang. Für Menschen mit größerem Lebensraum, für Villengrundstücke, Garten- und Landhäuser hervorragend geeignet; ausgezeichneter Schutz für einsam gelegene Grundstücke; bei Gefahr ein furchtloser Angreifer. Haarpflege und Fütterung nicht ganz einfach.
Kopf: Oberkopf mäßig gewölbt, nicht so hoch und breit wie beim Bernhardiner; Kopf mehr tief als breit, seitlich zusammengedrückt; Backen verhältnismäßig schmal; Stop mäßig; Kopf- und Gesichtshaut anliegend, keine Stirnfalten. *Fang:* gleichmäßig breit, nie spitz verlaufend; Lefzen glatt anliegend; Nasenrücken nie durchbrochen, eher leichte Ramsnase. *Nase:* Kuppe tiefschwarz, nicht so stark und so weit geöffnet wie beim Bernhardiner. *Gebiß:* Scherengebiß. *Augen:* mittelgroß, braun; kluger, gutmütiger Ausdruck; Bindehaut weiß (nicht rot wie beim Bernhardiner); Augenlider gut schließend. *Ohren:* ziemlich hoch angesetzt, mittelgroß, schön abgerundet, herabhängend und mit dem vorderen Rand an der Backe anliegend; nicht langfedrig behaart. Farbe des Behanges gleich der Farbe des Haarkleides, wird nach der Spitze hin dunkler bis schwarz.
Hals: mäßig lang; Nacken leicht gewölbt, gut bemuskelt; Kopf ziemlich hoch getragen, ohne Wamme oder starke Kehlhaut; Behaarung bildet kräftige Halskrause, an Kehle und Schultereinfassung etwas heller als auf dem Rücken.
Rumpf: Rücken stramm, gerade; Nierenpartie kräftig; Kruppenpartie leicht abfallend; Brust tief, nicht zu tonnenförmig; Gesamterscheinung etwas länger als der Bernhardiner.
Rute: lang, halbgerade getragen.
Gliedmaßen: *Vorderhand:* gerade, nicht zu eng gestellt; Ellbogen gut anliegend, reichen etwas über den unteren Rand des Brustkorbes hinauf; Schultern schräggestellt; an der Vorderseite etwas kürzer behaart, an der Rückseite gut befedert. *Hinterhand:* Keulen kräftig bemuskelt; Sprunggelenke stark, sehnig, leicht gewinkelt. *Pfoten:* gut geschlossen, ziemlich gerundet, keine Hasenpfoten.
Haar und Farbe: ziemlich lang, leicht abstehend, mittelweich bis derb, nie struppig; gute Unterwolle; möglichst schlicht, nie gelockt oder gerollt; an Hals und Brust leichte Mähne, an den Läufen Federn. – Gelb bis Rotbraun mit dunk-

ler Maske, dunklen bis schwarzen Haarspitzen; daneben Sandfarben, Silbergrau und Gelbrot; helleres Gesicht und Fehlen der dunklen Maske gestattet.
Größe und Gewicht: Rüde 72–80 cm, Hündin 65–75 cm; Gewicht o. A.

Lhasa Apso, FCI-Nr. 227 a *Bild 90* *Tibet/England*

Erscheinung: der „bellende Löwenhund" – Apso Seng Kye – stammt ursprünglich aus Tibet und hat seit 1965/67 einen englischen Standard. Ein kleiner, zotthaariger Hund mit dichter Kopfbehaarung und Ringelrute in goldener Farbe.
Charakter und Verwendung: wachsamer, temperamentvoller, widerstandsfähiger Familienhund.
Kopf: ausdrucksvoll, mit hübschem Haarbusch, der bis zu den Augen herabfällt. Schnurr- und Knebelbart ausgebildet. *Schädel:* schmal, mit angedeutetem Stop. *Fang:* kurz, stumpf. *Nase:* schwarz. *Gebiß:* leichter Vorbiß. *Augen:* dunkelbraun; weder zu groß und vorstehend noch zu klein und tiefliegend. *Ohren:* herabhängend, dicht befedert.
Hals: mittellang, sehr dicht behaart.
Rumpf: länger als hoch, gute Rippenwölbung, Hüften und Schenkel gut entwickelt.
Rute: über den Rücken gerollt getragen, stark behaart.
Gliedmaßen: gerade, stark behaart. *Pfoten* rund, stark behaart.
Haar und Farbe: schwer, harsch, glatt. Deckhaar lang, reich und dicht; dichte, feine Unterwolle. – Alle Farben erlaubt, aber bevorzugt Goldgelb bis Löwengelb.
Größe und Gewicht: 25 bis 28 cm, Hündinnen etwas kleiner; Gewicht o. A.

Magyar Agar, FCI-Nr. 240 a *Bild 91* *Ungarn*

Erscheinung: großer, schlanker, elegant wirkender Windhund, etwas länger als quadratisch, mit kräftigen Knochen und kräftiger Muskulatur.
Charakter und Verwendung: ein abgehärteter, anspruchsloser Hund mit reserviertem, aber gutmütigem Charakter, für die Hasenhetze geeignet.
Kopf: keilförmig, mit geräumigem Hirnschädel, breiter Stirn; soll nicht zu sehr zugespitzt sein. *Fang:* so lang wie der Schädel. *Nase:* dunkel. *Gebiß:* Scherengebiß. *Augen:* mittelgroß, möglichst dunkel. Quellaugen unerwünscht. *Ohren:* ziemlich hoch angesetzt, V-förmig gekippt oder halb gefaltet, nicht so klein und weich wie beim Greyhound.
Hals: kräftig, mäßig lang, elegant, mit gutem Übergang zum Rücken.
Rumpf: gestreckt. Rücken: fest, aber elastisch, nur leicht gewölbt. Lendenpartie gut bemuskelt. Brust tief und breit, Bauch leicht aufgezogen, Kruppe breit.
Rute: mittelhoch angesetzt, herabhängend getragen, bis zum Sprunggelenk reichend. Ende leicht gebogen.
Gliedmaßen: *Vorderhand:* Schulter lang, anliegend; Unterarm gerade, Mittelhand kurz. *Hinterhand:* gut gewinkelt. Sprunggelenke kräftig und parallel gestellt. *Pfoten* ziemlich groß und länglich, Zehen geschlossen.

Haar und Farbe: kurz und glatt, jedoch nicht so dünn wie beim Greyhound. Im Winter reichlich Unterwolle. – Alle Windhundfarben zugelassen.
Größe und Gewicht: Idealhöhe für den Rüden zwischen 55 und 70 cm, die Hündin entsprechend kleiner; Gewicht o. A.

Magyar Vizsla, FCI-Nr. 57 b (Kurzhaar), 239 a (Rauhhaar) *Ungarn*

Bild 92

Erscheinung: starker, mittelgroßer, aber leichter, kurzhaariger Vorstehhund – braun bis semmelgelb – mit herabhängenden Behängen und kupierter Rute.
Charakter und Verwendung: Vorstehhund ungarischer Jäger; ein rascher, doch ruhiger Sucher mit vorzüglicher Nase, guter Spursicherheit, hervorragender Apporteur.
Kopf: edel, trocken; Stop mäßig entwickelt, geht unter der Augenwölbung über in den *Fang:* dieser etwas länger als der Schädel, von allen Seiten gesehen gerade und stumpf. *Nase:* dunkelbraun; Nasenlöcher weit geöffnet; Lefzen mäßig entwickelt, gut schließend. *Gebiß:* Scherengebiß. *Augen:* dunkelgelb bis lichtgelb, weder tiefliegend noch hervorstehend, gut geschlossen. *Behänge:* tief angesetzt, verhältnismäßig lang mit abgerundeten Enden, an den Kopf geschmiegt; herabhängend getragen.
Hals: mittellang, sehr muskulös, edel gebogen, ohne lose Haut und Wamme, mit gutem Übergang in die Schulterpartie.
Rumpf: quadratförmige Gesamterscheinung; Rücken breit, gerade, muskulös, möglichst kurz; Lendenpartie fest, kurz, muskulös, mäßig gerundet; Kruppe breit, genügend lang, zum Rutenabsatz hin allmählich abfallend; Brust tief, lang, ziemlich breit, bis zu den Ellbogen herabreichend; Rippen wohl gebogen; Fehlrippen tief hinabreichend; Bauch mäßig aufgezogen.
Rute: etwas unterhalb der Rückenlinie mit dicker Wurzel angesetzt; allmählich dünner werdend; um 1/3 kupiert.
Gliedmaßen: *Vorderhand:* Schultern schräg, beweglich, anliegend; Oberarm gut gewinkelt und bemuskelt; Unterarm gerade, kräftig, sehnig. *Hinterhand:* Schenkel voll, muskulös; Hinterläufe von rückwärts gesehen gerade; Sprunggelenke weder steil noch zu stark gewinkelt. *Pfoten:* katzenpfötig; Zehen gut schließend, gewölbt; Ballen stark.
Haar und Farbe: *Kurzhaar:* kurz, gerade, grob, dicht, anliegend und glänzend. – Dunkles Semmelgelb ohne Abzeichen. *Rauhhaar:* kurz auf dem Nasenrücken, der Schädeldecke und den Vorderseiten der Läufe. Üppige Augenbrauen, 2 cm langer Bart, an Hals und Rumpf 3–4 cm lang, hart, dicht und glanzlos. – Eine dunkle Schattierung von Semmelgelb.
Größe und Gewicht: *Kurzhaar:* Rüde 57–64 cm, Hündin 53–60 cm; 22–30 kg; *Rauhhaar:* Rüde 56–63 cm, Hündin 52–59 cm; Gewicht o. A.

Manchester Terrier, FCI-Nr. 71 a *England*

Erscheinung: zierlich, kurzhaarig, mit V-förmigen Ohren und mittellanger, in Fortsetzung der Rückenlinie getragener Rute, in glänzend schwarzem Fell mit mahagoniroten Abzeichen.

Charakter und Verwendung: angenehmer, lebhafter Haushund von klugem, aufmerksamem Wesen.
Kopf: lang. *Schädel:* flach, schmal, eben, keilförmig; Backenmuskulatur nicht hervortretend; Vorgesicht gut unter den Augen ausgefüllt. *Fang:* spitz zulaufend mit trockenen Lefzen. *Gebiß:* Scherengebiß. *Nase:* schwarz. *Augen:* klein, dunkel, funkelnd, länglich, eng beieinandersitzend, nicht hervortretend. *Ohren:* klein, V-förmig; gut oberhalb der Schädellinie getragen, dicht oberhalb der Augen anliegend, herabhängend.
Hals: ziemlich lang, mit Verjüngung von Schulter bis zum Nacken; ohne Wamme.
Rumpf: kurz, leichter Karpfenrücken; Kruppe abfallend; Brust schmal, tief; Rippenkorb wohlgebogen; Bauch hochgezogen.
Rute: am Ende der in die abfallende Kruppe übergehenden gebogenen Rückenlinie dick angesetzt, kurz, läuft in dünner Spitze aus; nicht höher getragen als in der Rückenlinie.
Gliedmaßen: *Vorderhand:* Schultern schräg; Läufe gerade. *Hinterhand:* Kniegelenke gut gebogen; Läufe von hinten gerade. *Pfoten:* klein, halb hasenpfötig; Zehen gewölbt; Ballen kräftig.
Haar und Farbe: kurz, glatt, eng anliegend, glänzend, von fester Textur. – Tiefschwarz mit den typischen Abzeichen in tiefem Mahagonibraun.
Größe und Gewicht: Rüde o. A., 8 kg; Hündin o. A., 7,5 kg.

Mastiff, FCI-Nr. 264 *England*

Erscheinung: großer, mächtiger, aber ebenmäßig gebauter Schutz- und Wachhund mit viereckigem, breitem Kopf, stumpfem Fang, kleinen, anliegenden Hängeohren, herabhängender langer Rute und kurzem Haar.
Charakter und Verwendung: dieser würdevolle englische Hund ist für seinen Herrn unersetzlich; wachsam, Furcht einflößend und angriffslustig, wenn ein Fremder ihm zu nahe tritt. Den Angehörigen des Hauses gegenüber gutmütig und anhänglich. Haltung nur möglich, wenn große Bewegungsfreiheit gesichert ist.
Kopf: massiv, breit. *Schädel:* zwischen den Ohren breit, etwas gerundet; Stirn leicht gewölbt, ausgesprochene Stirnfalten; Augenbrauen mäßig hochgezogen; Muskeln an den Schläfen gut entwickelt, an den Wangen extrem kraftvoll; Augenjochbogen schwach gewölbt, deutliche Stirnfurche. *Fang:* kurz, breit unter den Augen, verläuft fast in der gleichen Breite bis zur Nasenkuppe; stumpf, viereckig abgeschnitten; große Tiefe von Nasenspitze zum Unterkiefer; Unterkiefer breit, leicht gerundet; Lefzen herabhängend, zeigen viereckiges Profil; dunkelfarbig, je schwärzer, desto besser. Länge des Fanges zum Schädel wie 1 : 3. *Nase:* dunkel, breit, ausgebreitete, flache Nüstern; weder zugespitzt noch aufgestülpt. *Gebiß:* Scherengebiß bevorzugt, mäßiger Unterbiß gestattet. *Augen:* mittelgroß, nie hervortretend, weit auseinander gesetzt; Absatz zwischen den Augen gut betont; Augenlider gut geschlossen; Augenfarbe dunkelbraun. *Ohren:* klein, V-förmig, an den Spitzen gerundet; hoch und weit auseinander angesetzt; in der Ruhe dicht am Kopf anliegend getragen; in der Farbe so dunkel wie möglich und in Übereinstimmung mit der Farbe des Fanges.

Hals: kraftvoll, sehr muskulös, leicht gewölbt und mittellang; verbreitert sich zur Schulter hin allmählich; mäßig trocken, ohne zuviel lose Haut.
Rumpf: Rücken muskulös, kraftvoll, gerade; Lenden breit, muskulös, leicht gewölbt; Brust weit, tief, gerundet, gut zwischen den Vorderläufen bis zum Ellbogen hinabreichend; Vorderbrust tief, gut gezeichnet; Rippen extrem gut gerundet; Fehlrippen tief hinabreichend; Bauch leicht aufgezogen.
Rute: mäßig hoch angesetzt, reicht bis zum Sprunggelenk und ein wenig darüber hinab; breit im Ansatz, spitz am Ende; in der Ruhe gerade herabhängend getragen, in der Erregung leichte Kurve nach oben, jedoch nie über dem Rücken getragen.
Gliedmaßen: *Vorderhand:* Schultern leicht abfallend, schwer, muskulös, gut anliegend; Ellbogen parallel zum Körper; Läufe stark, gerade, mit schweren Knochen, weit auseinander gesetzt; Mittelfuß stark, nur leicht gewinkelt. *Hinterhand:* breit, muskulös; Unterschenkel gut entwickelt, weit auseinander und von hinten gesehen parallel gestellt; Sprunggelenke zurückgesetzt. *Pfoten:* rund, kompakt; Zehen gut gewölbt, schwarz gefärbt; Krallen schwarz.
Haar und Farbe: Deckhaar mäßig harsch, dicht anliegend; Unterwolle dicht, kurz, anliegend. – Aprikosenfarben, Silbergrau, Rehbraun oder Dunkelrehbraun gemischt. Gestromt. Fang, Ohren, Nase dunkel bis schwarz, der dunkle Farbton reicht über die Augenhöhlen hinauf.
Größe und Gewicht: Rüde Mindesthöhe 76 cm, Hündin 69 cm; Gewicht o. A.

Mexikanischer Nackthund (Xoloizcuintle), **FCI-Nr. 234** *Bild 94 Mexiko*

Erscheinung: haarlos, spitzohrig, pinscherähnlich, klein; in vielen Farben, mit langen Stehohren und langer Rute.
Charakter und Verwendung: lebhaft, liebe- und pflegebedürftig, anhänglich – ein Spielzeughund, der seine Gefühle mehr durch Heulen und Winseln, selten durch kurzes Bellen äußert. Stellt in heißem Klima keine besonderen Anforderungen, ist in Europa aber empfindlich gegen Kälte und Witterungsumschlag.
Kopf: schlank. *Schädel:* schmal; Backen mager. *Fang:* lang, zugespitzt. *Nase:* dunkel. *Gebiß:* Scherengebiß. *Augen:* haselnußbraun, dunkel oder gelb, weder tiefliegend noch hervortretend; Lidränder rosa oder dunkel. *Ohren:* hochstehend.
Hals: schlank, ziemlich lang, gut gewölbt.
Rumpf: leicht gerundet; Rücken gerade; Brust breit, ziemlich tief; Rippen wohlgerundet; Muskeln und Sehnen gut entwickelt; ihr nervöses Zucken ist rasseeigen.
Rute: lang, glatt, ziemlich waagerecht getragen, unkupiert.
Gliedmaßen: Schultern flach; Läufe ziemlich lang, schlank, gerade, gut bemuskelt. *Pfoten:* Hasenpfoten; Krallen dunkel, schwarz bei dunkelhäutigen, heller bei blaßhäutigen Hunden.
Haar und Farbe: Haut haarlos, glatt, reich, faltenlos. Nur auf der Schädelspitze, möglichst in der Mitte bis zu den Augen vor, ein harsches Büschel und ein Anflug am Rutenende. – Farbe: einfarbig von Tief-Bronze, Bronze, Elefantengrau, Grauschwarz bis Reinschwarz.
Größe und Gewicht: 30–50 cm; Gewicht o. A.

Mops, FCI-Nr. 253 *Bild 93* *England*

Erscheinung: kurzhaariger Zwerghund mit rundem Kopf, kurzem, zusammengedrücktem Fang, kleinem Knopfohr und über dem Rücken getragener Ringelrute.

Charakter und Verwendung: Luxushund, im Wesen weit besser als sein Ruf; aufmerksam, intelligent, anhänglich. Neigt leider zur Verfettung und damit zum Phlegma, daher nicht zu reichlich füttern.

Kopf: rund, verhältnismäßig groß, nicht ausgesprochener Apfelkopf, starke Runzeln auf der Stirn. *Fang:* kurz, gerade, breit, eckig, vorn abgestumpft. *Nase:* kurz, breit, schwarz. *Gebiß:* o. A. *Augen:* schwarz oder sehr dunkel, sehr groß, kreisrund, eher vorstehend als tiefliegend; im Ausdruck feurig und doch schwermütig und ängstlich. *Ohren:* klein, dünn, dicht und kurz behaart, nach vorn überfallend, aber nur die Ohrmuschel bedeckend (Knopfohr); schwarz.

Hals: kurz, dick; die lose Kehlhaut bildet starke Wamme.

Rumpf: gedrungen, kräftig; Rücken gerade, stramm, breit, weder zu lang noch zu kurz; Brust breit; Brustkorb tief, rund.

Rute: abstehend, stark, glatt behaart, doppelt geringelt über dem Rücken getragen (Posthorn, Schweineschwanz); läuft in dünne Spitze aus.

Gliedmaßen: *Vorderhand:* Schultern gut anliegend; Läufe eher kurz als hoch; stark, kompakt, gerade, gut unter den Leib gestellt. *Hinterhand:* stark, kompakt, mäßig gewinkelt, gut unter den Leib gestellt; weder ein- noch auswärts gedreht. *Pfoten:* rund, geschlossen (Katzenpfoten); Krallen gut gewölbt, schwarz.

Haar und Farbe: kurz, dicht, weich, glänzend; weder lang noch wellig, noch derb. – Silber, Apricot, Beige, Schwarz – stets reine Farben; schwarze Gesichtsmaske, schwarzer Aalstrich auf dem Rücken; setzt sich häufig auf der Oberseite der Rute bis zur Spitze fort; auf der Stirn ein großer, auf den Backen je ein kleiner schwarzer Fleck.

Größe und Gewicht: o. A.; Gewicht 7–8 kg.

Mudi, FCI-Nr. 238 *Bild 96* *Ungarn*

Erscheinung: der kleine ungarische Schäferhund ist ein Nachkomme deutscher Hütehunde, die vor Jahrhunderten mit Schafherden nach Ungarn kamen und dort als eigene Rasse weitergezüchtet wurden.

Charakter und Verwendung: lebhafter, mutiger Hüte- und Wachhund, der auch im Haus gut gehalten werden kann.

Kopf: länglich; Oberkopf leicht gewölbt mit schwachem Stop; insgesamt konische Verjüngung zur Nasenkuppe. *Fang:* gerade, konisch, trocken. *Gebiß:* Scherengebiß. *Augen:* oval, schräg gestellt, dunkelbraun. *Ohren:* hoch angesetzt; spitz, stehend, sehr beweglich.

Rumpf: mittellang mit hohem Widerrist. Rücken: mittellang, kurze, abschüssige Kruppe. Rippen flach, Brustkorb tief und lang. Leib nur leicht aufgezogen.

Rute: mittelhoch angesetzte Stummelrute, die notfalls auf 7–8 cm kupiert wird.

Gliedmaßen: *Vorderhand:* mittelmäßig schräge Schulterblätter, mittellanger,

fast waagerechter Oberarm, Vordermittelfuß knochig. *Hinterhand:* Mittelfuß kurz, steile Fesseln. *Pfoten:* rund, geschlossen, mit sehr harten Ballen.
Haar und Farbe: lang (3–7 cm), dicht, kraus oder gewellt; an den Ohren über die Ränder hinausstehend, am Körper Wirbel bildend. Fahnenbildung an den Rückseiten der Läufe. – Einfarbig glänzend Schwarz, Weiß und Schwarz-Weiß gefleckt.
Größe und Gewicht: Rüde und Hündin 35–47 cm; Gewicht o. A.

Nederlandse Steenbrak *Bild 95* *Niederlande*

Erscheinung: mittelgroßer, edler, dreifarbiger, kurzhaariger Laufhund mit trockenem, langem Schädel, langen Behängen, langer Rute, hohen, feinknochigen Läufen.
Charakter und Verwendung: die im 17. Jh. in den Niederlanden gehaltenen Steinbracken stammen aus alten, vor allem in Brabant, Limburg und Overijssel geführten Landschlägen. In neuerer Zeit wurde das nahe verwandte Blut der Deutschen Bracke eingekreuzt und eine starke Übereinstimmung der äußeren Erscheinung beider Typen erreicht. Die Steinbracke soll nicht zu flüchtig und zu passioniert sein, damit sie die kleinen holländischen Reviere nicht überjagt. Sie muß stöbern, das Wild aus unzugänglichen Dickungen stoßen und das krankgeschossene verfolgen. Sie wird als Einzeljäger oder zu zweit verwendet, wobei ein inniger Kontakt mit dem Herrn bestehen muß. Nur der Herr selbst kann sie erfolgreich auf der Jagd führen.
Einzige Unterschiede zur Deutschen Bracke, deren Standard auch in Holland gilt: Der Stop verläuft in stumpfer Ecke; Blesse ist stets vorhanden; die Behänge sind so lang, daß sie unter dem Kopf an der Kehle zusammengelegt werden können. Größe: unter 43 cm; Gewicht o. A.

Neufundländer, FCI-Nr. 50 a *Bild 98* *England*

Erscheinung: groß, mächtig, stark und doch behende, intelligent. Lange, dichte schwarze Behaarung, massiger Kopf mit kleinen, herabhängenden Ohren und langer, dichter, buschiger Rute.
Charakter und Verwendung: ein Aristokrat, intelligent, liebenswürdig, treu. Von Natur aus gehorsam, der geborene Schutz- und Begleithund. Weichherzigkeit, Liebebedürfnis, dazu Hilfsbereitschaft und große Anhänglichkeit charakterisieren diese Rasse. Eine freie Hundepersönlichkeit, die nie an die Kette gelegt werden darf. Verträglich zu Artgenossen, großer Kinderfreund, gutmütig im Verkehr mit Mensch und Tier und trotz seiner Größe und Würde ein verspielter Lausbub. Er braucht Bewegung, ist ein hervorragender Schwimmer und fühlt sich nie wohler, als wenn er in das Wasser springen darf. Er hat schon oft geholfen, Menschen vor dem Ertrinken zu retten.
Kopf: breit, massig; Hinterhauptbein gut entwickelt; Stop deutlich vorhanden, in nicht zu scharfem, sondern mehr geschwungenem Verlauf; Profillinie von der Nasenspitze, über Nasenrücken und Stirn zum Oberkopf verläuft schräg ansteigend; von vorn gesehen verläuft der Schädel in einer leicht abgeflachten Bogenlinie. *Fang:* kurz, konisch zulaufend, aber nicht spitz; Nasenrücken ge-

rade; Lefzen trocken. *Nase:* schwarz. *Gebiß:* Scherengebiß. *Augen:* mandelförmig, dunkelbraun; Weiß des Augapfels nur wenig sichtbar; tief und weit auseinanderliegend; Lid-Bindehaut nicht sichtbar. *Ohren:* klein, dreieckig, hoch angesetzt, glatt, dicht anliegend, fein und kurz behaart; reichen in der Länge bis knapp vor den inneren Augenwinkel.
Hals: muskulös, breitnackig, im Querschnitt herzförmig.
Rumpf: von Widerrist bis Rutenansatz doppelt so lang wie Kopf; Rücken gerade, von der Schulter bis zur Kruppe sehr breit und kräftig; zwischen Bauch und Lendenpartie flache Vertiefung in der Flankengegend deutlich sichtbar; Lende und Kruppe muskelstark, breit, seitlich abgerundet; Brust tief, breit; Brustkorb mit kräftiger Rippenwölbung; Bauch nur wenig aufgezogen.
Rute: stark, mäßig lang, sehr dicht und buschig, aber nicht fahnenförmig behaart; wird in der Ruhe abwärts getragen, evtl. am Ende ein wenig aufgebogen, in der Bewegung etwas höher genommen und in der Erregung gerade ausgestreckt mit einer kleinen Biegung der Rutenspitze nach oben.
Gliedmaßen: *Vorderhand:* Schultern kräftig, stark bemuskelt; Oberarm kräftig, gut gewinkelt, verhältnismäßig lang; Vorderläufe vollkommen gerade, muskelstark; Ellbogen gut anliegend, ziemlich tiefstehend, genau nach rückwärts gerichtet; der ganze Lauf bis zur Pfote dicht befedert. *Hinterhand:* sehr kräftig mit starken Muskeln und Knochen; Oberschenkel breit entwickelt, muskelbepackt; Hinterläufe von hinten gesehen gerade, gut gewinkelt, reich befedert. *Pfoten:* groß, breit, weder gespreizt noch nach außen gedreht; Zehen durch starke Schwimmhäute bis ziemlich weit nach vorn miteinander verbunden.
Haar und Farbe: am Kopf kurz, fein, am Körper lang, schlicht und dicht; fühlt sich hart, fast grob und fettig an; sehr dichte Unterwolle. Gegen den Strich gebürstet, muß das Haar sofort in seine richtige Lage zurückfallen. – Tiefschwarz, glänzend; leichter Anflug von Braun und ein kleiner weißer Fleck an Brust und Zehen gestattet.
Größe und Gewicht: Rüde 68–73 cm, 50–62 kg; Hündin 62–68 cm, 40–50 kg.

Landseer, FCI-Nr. 226 — *Deutschland*

Neufundländer kommen auch in einem weißschwarzen Haarkleid vor. Die FCI hat am 9. 10. 1959 den Landseer als getrennte Rasse anerkannt.

Norwich Terrier, FCI-Nr. 72 b — *England*

Erscheinung: kleiner, scharfer, rauhhaariger Terrier in rotem, schwarzrotem oder gestromtem Haarkleid, dessen Ohren entweder aufgerichtet oder herabhängend getragen werden, mit kupierter Rute.
Charakter und Verwendung: ein richtiger kleiner Teufel: lebhaft, scharf, wachsam, ein rücksichtsloser Draufgänger, dessen Temperament man in dem kleinen Körper nicht vermutet.
Kopf: *Schädel:* leicht gerundet, breit zwischen den Ohren; Stop stark ausgeprägt. *Fang:* „fuchsig" zugespitzt, kräftig; Länge ungefähr $1/3$ weniger als Schädellänge vom Stopansatz; Lefzen trocken. *Nase:* schwarz. *Gebiß:* Scherengebiß; Zähne ziemlich groß, kräftig; Kiefer glatt, stark. *Augen:* dunkel, glänzend, lebhaft.

Ohren: aufrechtstehend oder hängend getragen; im letzten Fall klein und gut fallend.
Hals: kurz, kräftig, gut auf die glatten Schultern aufgesetzt.
Rumpf: kurz, kompakt; Rücken kurz, gerade; Brustkorb gut aufgerippt.
Rute: kurz kupiert, nicht sehr lustig getragen.
Gliedmaßen: *Vorderhand:* Schultern glatt, kräftig; Läufe kurz, stark, gerade. *Hinterhand:* stark mit guter Antriebskraft. *Pfoten:* rund; Ballen stark.
Haar und Farbe: hart, drahtig, gerade, eng anliegend; am Hals und Schultern länger, rauher (im Winter Mähne); an Kopf, Ohren, Fang kürzer; leichte Augenbrauen, Bart. – Alle Varianten von Rot (einschließlich Rotweizen), Schwarz mit roten Abzeichen; gestromt.
Größe und Gewicht: ideale Höhe 25 cm; Idealgewicht 5–5,5 kg.

Österreichische Brandlbracke, FCI-Nr. 63 a *Bild 97* *Österreich*

Erscheinung: mittelgroße, kurzhaarige, schwarz-rote Bracke; kräftiger, langgestreckter, elastischer Bau, hochgetragener Kopf mit herabfallenden Behängen und langer Rute.
Charakter und Verwendung: Dieser auch außerhalb seiner Heimat hochgeschätzte Hund zeigt neben seinen guten Brackeneigenschaften (Spurwille und -sicherheit, vollem, lockerem Hals) auch große Neigung zur Schweißarbeit. Als Haushund ist diese alte Jagdhundrasse zu schade.
Kopf: mittelgroß; Oberkopf breit, wird dem Fang zu schmal; Hinterhauptbein schwach ausgebildet; Stirnabsatz flach ansteigend. *Fang:* Nasenrücken gerade; Lefzen gut entwickelt; Augenjochbogen stark ausgebildet. *Nase:* kräftig, weit geöffnet, schwarz. *Gebiß:* Scherengebiß. *Augen:* klar, braun, mit klugem Ausdruck; kein Rot im Augenwinkel. *Behänge:* mittellang, nicht zu breit; hoch angesetzt, unten gerundet; möglichst glatt herabhängend.
Hals: mittellang, sehr kräftig, ohne Kehlwamme; gegen die Brust hin erweitert.
Rumpf: Rücken lang, leichte Einsenkung hinter der Schulter; Kruppe leicht abfallend; Brust breit; Rippenkorb ziemlich tief, lang; Bauch etwas eingezogen.
Rute: lang, an der Wurzel mäßig stark; verjüngt sich allmählich, ohne in eine zu dünne Spitze auszulaufen; etwas gebogen; in der Ruhe herabhängend, bei der Suche aufgerichtet getragen; auf der Unterseite grob behaart, nicht zu grobe Bürste.
Gliedmaßen: *Vorderhand:* stark entwickelt; Schultern schräggestellt, sehr beweglich; Schultermuskeln stark; Läufe gerade, kräftig; Fußwurzel breit, geradegestellt. *Hinterhand:* Keule mäßig stark entwickelt; Unterschenkel mittellang, schräggestellt; Fußwurzel fast gerade, stark. *Pfoten:* derb, rund, gewölbt; Zehen geschlossen; Krallen stark, krumm; Ballen groß, stark.
Haar und Farbe: dicht, voll, glatt und elastisch, seidig glänzend. – a) Schwarz mit kleinem, schwarz abgesetztem Brand, b) Rot, Rötlichbraun oder Rotgestichelt. Bei beiden schmaler, weißer Halsring, Bruststern und weiße Abzeichen an den Pfoten gestattet.
Größe und Gewicht: 46–58 cm; Gewicht o. A.

Österreichischer kurzhaariger Pinscher, FCI-Nr. 64 *Österreich*

Erscheinung: mittelgroß, kurzhaarig, in vielfarbigem Haarkleid mit meist über den Rücken gerollter, langer Rute und Ohren, die möglichst dem Knopfohr nahekommen.

Charakter und Verwendung: in allem mit dem deutschen Pinscher übereinstimmend. Im Körperbau dem Pinscher ähnlich, ausgenommen folgendes:

Kopf: birnenförmig; Oberkopf breit; Jochbogen weit ausgebuchtet; Schläfen- und Kaumuskeln stark; Stop deutlich. *Fang:* kurz, aber kräftig. *Ohren:* Knopfohr, Flatterohr, Stehohr, Rosenohr.

Rute: hoch angesetzt, geringelt, meist über den Rücken gerollt getragen, Posthornform häufig; kurz, grob und bürstig behaart; Kupieren gestattet.

Haar und Farbe: kurzhaarig oder kurzstockhaarig, mit Unterwolle wie beim kurzhaarigen Foxterrier, doch nicht pelzig. – Semmelgelb, Fahlgelb, Braungelb, Hirschrot, Schwarz und Braun; fast immer mit großen weißen Abzeichen: Blesse, Fang, Halsring, Kehle, Vorderbrust, Pfoten, Rutenspitze, Läufe oft in verschiedener Höhe.

Größe und Gewicht: 35–50 cm, meist 40 cm; 12–18 kg.

Papillon, FCI-Nr. 77 a *Bild 99* *Frankreich, Belgien*
(Kontinentaler Zwergspaniel)

Erscheinung: hochläufiger, langhaariger Kleinhund mit langer, über dem Rücken getragener, befederter Rute. Die stehohrige Varietät hat den Namen Papillon (Schmetterling) bekommen, die ältere, hängeohrige die Bezeichnung Phalene behalten.

Charakter und Verwendung: Dieser kleine Spaniel mit dem weißen Haarkleid, auf dem Flecken oder Platten in vielen Farbnuancen erscheinen, oder mit einem einfarbigen oder gar dreifarbigen Fell ist ein lebhafter, lebenstüchtiger Hund, der schneidig kleinem Raubzeug nachstellt und eine eiserne Gesundheit besitzt. Hitze und Kälte machen ihm nichts aus.

Kopf: klein. *Schädel:* ziemlich breit, zwischen den Ohren leicht abgerundet; Stop betont, aber nicht zu scharf. *Fang:* spitz, verjüngt sich von der Stirnpartie an ziemlich abrupt und wird zur Nasenspitze hin abermals spitz; Lefzen fein, geschlossen. *Nase:* schwarz, leicht zurückgezogen. *Gebiß:* Scherengebiß. *Augen:* groß, rund, dunkel, lebhafter, intelligenter Ausdruck; Jochbogen stark ausgeprägt, Augapfel gut umschließend; Lider geschlossen. *Ohren:* gemeinsames Merkmal der beiden Varietäten: ziemlich hoch, etwas zurückliegend angesetzt; ziemlich weit auseinanderstehend; betonen die konvexe Schädelform. Beim Papillon: mittelgroß, schräg aufwärtsgestellt, geöffnet, wie die Flügel eines Schmetterlings; Ohrmuschel vollständig offen, mit seidenartigen Haaren bedeckt. Beim Kontinentalen Zwergspaniel: mittelgroß, ziemlich breit, herabhängend, nicht zu eng anliegend; mit reichlicher Franse.

Hals: weder zu kurz noch zu dick; überreich mit Haar bedeckt.

Rumpf: Rücken lang, gerade; Lende leicht gerundet; Brust ziemlich tief; Rippen flach gewölbt; Bauch leicht aufgezogen.

Rute: sehr hoch angesetzt, mit reichem Federbusch; sehr beweglich.

Gliedmaßen: *Vorderhand:* Schultern beweglich, etwas schräg; Läufe gerade, dünn; Rückseite befedert. *Hinterhand:* Schenkel muskulös, sehr beweglich; Läufe dünn, parallelgestellt, bis zum Sprunggelenk behost; Sprunggelenke ziemlich hoch, gut gewinkelt. *Pfoten:* länglich; Zehen gewölbt, geschlossen; Krallen schwarz, höchstens dunkelbraun bei Einfarbigen und Braunen; kurz behaart, nur zwischen den Zehen kleine Büschel.
Haar und Farbe: kurz, glatt auf Schädel, Fang, an Vorderseite der Läufe und vom Sprunggelenk abwärts; auf ganzem Körper reichlicher, langer, leicht gewellter, weicher, fallender Pelz; auf Rücken und Flanken anliegend, dichter rings um den Hals, auf Schultern und an der Brust; Ohren über die Lederenden hinaus reich, lang befranst. Alle Farben sind zugelassen.
Größe und Gewicht: Größe höchstens 28 cm; Gewicht: Kat. 1: 1,5–2,5 kg, Kat. 2: Rüde 2,5–4,5 kg, Hündin 2,5–5 kg.

Peking Palasthund (Pekingese), **FCI-Nr. 207** *Bild 100* *China*

Langhaar: Peking Palasthund
Kurzhaar: Happa-Hund
Erscheinung: Der früher im chinesischen Kaiserpalast rein gezüchtete Schoßhund zeigt einen langen, niedriggestellten, starkknochigen, verschwenderisch behaarten Körper mit mopsähnlichem, breitem Kopf, flach anliegenden, herabhängenden Ohren und dicht auf den Lenden getragener, lang behaarter, geschwungener Rute. Der Gesichtsausdruck ist würdevoll, fast finster.
Charakter und Verwendung: stolz, würdevoll, lebhaft, wachsam, anhänglich, treu; kein verzärtelter Hund; fühlt sich im Haus ebenso wohl wie in Hof und Garten.
Kopf: massig mit breiter Schädeldecke, zwischen den weit auseinanderliegenden Ohren breit und flach; weder kuppel- noch apfelförmig. *Fang:* breit, tief, würfelförmig, vorn fast senkrecht abgestumpft, flach; Backen unter den Augen nicht eingedrückt; Ober- und Unterkiefer breit, mächtig; Lefzen gut aufeinander passend; Nasenrücken möglichst kurz; Augen und Nase auf einer Höhe. *Nase:* tiefschwarz. *Gebiß:* Vorbiß. *Augen:* weit auseinanderliegend, dunkel leuchtend, vorstehend. *Ohren:* mittelgroß, herzförmig; nicht zu hoch, aber auch nicht zu tief angesetzt, leicht nach vorwärts gerichtet, flach anliegend getragen, seidig befranst.
Hals: kräftig, kurz mit starken Wirbeln und reicher Mähne.
Rumpf: kein quadratischer Eindruck; Rücken stramm, mittellang; Brust mächtig, breit; Rippen gut gebogen; Körper verjüngt sich zur Rute hin (löwenartig); ausgesprochene Taille.
Rute: hoch angesetzt, dicht auf den Lenden, in schwungvollem Bogen getragen, mit üppiger Behaarung.
Gliedmaßen: *Vorderhand:* kräftiger als Hinterhand, starkknochig; Schultern fest anliegend; Vorderläufe kurz mit kräftigen Knochen. *Hinterhand:* kräftig, aber leichter als Vorderhand; gut geformt. *Pfoten:* flach, nicht rund, gut auf den Zehen stehend.

Haar und Farbe: verschwenderisch; am Hals Mähne oder Krause; Ohren mit reichen Fransen; an der Rute reicher Federbusch; Läufe und Zehen reich befedert; Hinterhand mit langen Hosen; lange, gerade und abstehende Deckhaare ohne Wellen; Unterwolle dicht. – Jede Farbe erlaubt: Rot, Schwarz, Weiß, Gelb, Sandfarben, Grau und Braun, einfarbig gestromt mit weißen und dunklen Abzeichen oder Platten. Bei Einfarbigen dunkle Maske erwünscht.
Größe und Gewicht: zwischen 15 und 25 cm, Rüde 3,15–5 kg, Hündin 3,6–5,4 kg.

Pharaonenhund, FCI-Nr. 248 *Bild 101* *Spanien*

Erscheinung: stehohriger Zwischentyp der Podencos und Windhunde mit hochläufigem, schmalem, quadratischem Gebäude.
Charakter und Verwendung: schneller Hetzhund mit auffälligem Sprungvermögen. Wird auch in Haus und Hof gehalten.
Kopf: keilförmig mit flachem, breitem Oberschädel, kaum angedeutetem Stop und kräftigen Backen. Schädel- und Fanglänge 1 : 1. *Fang:* verjüngt sich konisch. *Nase:* dunkel. *Gebiß:* Scherengebiß. *Augen:* hellbraun bis dunkelgelb. *Ohren:* tiefliegend, klein.
Hals: schlank, ziemlich lang, trocken bemuskelt.
Rumpf: quadratisch. Rücken: straff, gerade, mit bemuskelter Lende. Kruppe lang und leicht abfallend.
Rute: bis zum Sprunggelenk reichende Sichelrute.
Gliedmaßen: *Vorderhand:* lang, trocken, bemuskelt, gerade. *Hinterhand:* lang, trocken, bemuskelt, verhältnismäßig steil gewinkelt. *Pfoten:* geschlossen.
Haar und Farbe: kurz, glatt und glänzend. – Weiß mit leuchtend roten oder rotgelben Platten oder Tupfen in regelmäßiger Verteilung. Einfarbig Rot und andere Farben ausgeschlossen.
Größe und Gewicht: Rüde 63–70 cm, Hündin 57–66 cm; Gewicht o. A.

Pointer, FCI-Nr. 1 a *Bild 103* *England*

Erscheinung: edler, kraftvoller, kurzhaariger Vorstehhund von eleganter, nahezu quadratischer Statur, mit abgerundeten Behängen und schwungvoll gebogener langer Rute.
Charakter und Verwendung: außerordentlich lebhafter, ausdauernder Jagdhund mit überragender Nasenqualität. Schnell und sicher sucht er systematisch weite Wiesen und Ackerflächen ab und steht bombenfest vor, wenn er Wild entdeckt hat. Diese Jagdhundrasse, eine der gelungensten Züchtungen der Engländer, gehört nur in Jägerhand und nur in Reviere, wo ihr ausreichend Arbeitsmöglichkeit geboten ist.
Kopf: gestreckt erscheinend. *Schädel:* seitlich sowie frontal gesehen leicht gewölbt, von mittlerer Breite und proportional zur Stärke des Fanges; Hinterhauptbein hervortretend; Jochbögen flach; Stirnpartie möglichst breit; Augenbögen plastisch hervortretend; Stop stark betont; Stirnfurche gut ausgeprägt; trocken, klar modelliert, nie schwammig; Partie unter den Augen leicht eingefallen. *Fang:* lang, breit, stumpf, erscheint von der Seite gesehen rechteckig,

wobei seine obere Linie leicht eingedrückt wirkt; Lefzen gut entwickelt, weich, lose fallend; Kiefer kräftig. *Nase:* breit, voll; Nasenlöcher weit geöffnet; schwarz, bei braunen Pointern braun, bei gelben und weißgelben leber- oder fleischfarben erlaubt. *Gebiß:* Zähne gut aufeinanderstehend. *Augen:* mittelgroß, keinesfalls tiefliegend; im Mittelpunkt einer vom Hinterhauptbein zur Nasenspitze gedachten Linie liegend; Iris von dunkel- bis haselnußbraun variierend; Lider dunkel; Ausdruck klug, lebhaft. *Behänge:* dünn, seidig, mäßig hoch angesetzt, flach an den Backen herabhängend; Enden abgerundet; Adern hervortretend.

Hals: lang, muskulös, leicht gebogen, klar aus den Schultern tretend; gut belefzte Hunde dürfen etwas lockere Kehlhaut haben; lockere Halshaut sonst fehlerhaft.

Rumpf: kräftig; Rückenlänge zur Schulterhöhe 9 : 8, kurz in Rücken und Nierenpartie; diese leicht gebogen, breit mit starken Muskeln; Brust tief, aber nicht zu breit; Rippen kräftig, leicht gewölbt; Fehlrippen tief herabreichend.

Rute: etwas unterhalb der Rückenlinie angesetzt, reicht bis zum Ende des Wadenmuskels herab; an der Wurzel stark, verjüngt sich dem Ende zu stetig, dicht und kurz behaart; stets – auch in der Erregung – in der Form eines Pumpenschwengels getragen; Posthornform fehlerhaft.

Gliedmaßen: *Vorderhand:* Schultern lang, schräg, gut, aber nicht übermäßig bemuskelt; Vorderläufe stark, gerade, mit ovalen Knochen, kräftig bemuskelt; die starken Sehnen treten klar hervor; gut unter dem Leib stehend; die bis zum Brustrand heruntergelassenen Ellbogen nicht locker, parallel zum Rumpf liegend; Vordermittelfuß elastisch, von guter Länge, leicht schrägstehend. *Hinterhand:* Hüftgelenke knapp unter Rückenhöhe, weit auseinanderliegend; Schenkel muskulös, gut gewinkelt; Sprunggelenke klar, sehr stark, parallel stehend. *Pfoten:* oval; Zehen gut gegliedert, gebogen, geschlossen.

Haar und Farbe: dünn, dicht, hart; glatt anliegend und glänzend. – Zitronenfarben und Weiß, Orange und Weiß, Feuerfarben und Weiß, Schwarz und Weiß; die Farben sollen gut abgegrenzt sein.

Größe und Gewicht: Rüde mindestens 60 cm, Hündin mindestens 57 cm; o. A.

Polski Owczarek Nizinny, FCI-Nr. 251 *Bild 104* *Polen*

Erscheinung: der mittelgroße, überreich behaarte Hütehund der Polen hat dank der weltweiten Werbung des Kattowitzer Kynologen Smyczynski Verbreitung bei den Hundeliebhabern ganz Europas gefunden.

Charakter und Verwendung: sehr intelligent, wachsam, haustreu und kinderlieb, dabei apart in seiner Erscheinung – ein guter Familienhund.

Kopf: gut proportioniert und mit reichlich dichtem Haar bedeckt, das die Augen verdeckt. Stop leicht angedeutet. Fang und Schädel gleich lang. *Fang:* konisch, Lefzen trocken. *Gebiß:* korrektes Scherengebiß: *Augen:* mittelgroß, dunkel. *Ohren:* dreieckig, breit angesetzt, behaart, herabhängend.

Hals: muskulös, mittellang, dicht behaart, horizontal getragen.

Rumpf: länglich. Rücken: gestreckt, breit mit leicht abfallender Kruppenpartie. Brust tief und breit.

Rute: meist kupiert; unkupierte Ruten werden über den Rücken gerollt.
Gliedmaßen: kräftige und gerade Läufe, stark behaart. Sprunggelenke stark ausgebildet und parallel gestellt. *Pfoten:* geschlossen und nicht zu kurz.
Haar und Farbe: lang, hart, überreich. – Alle Farben und gefleckt.
Größe und Gewicht: Rüde 43–52 cm, Hündin 40–46 cm; Gewicht o. A.

Pudel, FCI-Nr. 172 b *Bild 105, 106* *Frankreich, Deutschland*
Erscheinung: lebhafter Hund von stolzer Haltung mit gekräuseltem, gelocktem oder geschnürtem Haarkleid, das auf verschiedene Arten geschoren wird. Die Rute wird kupiert; die Ohren fallen, dem Kopf anliegend, anmutig herab.
Charakter und Verwendung: anhänglich, freundlich, kinderlieb, lernbegierig. Dank seiner Intelligenz dem Menschen ein wahrer Kamerad, treuer Begleiter, aufmerksamer Wächter. Der Großpudel dient als Gebrauchs- und Blindenhund. Im Kleinpudel und dem zierlichen Zwergpudel begegnen uns ideale Haus- und Luxushunde. Mancherlei Farben – darunter einige neue – und verschiedene Schurarten bereichern die Erscheinung dieser alten Rasse.
Kopf: hoch, stolz getragen, geradlinig, etwa $^2/_5$ der Widerristhöhe entsprechend lang. *Schädel:* in der Breite kleiner als die Hälfte der Kopflänge; Jochbogen mäßig hervorstehend; mit langem Haar bedeckt; Stirnfurche breit zwischen den Augen, verschmälert sich zum ausgeprägten Hinterhauptbein hin; Stop wenig ausgeprägt; Backen anliegend, nicht herausstehend. *Fang:* kräftig, fein, aber nicht spitz; Nasenrücken geradlinig, in der Länge etwa $^9/_{10}$ des Schädels entsprechend; Vorderkante verläuft senkrecht; Lefzen leicht geformt, mäßig dick, trocken; Oberlefze liegt der unteren auf, darf nicht überhängen; Unterlefze straff. *Nase:* betont, gut geöffnet; schwarz bei schwarzen und weißen Hunden, braun bei braunen. *Gebiß:* kräftiges Scherengebiß. *Augen:* mandelförmig mit klugem Ausdruck, nicht hervortretend; schwarz oder dunkelbraun bei schwarzen und weißen Pudeln, dunkelbernsteinfarben bei braunen; Lider schwarz bei schwarzen, dunkelbraun bei braunen, schattiert bei weißen. *Ohren:* breit im Ansatz, abgerundet an den Enden; reichen bis zur Fangmitte oder länger; mit langen, weichen Haaren bedeckt; in der Verlängerung der Seitenlinie Nasenkuppe – äußerer Augenwinkel angesetzt; flach anliegend getragen.
Hals: stark, trocken, fein, im Nacken leicht gebogen, mittellang, gut proportioniert ohne lose Kehlhaut.
Rumpf: Hund in Höhe und Länge gleich quadratisch; Rücken kurz, gerade; Lenden fest, gut bemuskelt; Kruppe abgerundet, aber nicht abfallend; Brust oval, bis zum Ellbogen hinabreichend; Brustbein ziemlich hoch gelegen; Bauch in den Weichen nicht zu stark aufgezogen.
Rute: hoch angesetzt, meistens kupiert, schräg aufwärts getragen. Schnürpudel behält meistens Rute in voller Länge.

Gliedmaßen: *Vorderhand:* Schultern schräg, gut bemuskelt, gut gewinkelt (90 bis 100 Grad); Blatt und Oberarm gleich lang; Läufe gerade, stark gleichlaufend; Vordermittelfuß fest, von der Seite gesehen fast aufrecht. *Hinterhand:* Schenkel stämmig, gut bemuskelt; Läufe gut entwickelt und bemuskelt, gleichlaufend; Mittelfuß und Fußwurzel lotrecht. *Pfoten:* klein, geschlossen, oval;

Zehen gut gewölbt; Ballen dick; Krallen schwarz bei den schwarzen, schwarz oder braun bei den braunen, bei weißen Pudeln hell und gleichfarben.
Haar und Farbe: reich; drahtige, wollige Faser, gekräuselt und elastisch, dicht und üppig – gleichförmige, allgemein ausgekämmte Locken bildend. Die „Toilette en lion", Löwenschur, und die moderne Schurart „1960" sind jetzt gleichberechtigt. – Schwarz, Weiß, Braun, Silber, Apricot.
Größe und Gewicht: Großpudel 45–55 cm; Kleinpudel 35–45 cm; Zwergpudel unter 35 cm; Gewicht o. A.

Pudelpointer, FCI-Nr. 216 *Bild 107* *Deutschland*

Erscheinung: großer, drahthaariger Vorstehhund mit kräftig bebartetem Kopf, langen Behängen und kupierter Rute.
Charakter und Verwendung: Der von deutschen Züchtern aus dem englischen Vollblutpointer und dem Pudel herausgezüchtete Jagdhund verbindet hervorragende Feldpassion, Suche und Vorstehen des englischen Pointers mit der Intelligenz und Jagdpassion des alten Großpudels. Die Leistungen der Nase im Vorstehen, die weit ausholenden Bewegungen, Schnelligkeit und Freude an der Bewegung sind besondere Vorzüge dieser Rasse. Dieser nur auf Gebrauch und Leistung gezüchtete Hund gehört nur in die Hand des Jägers.
Kopf: mäßig lang, breit, rauh behaart mit Bart und starken Augenbrauen; Stirnabsatz steil abfallend; Nasenrücken zur Nasenkuppe leicht erhöht, nähert sich der aufgeworfenen Form des Pointers. *Fang:* lang, breit, nicht wie beim Pudel schmal und spitz zulaufend. *Nase:* breit, gut geöffnet. *Gebiß:* Scherengebiß. *Augen:* groß, rund, feurig, von raubvogelartigem Ausdruck und gelber bis gelbbrauner Farbe. *Behänge:* mittelgroß, flach anliegend, eher spitz als gerundet, nicht dick und fleischig; kurz und wohlbehaart.
Hals: mittellang, trocken; vor allem im Nacken muskulös gewölbt.
Rumpf: kurzer, gerader Rücken; Lendenpartie ausgesprochen muskulös; Widerrist hoch, lang; Hüfte breit; Kruppe lang, mäßig schräg, gut bemuskelt; Brust sehr tief, mäßig breit; Rippen gut gewölbt; Bauch schlank nach hinten aufgezogen mit kurzen Flanken.
Rute: leicht, gut angesetzt, gerade getragen; drahtig, ohne Fahne behaart; nicht zu kurz kupiert.
Gliedmaßen: *Vorderhand:* Schultern schräg, breit, lang, fest anliegend, voll; deutliche Muskelwülste; Oberarm lang, mit strammen Muskeln bedeckt; Ellbogen weit nach hinten gelagert; Sehnen deutlich sichtbar; Läufe gerade. *Hinterhand:* lang, korrekt gewinkelt; Sprunggelenke weit nach hinten gestellt, stark gewinkelt; dicke, stramme Muskeln; Läufe, von hinten betrachtet, senkrecht gestellt. *Pfoten:* rund; Zehen geschlossen, gut gewölbt; Ballen stark, derb, kurz behaart.
Haar und Farbe: mittellanges, harsches, dichtes Drahthaar; kräftiger, rauher Bart, starke Augenbrauen; Läufe und Pfoten kurz behaart. – Braun und Dürrlaubfarben. Weiß, Schwarz, Hell, Getigert nur auf geringe Abzeichen beschränkt.
Größe und Gewicht: Rüde 56–65 cm, Hündin 54–63 cm; Gewicht o. A.

Puli, FCI-Nr. 55 b *Bild 108* *Ungarn*

Erscheinung: mittelgroßer, zottelhaariger, schwarzer bis grauer Treib- und Hütehund mit langbehaarten Hängeohren, herabhängend oder über den Rücken gerollt getragener, buschiger Rute.
Charakter und Verwendung: in seiner ungarischen Heimat nicht nur Treib-, sondern auch Polizei-, Begleit- und Luxushund; jetzt in ganz Europa als Begleithund beliebt.
Kopf: *Schädel:* kurz, klein, leicht gewölbt; völlig mit langem Haar bedeckt. *Fang:* kurz, nicht spitzig. *Nase:* stumpf, schwarz. *Gebiß:* Scherengebiß. *Augen:* kaffeebraun; buschige Brauen, die die Augen verhängen. *Ohren:* hoch angesetzt, V-förmig, herabhängend; mit langen Haaren bedeckt.
Hals: kurz, muskulös.
Rumpf: quadratisch mit Haarschnüren bedeckt; Rücken kurz, gerade; Brust breit, aber nicht tonnenförmig.
Rute: buschig, über den Rücken gerollt; 18–20 Wirbel.
Gliedmaßen: *Vorderhand:* starkknochig, muskulös, mit Zottelhaaren bedeckt; Läufe nicht lang, säulenförmig. *Hinterhand:* muskulös, mit langem Haar bedeckt. *Pfoten:* fest geschlossen, keine Hasenpfoten.
Haar und Farbe: lange, schmale Filzplatten; Kopf, Fang, Augen verdeckend. – Rein Schwarz, Schwarz mit Rostrot, Weiß, Grau in allen Schattierungen.
Größe und Gewicht: Rüde 37–47 cm zulässig, erwünscht 40–44 cm mit 13 bis 15 kg; Hündin 34–44 cm zulässig, erwünscht 37–41 cm mit 10–13 kg.

Pyrenäenhund, FCI-Nr. 92 *Bild 109* *Spanien*

Erscheinung: mächtig, mäßig lang behaart mit kleinen, flach anliegenden Ohren und langer, buschiger Rute. Frankreich nennt ihn Chien des Pyrénées (FCI-Nr. 137 a), Spanien Mastin des los Pirineos; beide Länder haben getrennte Standards aufgestellt. Die Holländer bezeichnen ihn als Pyreneesche Berghond. Wir geben eine Kombination der Standards wieder.
Charakter und Verwendung: in seiner spanischen und französischen Heimat ein vorzüglicher Wächter und Beschützer der Viehherden. Seit einigen Jahrzehnten werden Junghunde gern auch in die Städte genommen. Dort bewähren sie sich als ausgezeichnete Schutz- und Begleithunde; ihr imponierendes Äußeres und zuverlässiges, angenehmes Wesen gewinnen ihnen immer mehr Freunde.
Kopf: nicht zu groß im Verhältnis zum Körper; Seiten des Kopfes ziemlich flach. *Schädel:* oval, nicht zu gerundet, mit mäßig tiefer Mittelfurche. *Fang:* stark, ziemlich lang; spitzt sich zur Nasenspitze nur mäßig zu; Oberlefze nur noch Unterlefze bedeckend; Lefzen und Gaumen schwarz oder stark schwarz gefleckt. *Nase:* schwarz. *Gebiß:* Scherengebiß. *Augen:* ziemlich klein, dunkelbernsteinfarben, etwas schräg eingesetzt; Lider schwarz, anliegend. *Ohren:* in Augenhöhe angesetzt, ziemlich dreieckig, an der Spitze abgerundet, flach anliegend, herabhängend getragen.
Hals: stark, genügend kurz mit schwachen Kehlfalten, lang behaart.
Rumpf: Rücken von genügender Länge, breit, straff, gleichmäßig; Kruppe leicht

abfallend; Hüfte hervorspringend; Flanken aufgezogen; Brust breit, tief, nicht zu sehr abfallend; Rippenkorb leicht gewölbt.

Rute: von genügender Länge, bildet einen Federbusch; in der Ruhe herabhängend, sonst über den Rücken gerollt getragen; an Rutenspitze schwacher Ringel.

Gliedmaßen: *Vorderhand:* Schultern schräg, breit, muskulös; Läufe stark, gerade, wohl befedert. *Hinterhand:* Schenkel gerundet, aber nicht zu tief herabreichend; Sprunggelenke trocken, breit, wenig gewinkelt; Läufe tragen doppelte Afterkrallen. *Pfoten:* wenig lang, kompakt; Zehen wenig gewölbt.

Haar und Farbe: dicht, schlicht, mittellang, geschmeidig; länger an Rute und Hals (Halskragen leicht gewellt); Haar der Hosen sehr dicht, fein, wollig. – Weiß oder Weiß mit dachsfarbenen, fahlgelben oder wolfsfarbenen Flecken an Kopf, Ohren, Rutenansatz; dachsfarbene Flecken bevorzugt; einzelne Flecken am Körper gestattet.

Größe und Gewicht: Rüde 70–80 cm, 45–55 kg; Hündin 65–72 cm, 45–55 kg.

Riesenschnauzer, FCI-Nr. 181 a *Bild 111* *Deutschland*

Erscheinung: Die Großausgabe des deutschen Schnauzers – eine Mischung aus Hütehund und Schnauzer –, ein großer, kräftiger, meist schwarzer, rauhhaariger Typ, dessen charakteristischer Kopf, mit verhältnismäßig klein gestutzten Ohren, buschigen Augenbrauen, einen kräftigen Schnauzbart zeigt. Rute kurz kupiert.

Charakter und Verwendung: anerkannter Polizei-, Schutz- und Sanitätshund, ungemein dressurfähig, lernbegierig. Ausgesprochener Einmann-Hund, der Schärfe mit weichem Gemüt verbindet. Wenn er zuviel gehetzt wird, neigt er zur Schärfe. Nicht für jedermann, sondern nur für Kenner! – Braucht viel Bewegung; man muß sich mit ihm beschäftigen, mit ihm arbeiten.

Kopf: kräftig, gestreckt, in maßvollem Größenverhältnis zum übrigen Körper; Gesamtlänge des Kopfes zur Rückenlänge im Verhältnis 1 : 3. Vom Oberkopf zu den Augen, von diesen bis zur Nasenkuppe sich allmählich verjüngend; Stirnabsatz durch kräftige Brauen deutlich ausgeprägt; Backen flach bemuskelt, nicht hervortretend. *Fang:* mäßig abgestumpfter Keil, durch harschen Schnurrbart sowie Knebelbart geziert; Fanglänge zur Oberkopflänge 4 : 5; Unterkiefer kräftig; Lefzen fest anliegend; Nasenrücken gerade, verläuft möglichst parallel zur Stirnlinie. *Nase:* schwarz, voll, nicht zu klein. *Gebiß:* Scherengebiß. *Augen:* dunkel, rund-oval, in gerader Achse stehend, nach vorn gerichtet, nicht zu groß, nicht hervortretend; Brauen gut ausgebildet, buschig, stachlig. *Ohren:* hoch angesetzt, nicht zu kurz gestutzt. Unkupiert: V-förmig, mittellang, Klappfalte seitlich getragen.

Hals: kräftig, nicht zu kurz, von schönem, edlem Schwung, trocken; Nacken muskulös, leicht gebogen.

Rumpf: wuchtig, Rücken möglichst gerade, sehnig, biegsam, stramm, kurz, nicht zu breit, leicht zur Kruppe abfallende Rückenlinie; Brust oval, nicht tonnenförmig; Muskulatur hart; Rippenkorb tief hinabreichend, in die volle, ovale Brust übergehend; Leib in der Nierenpartie leicht aufgezogen.

Rute: hoch angesetzt, aufwärts getragen, kurz gestutzt.

Gliedmaßen: *Vorderhand:* von allen Seiten gesehen senkrecht, gerade, stark; Schultern schräggestellt, flach bemuskelt. *Hinterhand:* kräftig, gerade, gut gewinkelt, muskelstark; Hüften gut und federnd getragen. *Pfoten:* kurz, rund, vollkommen geschlossen; Zehen gewölbt; Krallen dunkel; Ballen hart; möglichst kurz behaart.
Haar und Farbe: hart, drahtig, straff, dicht, gegen den Strich gesehen aufstrebend; am Fang guter, breiter Schnurr- und Knebelbart, struppige Brauen. – Schwarz oder Pfeffer- und Salzfarben (mit Pigmentation von Silbergrau bis Bisongrau).
Größe und Gewicht: 60–70 cm; 30–35 kg.

Rottweiler, FCI-Nr. 147 a *Bild 112* *Deutschland*

Erscheinung: kraftstrotzend, stämmig, kurzhaarig, groß mit kräftigem Kopf, kleinen Hängeohren und Stummelrute; in der Farbe Schwarz mit rotbraunem Brand.
Charakter und Verwendung: anerkannter deutscher Schutzhund mit kühnem, furchtlosem Charakter; herren- und haustreu. Diese nervenfeste Rasse verbindet Freude am Kampf mit der Bereitschaft zum Schutz; weder mißtrauisch noch launisch und laut. In jeder Hinsicht wesensfest. Läßt sich nicht so leicht aus der Ruhe bringen, darum für nervöse Menschen zu empfehlen. Für Ketten- und Zwingerhaltung vollkommen ungeeignet; findet auch in einer kleinen Stadtwohnung kein richtiges Zuhause. Hervorragender Wächter für große Gehöfte, Metzgereien usw.
Kopf: mittellang, Schädel zwischen den Ohren breit; Hinterhauptbein gut entwickelt, tritt jedoch nicht sichtbar hervor; Stirnlinie mäßig gewölbt; Jochbogen gut ausgeprägt; Backen wohl entwickelt, aber nicht hervortretend. *Fang:* Nasenrücken gerade, nicht sehr lang; Nasenspitze bis Stirnabsatz dieselbe Länge wie Oberkopf vom Hinterhauptbein bis Stirnabsatz; Lefzen schwarz, fest anliegend, Lippenwinkel geschlossen. *Nase:* Kuppe eher breit als rund, schwarz, mit verhältnismäßig großen Öffnungen. *Gebiß:* kräftiges Scherengebiß. *Augen:* dunkelbraun, mittelgroß, mandelförmig; Augenlider fest schließend. *Ohren:* möglichst klein, ziemlich weit voneinanderstehend; so hoch angesetzt, daß Oberkopf bei gut nach vorn gelegtem Ohr verbreitert erscheint; Kopfhaut straff anliegend, bildet nur bei gespannter Aufmerksamkeit leichte Stirnfalten.
Hals: mäßig lang, kräftig, gut bemuskelt; wächst mit leicht gewölbter Nackenlinie aus der Schulter heraus; möglichst trocken, ohne Wamme oder lose Kehlhaut.
Rumpf: etwas länger als hoch; Rücken gerade, kräftig, nicht zu lang; Brust geräumig, tief, breit; Nierenpartie kurz, kräftig, tief; Kruppe breit, mittellang, weder zu gerade noch zu stark abfallend; Flanken nicht aufgezogen.
Rute: kurz, stark, nicht zu tief angesetzt, waagerecht getragen; Stummelrute häufig angeboren. Wenn zu lang, kupieren.
Gliedmaßen: *Vorderhand:* Schultern lang, schräggestellt; Oberarm gut am Körper anliegend; Unterarm kräftig entwickelt und bemuskelt; Läufe gerade, nicht zu enggestellt. *Hinterhand:* Oberschenkel nicht zu kurz, breit, stark bemuskelt;

Unterschenkel lang, gut bemuskelt, unten sehnig und kraftvoll; Sprunggelenke gut gewinkelt. *Pfoten:* geschlossen, rund, gewölbt; Ballen hart; Krallen kurz, stark; Pfoten der HH etwas länger als die der VH.
Haar und Farbe: mittellanges, derbes, dicht und straff aufliegendes Stockhaar; Unterwolle an Hals und Keule unbedingt vorgeschrieben; Behaarung kann an den Läufen etwas länger sein. – Schwarz mit gut abgegrenzten Abzeichen (Brand) von sattem Rotbraun an Backen, Fang, über den Augen, an Brust und Läufen.
Größe und Gewicht: Rüde 60–68 cm, Hündin 55–65 cm; Gewicht o. A.

Saluki, FCI-Nr. 269 *Bild 113* *Persien*

Erscheinung: groß, muskulös und doch zierlich. Der Perser unterscheidet sich von anderen Windhunden dadurch, daß die Ohren mit langen, seidenartigen Haaren, Läufe und Rute mit weichem, mittellangem Haar befedert sind.
Charakter und Verwendung: sanft, zurückhaltend, anschmiegsam. Kann ohne ausreichende Bewegung nicht gedeihen. Bei uns reiner Luxushund.
Kopf: schmal, trocken, fein, gestreckt. *Schädel:* beinahe flach, zwischen den Ohren breiter als zwischen den Brauen; Stop ganz schwach angedeutet. *Fang:* lang, schmal, trocken mit leichter Biegung des Nasenrückens. *Nase:* schwarz. *Gebiß:* Scherengebiß. *Augen:* schwarz, bernsteinfarbig, seegrün, kastanienbraun, rotbraun; stets glänzend; Augenlider schwarz umrandet. Das Weiß der Augen darf nicht zu sehen sein, wenn der Hund geradeaus sieht. *Ohren:* ziemlich hoch angesetzt, ziemlich breit, herabhängend; vom Ansatz bis zur Spitze 12–15 cm lang, mit langen, seidigen Haaren bedeckt, manchmal leicht wellig und reicher an den Rändern.
Hals: dünn, lang, biegsam; weniger stark bemuskelt als beim Greyhound.
Rumpf: sehr gestreckt; Rücken nach einer kleinen Einsenkung hinter den Schultern leicht gebogen; Lenden nicht übertrieben bemuskelt; Brust eher tiefer als breit, gut entwickelt; Rippen sichtbar, ohne vorzuspringen; Bauch aufgezogen.
Rute: kräftig an der Wurzel, sehr dünn an der Spitze, lang; waagerecht oder leicht gebogen getragen; mindestens bis zum Sprunggelenk hinabreichend; Spitze häufig umgerollt. Befederung ähnlich der von Straußenfedern.
Gliedmaßen: *Vorderhand:* Schultern schräg, muskulös; Läufe muskulös. *Hinterhand:* sehr muskulös; Sprunggelenke nicht übertrieben gewinkelt, tief am Boden. *Pfoten:* gewölbt, gut lose stehend, durch viel Haar getrennt.
Haar und Farbe: vollkommen glatt, ohne jede Befederung, kurz; an den Ohren lange, seidenartige Haare und Fransen; Vorderläufe kurze Fransen an der Hinterseite; Hinterläufe lang befedert, ebenso die Rute. – Außer reinem Schwarz und Weiß jede Farbe gestattet, auch zwei- oder dreifarbig.
Größe und Gewicht: Rüde 58–71 cm, Hündin entsprechend kleiner; Gewicht o. A.

Samojede, FCI-Nr. 212 *Bild 114* *Nordamerika*

Erscheinung: mittelgroß, rumpfig, starkknochig, langbehaart, spitzähnlich, mit kleinen Stehohren, buschiger, meist über den Rücken gerollter Rute. Ein großer, weißer Hund, mit „lächelndem“ Gesicht, klugen, dunklen Augen, muskulösem, beweglichem Körper.

Charakter und Verwendung: hat in Europa und Amerika von den 12 bekannten Polarhundrassen zuerst Eingang gefunden. Ursache: sein Wesen. Die Amerikaner schildern ihn als sanft und kameradschaftlich, als ausgezeichneten Wachhund und treuen, gehorsamen, anschmiegenden und doch selbständigen Hausgenossen. Polarforscher lernten ihn zuerst schätzen; die Samojeden waren nicht so wild wie viele andere Polarhundrassen. Sie fielen durch ihre Zuverlässigkeit und Arbeitsfreude auf. Sie ziehen Schlitten, bewachen Herden und Anwesen. In England, Österreich und der Schweiz gut bekannt.

Kopf: in der Mitte zwischen Wolf- und Spitzschädel; mächtig, keilförmig, mit breitem, flachem Hirnschädel; Nasenrücken gerade oder nur leicht eingebogen; Stirngrube, Stirnabsatz nicht zu betont; Stirnbeine nicht zu stark. *Fang:* mittellang, nicht zu spitz, breit, tief, aber nicht so würfelförmig wie beim Chow-Chow; Kiefer stark, kleiner Kieferwinkel; Lefzen knapp anliegend ohne Faltenbildung im Lippenwinkel. *Nase:* schwarz, auch braun oder fleischfarben. *Gebiß:* kräftiges Scherengebiß. *Augen:* mittelgroß, dunkel bis schwarzbraun, gut auseinander, tiefliegend; Lidspalten mandelförmig, schräggestellt. *Ohren:* klein, dreieckig, weit voneinandergesetzt; Knorpel dick, straff aufgerichtet, mit etwas gerundeter Spitze.

Hals: mittellang, hoch aufgesetzt, mit gewölbtem Nacken, ohne Kehlfalte.

Rumpf: Körper etwa so hoch wie lang; Rücken kurz, breit; Widerrist hoch, lang, gut ausgeprägt (höchster Punkt der Wirbelsäule im Widerrist); Lende breit, mäßig gewölbt, straff; Kruppe lang, breit, mit mäßig schrägem Becken; Kreuzbein fast waagerecht; Brust breit, sehr tief, so daß Brustbein tiefer als Ellbogenhöcker liegt; Rippen gewölbt; Fehlrippen lang, weit nach hinten gebogen; Vorderbrust breit, vorgewölbt mit hoch hinaufreichender Brustbeinspitze; Unterbrust von genügender Breite, sanfter Übergang in die Bauchlinie; große Flankentiefe.

Rute: hoch angesetzt, sehr buschig, reicht höchstens bis zum Sprunggelenk hinab; in der Bewegung über dem Rücken gerollt.

Gliedmaßen: *Vorderhand:* Schultern lang, schräg, stark bemuskelt; Oberarm schräg; Unterarm gerade, von mittlerer Länge; Gelenke kräftig, gut gewinkelt; Mittelfuß kurz, straff, fast lotrecht. *Hinterhand:* Oberschenkel mäßig schräg von oben nach vorn unten; Unterschenkel mittellang in derselben Ebene; Gelenke stark; Sprunggelenke breit, gut gewinkelt, nicht selten weit offen. Mittelfuß kurz, lotrecht. *Pfoten:* stark; Zehen hoch gewölbt, geschlossen; Ballen dick. Nicht auswärts gedreht.

Haar und Farbe: lang, dicht, schlicht, mit reichlicher Unterwolle und abstehenden Grannen. Kopf, Ohren kurz und glatt behaart; Läufe ziemlich kurz an der Vorderseite, länger an der Rückseite behaart; zwischen Zehen und Ballen ziemlich kurze Haare. – Reinweiß oder zweifarbig mit bisquitfarbenen Platten.

Größe und Gewicht: Rüde 52,5 cm mit 20–30 kg; Hündin 45,5 cm mit 17–25 kg.

Schipperke, FCI-Nr. 83 a *Bild 115* *Belgien*

Erscheinung: belgischer, kurzhaariger, schwarzer Spitz, am Hals eine Krause, mit Stehohren; die Rute fehlt ganz.

Charakter und Verwendung: aufmerksamer, lebhafter, ungemein wachsamer Schifferspitz, der nicht nur die Flußkähne bewacht, sondern auch das Eigentum seines Herrn mutig verteidigt. – In der Haltung genügsam; besonders die in Deutschland gehaltene Zwergform im Hause sehr angenehm, da geringes Bewegungsbedürfnis. Im Verkehr mit Kindern gutmütig. Eine Eigentümlichkeit der Rasse: die überaus große Neugierde und die lebhafte Anteilnahme an allem, was ringsum vorgeht; auf jeden unbekannten Eindruck reagiert das Schipperke durch scharfes Bellen und Sträuben der Mähne.

Kopf: Fuchskopf, ziemlich breit zwischen den Ohren, verjüngt sich über die Augen bis zur Nasenkuppe keilförmig; Stop gering. *Fang:* kurz, spitz verlaufend. *Nase:* Kuppe klein, schwarz. *Gebiß:* kräftig. *Augen:* klein, mehr oval als rund, lebhaft, scharf blickend; dunkelbraun bis schwarz. *Ohren:* Stehohren, klein, dreieckig, hoch angesetzt; beweglich und so steif, daß sie beim Zurücklegen nicht faltig zusammensinken.

Hals: mittellang, kräftig, ohne lose Kehlhaut, aufrecht getragen; länger behaart als der Körper (kurze Mähne).

Rumpf: kurz, gedrungen; Rücken kurz, stramm, gerade; Lendengegend kräftig, muskulös; Brust tief, breit; Rippen gut gewölbt; Bauch gut aufgezogen.

Rute: fehlt; Stummelruten werden kupiert.

Gliedmaßen: *Vorderhand:* Schultern schräg, feine Knochen; Läufe gerade, gut untergestellt. *Hinterhand:* mäßig gewinkelt; Keulen muskulös; Sprunggelenke gut niedergelassen. *Pfoten:* klein, rund, geschlossen, gewölbt; Krallen schwarz, gerade, kurz.

Haar und Farbe: kurz, sehr dicht, hart; an Kopf und Ohren etwas weicher, kürzer; am Hals verlängert, kurze Mähne; an Brust bis unter Brustkorb sowie Rückseite der Vorderhand längeres Haar; Hinterhand mit Hosen ausgestattet. – Tiefschwarz, wenig glänzend, ohne weiße Abzeichen.

Größe und Gewicht: Mittelschlag 4–5 kg. Großer Schlag 5–9 kg. Zwergschipperke: 3–4 kg.

Schnauzer (Mittelschnauzer), **FCI-Nr. 182** *Bild 117* *Deutschland*

Erscheinung: kräftig, sehnig, eher gedrungen als schlank; quadratischer Bau mit rauhem, oft getrimmtem Haar; gestutzte Ohren, kupierte Rute.

Charakter und Verwendung: lebhaft, beweglich, aber nicht nervös. Gutmütig, klug, überlegt – eine glückliche Verbindung von bedächtiger Ruhe und höchstem Kampfeifer. Treuer Wächter von Haus und Hof, zuverlässiger Begleiter von Mensch und Gefährt, geborener Feind und Vertilger von Ratten und Mäusen; blitzschnell und sehr dressurfähig. – Gegen Witterungsunbilden widerstandsfähig. Er braucht bei seiner Intelligenz ausreichende Betätigung und für den Körper genügend Bewegung. Bei seinem drahtigen Haar auch in der Wohnung gut zu halten.

Kopf: kräftig, langgestreckt; wird von den Ohren zu den Augen und von diesen zur Nasenspitze hin allmählich schwächer, in gutem Verhältnis zur Körpergröße; Oberkopf (Hinterhauptbein bis Stirnabsatz) zwischen den Ohren mäßig breit, mit flacher, faltenloser Stirn, gut bemuskelt, nicht stark ausgeprägte Backen. *Fang:* mäßig abgestumpfter Keil mit harschem Schnurrbart; Lefzen eng anliegend, nicht überhängend; Nasenrücken gerade, zur Verlängerungslinie der Stirn fast gleichlaufend. *Nase:* Kuppe schwarz, voll. *Gebiß:* Scherengebiß mit stark entwickelten Fangzähnen. *Augen:* dunkel, mittelgroß, oval, nach vorn gerichtet, von stachligen, dichten Augenbrauen überwölbt. *Ohren:* hoch angesetzt, kupiert, aufrechtstehend getragen. Unkupiert: V-förmig, mittellang, Klappfalte seitlich getragen.

Hals: nicht zu kurz, mit trockener (anliegender) Kehlhaut; Nacken kräftig, leicht gewölbt.

Rumpf: Rücken stramm, gerade; Lendenpartie gut entwickelt, kurz; Rückenlänge gleich Körperhöhe; quadratischer Bau; Leib nach hinten gut aufgezogen; Brust mäßig breit und tief; Rippenkorb mäßig gewölbt.

Rute: hoch angesetzt, aufwärts getragen; auf drei Glieder kupiert.

Gliedmaßen: *Vorderhand:* Ober- und Unterarm von allen Seiten gesehen gerade, senkrecht; Schultern schräggestellt; flach, aber kräftig bemuskelt. *Hinterhand:* Keulen schräggestellt, flach, kräftig bemuskelt; zunächst bis zum Knie senkrecht, von Knie bis Sprunggelenk im gleichen Verlauf wie Halslinie, vom Sprunggelenk senkrecht zum Boden. *Pfoten:* kurz, rund; Zehen geschlossen, gewölbt; Krallen dunkel.

Haar und Farbe: dicht, straff, drahtig, auf dem Rücken aufstrebend, d. h. weder kurz noch glatt anliegend; Ohren, Stirn, Läufe, Pfoten kürzer behaart. – Pfeffer- und Salzfarben; Reinschwarz.

Größe und Gewicht: 45–50 cm hoch; Gewicht o. A.

Zwergschnauzer, FCI-Nr. 183 a — *Deutschland*

Erscheinung: bei gleichem Wesen, gleichen Vorzügen die verkleinerte Ausgabe des Mittelschnauzers.

Charakter und Verwendung: vielleicht noch etwas lebhafter und schärfer als der Mittelschnauzer. Typisch sein Schneid und Draufgängertum. In der Wachsamkeit kaum zu übertreffen; in seiner Angriffslust scheut er sich vor keinem noch so großen Hund, erst recht nicht vor fremden Menschen. Als Hausgenosse anhänglich, wachsam, treu. – Unempfindlich gegen Witterungsunbilden, hart und robust. In Pflege und Fütterung anspruchslos.

Haar und Farbe: Rauhhaarig mit harschem Bart und struppigen Augenbrauen. – Schwarz und Pfeffer- und Salzfarben.

Größe und Gewicht: 30–35 cm; Gewicht o. A.

Schweizerische Laufhunde, FCI-Nr. 59 a — *Schweiz*

Erscheinung: mittelgroß, ziemlich langgestreckt, auf Kraft, Ausdauer, Adel und Ebenmaß gezüchtet, mit langem, trockenem, edlem Kopf, sehr langen faltigen Behängen und langer Rute. Die verschiedenen Typen: Schweizer (Rotscheck), Luzerner (Blausprenkel), Berner (Schwarzscheck), Juralaufhunde „Bruno“

(Gelbbraun, Rotbraun oder Schwarz mit gelbroten Abzeichen) und Rauhhaarlaufhunde in allen Farben.

Charakter und Verwendung: Die schwierigen, unzugänglichen Distrikte der Schweiz, die Weiträumigkeit einzelner Reviere geben diesen hochläufigen Bracken noch jagdliche Aufgaben. Sie sind feinnasige Finder des Wildes, halten mit großer Sicherheit jede Fährte und jagen ausdauernd mit losem Hals und schönem Laut selbst in felsigem Gelände. Die wenigen, auch als reine Haushunde gehaltenen Exemplare zeichnen sich durch anschmiegendes, weiches Wesen aus.

Kopf: trocken, lang, schmal, der Körpergröße entsprechend; Stop angedeutet. *Fang:* gestreckt, nie spitz; Nasenrücken fein geformt, leicht gewölbt; Lefzen mäßig. *Nase:* schwarz, gut entwickelt, weit geöffnete Löcher. *Gebiß:* kräftiges Scherengebiß. *Augen:* möglichst dunkel, mit freundlichem Ausdruck. *Behänge:* sehr lang, gefaltet herabfallend, schmal, unten rund; leicht und fein behaart; tief und hinten am Schädel, aber nie in voller Breite angesetzt.

Hals: ziemlich lang, kräftig, ohne beträchtliche Wamme.

Rumpf: Rücken von guter Länge, fest und gerade; Lenden kräftig, elastisch; Brust tief, nicht zu breit; Rippenkorb nicht tonnenförmig.

Rute: nicht zu lang, waagerecht gestreckt oder leicht nach unten oder oben gebogen, aber nie geringelt getragen; immer gut behaart; läuft beim kurzhaarigen Hund in eine feine Spitze aus; bei stock- oder rauhhaarigen entsprechend stärker behaart, keine Bürste bildend.

Gliedmaßen: *Vorderhand:* Schultern lang, schräg; Vorderläufe gerade, starke Knochen, gut entwickelte Sehnen, trocken. *Hinterhand:* mäßig gewinkelt, gut entwickelte Muskulatur; keine Afterkrallen. *Pfoten:* rundlich; Krallen stark; Sohlen derb, hart.

Haar und Farbe: immer sehr dicht, kurz- oder stockhaarig, feiner an Kopf und Behang. Der Luzerner ist immer kurzhaarig. Die Rauhhaarigen verfügen über dichte Unterwolle und hartes, drahtiges Deckhaar.

Schweizer Laufhund (Bild 121): weiße Grundfarbe mit größeren oder kleineren gelb- oder tiefroten Platten. Rote Mantelhunde zugelassen.

Luzerner (Bild 120): dicht grauweiß oder schwarzweiß gesprenkelt; Blau mit größeren dunklen oder schwarzen Platten; entweder Feuerflecken am Kopf oder gelbbraune Abzeichen. Die weiße Grundfarbe wird durch die vielen Punkte unscheinbar und bei Nässe sogar dunkel oder schiefergrau.

Berner (Bild 118): dreifarbig: Weiß, Schwarz und Braun, Gelb oder Rostbraun, Weiß mit großen schwarzen Platten und einzelnen Tupfen; rote Feuerflecken über Augen und an Backen; gelbliche Flecken im Ohrinneren und gelbes Weidloch.

Rauhhaarlaufhunde: alle Farben außer Schwarz und Schokoladenbraun.

Größe und Gewicht: 42 cm Minimalhöhe, bevorzugt 45–50 cm; Gewicht o. A.

Juralaufhund *Bild 119* *Schweiz*

Erscheinung: Der kurzhaarige Juralaufhund ist der schwerste Typ der 5 Schweizer Laufhund- und 4 Niederlaufhundrassen. Ähnlichkeit mit seinem nahen Verwandten, dem St. Hubertus Hund aus den Ardennen. Seine überlangen, faltenreichen, tief angesetzten Behänge erinnern an den Bloodhound. Diese 3 Rassen sind ziemlich direkte Nachkommen der uralten Keltenbracke (Arrian, 2. Jh. n. Chr.). Der heutige Juralaufhund hat einen langgestreckten Körper, breiten Rücken, starkknochige Läufe, mittellange Rute, schweren Kopf mit langem Fang, Stirnfalten, melancholische Augen und lange, faltige Behänge.

Charakter und Verwendung: feine Nase, große Spursicherheit, Jagdpassion, Ausdauer und herrlicher Spurlaut befähigen diesen Hund, auch in unzugänglichem Gelände anhaltend das Wild zu verfolgen. Die Jagdmöglichkeiten für diese Rasse sind aber beschränkt.

Kopf: mächtig, schwer; Oberkopf breit, hochgewölbt mit deutlichem Stop; Hinterhauptbein stark; auffallende Stirnfalte. *Fang:* lang, breit mit starkem, gut schließendem Gebiß; Lefzen voll, fleischig. *Nase:* schwarz; Nasenlöcher weit geöffnet. *Gebiß:* stark, gut schließend. *Augen:* dunkel mit melancholischem Ausdruck; Lider nicht ganz schließend. *Behänge:* tief und weit hinten angesetzt; gefaltet, gedreht; immer groß, sehr lang; zur Mitte breit, nach unten schmäler werdend; unten gut abgerundet.

Hals: lang, breit, kräftig; Wammenbildung.

Rumpf: Rücken lang, breit; Lenden kräftig, breit, elastisch, immer gerade und fest; Brust stark, tief, breit.

Rute: mittellang, spitz auslaufend; ohne wesentliche Krümmung ziemlich hoch, aber nie über dem Rücken getragen; stark behaart, jedoch ohne Bürstenbildung.

Gliedmaßen: *Vorderhand:* gerade, auffallend stark in den Knochen. *Hinterhand:* Schenkel muskulös, sehnig; keine Afterkrallen. *Pfoten:* rundlich, geschlossen; Krallen stark, schwarz; Ballen derb, hart.

Haar und Farbe: glatt, gut anliegend. – Einfarbig Gelbbraun oder Rotbraun; ebenso mit schwarzem Sattel; Schwarz mit gelbroten Abzeichen; zuweilen weißer Fleck auf der Brust.

Größe und Gewicht: 42 cm Minimalhöhe, bevorzugt 45–50 cm; Gewicht o. A.

Schweizerische Niederlaufhunde, FCI-Nr. 60 a *Bild 122* *Schweiz*

Schweizer (Rotscheck), Luzerner (Blausprenkel), Berner (Schwarzscheck) und Juraniederlaufhund (Gelb- oder Rotbraun bzw. Schwarz mit gelbroten Abzeichen).

Erscheinung: langgestreckt, niedrig, langhängeohrig und mit langer Rute in den gleichen Farben wie die hochläufigen Schweizer Laufhunde.

Charakter und Verwendung: in der Schweiz seit der Jahrhundertwende für die Jagd in kleineren Revieren auf Reh, Hase und Fuchs durch Einkreuzen von Dachshunden aus alten Laufhundrassen niedriger gezüchtet.

Kopf: mittelgroß. *Schädel:* leicht gewölbt; Stop mäßig. *Fang:* nicht spitzig. *Nase:* gut geöffnet. *Gebiß:* Scherengebiß. *Augen:* ziemlich groß, dunkel; Lider geschlossen. *Behänge:* so lang, daß sie bis zur Nasenspitze reichen.

Hals: leicht und elegant getragen, ohne Wamme.

Rumpf: ausgesprochener Laufhundtyp, proportioniertes Gebäude, ausgeglichene Formen. Rücken lieber kurz als lang; Lende breit, kräftig; Kruppe sanft abfallend; Bauch leicht aufgezogen; Brustkorb schlank, reicht nur bis zum Ellbogen hinab.

Rute: mittellang, nicht zu tief, aber auch nicht zu hoch angesetzt; hängend, ohne erhebliche Biegung, bei der Arbeit leicht nach oben getragen; läuft in feine Spitze aus.

Gliedmaßen: *Vorderhand:* Schultern schräg; Läufe gerade, senkrecht gestellt. *Hinterhand:* Läufe leicht nach rückwärts gestellt. *Pfoten:* kurz; Zehen geschlossen, mit feiner Zwischenbehaarung.

Haar und Farbe: kurz, stock-, nie langhaarig. – Farbe wie bei Schweizerischen Laufhunden.

Größe und Gewicht: 30–38 cm; Gewicht o. A.

Schweizer Pinscher *Schweiz*

Erscheinung: die seit dem 24. November 1923 von der SKG anerkannte Rasse des pfeffer- und salzfarbenen Pinschers ähnelt im großen und ganzen einem kurzhaarigen Mittelschnauzer.

Charakter und Verwendung: dem Pinscher und dem Schnauzer ähnlich.

Kopf: Fang etwas kürzer als beim Mittelschnauzer.

Haar und Farbe: kurz, dicht, glatt, anliegend, glänzend. – Pfeffer- und Salzfarben, je reiner, desto besser, in verschiedenen Helligkeitsabstufungen.

Größe und Gewicht: 40–48 cm; Gewicht o. A.

Schweizer Sennenhunde

Appenzeller Sennenhund, FCI-Nr. 46 a *Bild 123* *Schweiz*

Erscheinung: kurzhaarig, untermittelgroß mit Hängeohren und Ringelrute.

Charakter und Verwendung: behend, leichtführig, ein tüchtiger Hüte- und Treibhund, ein aufmerksamer Wächter und angenehmer Begleiter. Auch in der Stadt leicht zu halten.

Kopf: *Schädel:* flach, am breitesten zwischen den Ohren, verjüngt sich von dort an bis zur Nasenspitze, läuft gleichmäßig konisch zu; deutliche Stirnfurche; ohne Stop; Fang nicht so spitz wie beim Deutschen Schäferhund. *Fang:* guter Übergang aus den trockenen Backen zur Stirn. *Nase:* schwarz, voll. *Gebiß:* Scherengebiß. *Augen:* ziemlich klein, nicht hervortretend, braun, etwas schief gegen die Nase gestellt. *Ohren:* ziemlich klein, hoch angesetzt, dreieckig; herabhängend, anliegend getragen. Bei Aufmerksamkeit an der Wurzel gehoben und nach vorn gedreht, Kopf erscheint dann dreieckig.

Hals: kurz, gedrungen.

Rumpf: Rücken stark, gerade; Brust breit, tief.

Rute: kräftig, mittellang, dicht behaart; Haare an Unterseite verlängert; in der Bewegung aufgewickelt getragen.

Gliedmaßen: *Vorderhand:* Schultern lang, sehr schräggestellt; Vorderläufe von allen Seiten gerade. *Hinterhand:* gut gewinkelt, verhältnismäßig lange Fußwurzelknochen. *Pfoten:* gerade, kurz, geschlossen; Zehen gewölbt; Hinterpfote etwas länger.

Haar und Farbe: kurz, dicht, hart, glänzend, fest und eng anliegend. – Schwarz

mit gelben bis rotbraunen und mit symmetrisch weißen Abzeichen; stets gelbe Flecken über den Augen. Erwünscht weiße Blesse, weiße Abzeichen an Brust, Hals, Fang, Pfoten, Innenseite der Läufe und Rutenspitze; gelbe Flecken stets zwischen Schwarz und Weiß gelegen.
Größe und Gewicht: 48–58 cm; Gewicht o. A.

Berner Sennenhund, FCI-Nr. 45 a *Bild 124* *Schweiz*

Erscheinung: mittelgroß, gedrungen, langhaarig, Hängeohren; lange buschige Rute; glänzend schwarzes Haarkleid mit roten und weißen Abzeichen.
Charakter und Verwendung: hat wohl von allen Schweizer Hunderassen am meisten Zugang in anderen Ländern gefunden. Gerühmt werden Schutztrieb, Verteidigungsbereitschaft und Anhänglichkeit. Eine große Anzahl hat die verschiedenen Schutzhundprüfungen abgelegt – Beweis für die Leichtführigkeit und Intelligenz dieser Rasse.
Kopf: *Schädel:* flach; leichter Stop. *Fang:* kräftig; Lefzen wenig ausgebildet. *Nase:* schwarz. *Gebiß:* Scherengebiß. *Augen:* dunkelbraun, feurig. *Ohren:* hoch angesetzt, kurz, dreieckig; in der Ruhe flach anliegend getragen.
Hals: gedrungen, gut behaart.
Rumpf: eher gedrungen als lang; Rücken gerade; Lenden kräftig; Brust breit, tief.
Rute: in voller Länge buschig, nicht geringelt.
Gliedmaßen: gerade, stämmig; Sprunggelenke gut gewinkelt. *Pfoten:* rundlich, geschlossen.
Haar und Farbe: lang, weich, schlicht; leicht gewellt, aber nicht gekraust. – Glänzend Schwarz mit leuchtend rostroten Abzeichen an allen vier Läufen, Backen und über den Augen. Rostrote Abzeichen an Vorderläufen, schwarz und weiß eingefaßt. Erwünscht reinweiße Blesse, weiße Pfoten, weißer Brustfleck, weiße Rutenspitze. Unerwünscht: weißer Nackenfleck und schwarze Haare im Weiß.
Größe und Gewicht: Rüde 64–70 cm, Hündin 58–66 cm, ideal 66–68 bzw. 60–63 cm; Gewicht o. A.

Entlebucher Sennenhund, FCI-Nr. 47 a *Schweiz*

Erscheinung: Der kleinste Sennenhund ist der stummelschwänzige, kurzhaarige Entlebucher aus den Kantonen Luzern und Bern.
Charakter und Verwendung: als Viehhüter und -treiber ebenso gut geeignet wie als Wächter und Begleiter. Bestechend sein tiefschwarzes Haarkleid, sein freundliches, flinkes, anhängliches Wesen.
Kopf: *Schädel:* flach, leichter Stirnabsatz. *Fang:* kräftig, gut modelliert, von Stirn und Backen deutlich abgesetzt; Lefzen trocken, wenig ausgebildet. *Nase:* schwarz. *Gebiß:* Scherengebiß. *Augen:* ziemlich klein, braun, lebhafter Ausdruck. *Ohren:* hoch angesetzt, nicht zu groß; Ohrenlappen herabhängend, anliegend getragen; unten gerundet. Bei Aufmerksamkeit – wie bei allen Sennenhunden – nach vorn gedreht.
Hals: kurz, gedrungen; ohne Absatz am Rumpf angesetzt.

Rumpf: ziemlich gestreckt, daher etwas länger als hoch; Rücken gerade, stark; Brust tief, breit.
Rute: angeborener Stummelschwanz.
Gliedmaßen: *Vorderhand:* Schultern lang, schräg; Läufe gerade, stämmig. *Hinterhand:* kräftig; Sprunggelenke gut gewinkelt. *Pfoten:* rundlich, geschlossen; Zehen gut gewölbt.
Haar und Farbe: kurz, eng anliegend, hart, glänzend. – Schwarz mit gelben bis rostbraunen Abzeichen sowie möglichst weißen Abzeichen an Kopf, Hals, Brust, Pfoten, wobei das Gelb zwischen Schwarz und Weiß liegen muß.
Größe und Gewicht: 40–50 cm; Gewicht o. A.

Großer Schweizer Sennenhund, FCI-Nr. 58 a *Bild 125* *Schweiz*

Erscheinung: groß, stämmig, beweglich, stockhaarig; Hängeohren, lange Rute.
Charakter und Verwendung: Die Nachkommen römischer Treibhunde haben sich bei den Bauern und Sennen der Schweiz, dem Durchzugsland römischer Kohorten und Kaufleute, erhalten, wurden nach den Kantonen ihres Vorkommens benannt und werden seit Beginn des 20. Jh. systematisch weitergezüchtet. Der hier beschriebene ist der größte der vier Hütehundschläge. Er ist aufgeweckt, mutig, treu; gut geeignet als Wach-, Schutz- und Zughund. Bestechend die ausdauernde, raumschaffende, gleichmäßige Fortbewegung in Schritt und Trab.
Kopf: *Schädel:* flach, breit; Stirnfurche schwach, leichter Stop; Kopf dem Körper entsprechend kräftig, aber nicht plump; vom Hinterhauptbein bis zu den Augen und von diesen bis zur Nasenkuppe etwa gleich lang; normale, weder eingefallene, noch aufgetriebene Backen. *Fang:* mittellang, kräftig, von keiner Seite aus spitzig wirkend; Lefzen trocken, geschlossen. *Nase:* breit, gerade, mit leichter Erhöhung kurz vor dem Nasenschwamm, schwarz. *Gebiß:* kräftiges Scherengebiß. *Augen:* haselnuß- bis kastanienbraun; mittelgroß, weder tiefliegend noch hervorstehend; wacher, intelligenter, treuer Ausdruck; Lider gut geschlossen. *Ohren:* mittelgroß, dreieckig, ziemlich hoch angesetzt; in der Ruhe flach anliegend und herabhängend getragen, in der Erregung nach vorn gedreht; außen und innen gut behaart.
Hals: kräftig, muskulös, mittellang, ohne Wamme.
Rumpf: Rücken mäßig lang, kräftig, gerade; Widerrist hoch, lang; Lenden breit, stark; Kruppe lang, breit, in sanfter Rundung abfallend; Brust tief, breit, auch nach vorn schön gewölbt; Rippenkorb oval; Bauch, Weichen weder aufgezogen noch überfüllt. Rumpflänge zur Höhe im Verhältnis 10 : 9.
Rute: ziemlich schwer, reicht bis zum Sprunggelenk herab; in der Ruhe hängend, in der Bewegung leicht nach oben gekrümmt, nie geringelt oder über dem Rükken getragen.
Gliedmaßen: *Vorderhand:* Schultern lang, kräftig, schräg – bilden mit Oberarm stumpfen Winkel, flach anliegend, gut bemuskelt; Läufe kräftig, von allen Seiten gesehen gerade; im Vordermittelfuß nur wenig nachgebend. *Hinterhand:* Keulen breit, kräftig, gut bemuskelt; Oberschenkel ziemlich lang, von der Seite

gesehen schräg zum langen Unterschenkel stehend; Sprunggelenke breit, kräftig. *Pfoten:* rundlich, gut geschlossen; Zehen gewölbt; Krallen kurz, stark.
Haar und Farbe: stockhaarig; 3–5 cm lange Grannenhaare, dichte Unterwolle. – Schwarze Grundfarbe mit leuchtend rostroten und weißen symmetrischen Abzeichen. Rot zwischen Schwarz und Weiß. Rote Abzeichen über den Augen (Vieräugelflecken), an den Oberarmen beiderseits der Brust und an den Läufen. Rot ist die Innenseite der Schenkel, die Unterseite der Rute und Innenseite der Ohren innerhalb des schwarzen Randes. Weiße Abzeichen an Kopf (Blesse), Fang, Brust, Pfoten sowie Rutenspitze; weißer Nasenfleck und Halsring gestattet.
Größe und Gewicht: Rüde 65–70 cm, Hündin 60–65 cm; Gewicht o. A.

Scottish Terrier, FCI-Nr. 73 a *Bild 126* *England*

Erscheinung: wuchtiger, kleiner Niederlaufterrier mit verhältnismäßig starkem Kopf, hochgestellten Ohren, lustig getragener Rute; beliebter, stark verbreiteter Erdhund mit wetterhartem, drahtigem Fell in den Farben Schwarz, Gestromt bis Sandfarben.
Charakter und Verwendung: robust, ruhig, ausgeglichen, treu; sehr wachsamer Haus- und Familienhund, der wegen seines überaus kräftigen Gebisses weder vor größeren Hunden noch feindlich gesonnenen Menschen zurückschreckt. Haltung besonders für den Stadtmenschen zu empfehlen, da wenig Raum- und Bewegungsbedürfnis.
Kopf: lang, schmal, im rechten Verhältnis zur Gesamtgröße. *Schädel:* fast flach; Backenknochen treten nicht hervor; leichter, aber deutlicher Stirnabsatz zwischen Schädel und Vorgesicht, genau vor den Augen. *Fang:* kräftig, stumpf. *Nase:* groß, im Profil fällt die Linie von der Nase zum Kinn hin nach hinten ab. *Gebiß:* Zähne groß, obere Schneidezähne greifen eng über die unteren. *Augen:* mandelförmig, dunkelbraun, ziemlich weit auseinander und tief unter den Augenbrauen sitzend. *Ohren:* zierlich, von feiner Textur, spitz, aufrecht getragen.
Hals: muskulös, mäßig lang.
Rumpf: Rücken verhältnismäßig kurz, sehr muskulös; obere Körperumrisse gerade; Nierenpartie muskulös, tief; Rippen wohlgerundet, erstrecken sich, zu einer tiefen Brust abgeflacht, weit nach hinten; Brust ziemlich breit zwischen den Vorderläufen aufgehängt.
Rute: mäßig lang, dick an der Wurzel, zum Ende hin dünner werdend; senkrecht oder in leichtem Bogen getragen.
Gliedmaßen: *Vorderhand:* Schultern lang, schräg; Brustbein gut vor den Vorderläufen, gerade, mit guten Knochen zum Mittelhandknochen; Ellbogen weder abstehend noch unter dem Körper sitzend. *Hinterhand:* bemerkenswert stark für die Größe des Hundes; große, weite Hinterviertel; Schenkelknochen tief, muskulös, gut am Kniegelenk gebogen; Sprunggelenke kräftig, gut gewinkelt, weder ein- noch auswärts gedreht. *Pfoten:* groß; Ballen kräftig; Zehen gut gebogen.
Haar und Farbe: doppelte Behaarung: Deckhaar harsch, dicht, drahtig; Unterhaar kurz, dicht, weich. – Schwarz, Weizenfarben oder in jeder Farbe gestromt.
Größe und Gewicht: Höhe 25,5–28 cm; 8,5–10,5 kg.

Sealyham Terrier, FCI-Nr. 74 a *Bild 127* *England*

Erscheinung: weißer, rauhhaariger, wuchtiger, kräftiger Niederlaufterrier mit kompaktem Kopf, Hängeohren und gestutzter Rute.
Charakter und Verwendung: wachsam, mutig, kraftvoll, kinderlieb; in seiner englischen Heimat als Erdhund, jetzt in erster Linie als Haushund geschätzt. Haltung sehr angenehm. Haarpflege erfordert einige Sorgfalt.
Kopf: *Schädel:* etwas gerundet, weit zwischen den Ohren. *Fang:* breit, Kiefer kräftig, lang, zum Zupacken geeignet, mit breitem Kieferbogen. *Nase:* schwarz. *Gebiß:* kräftiges Scherengebiß; die langen Augenzähne passen gut aufeinander. *Augen:* dunkel, gut eingesetzt, rund, mittelgroß. *Ohren:* mittelgroß, an der Spitze leicht gerundet, seitlich der Backenpartie herabhängend getragen.
Hals: ziemlich lang, dick, muskulös, kräftig auf den schrägen Schultern sitzend.
Rumpf: von mittlerer Länge; Rücken gerade; Rippen wohlgebogen; Körper sehr biegsam; Brust breit, tief, gut zwischen die Vorderläufe herabreichend.
Rute: aufrecht getragen, kupiert.
Gliedmaßen: *Vorderhand:* Vorderläufe kurz, stark, gerade. *Hinterhand:* bemerkenswert kräftig; Schenkelknochen tief, muskulös, gut am Kniegelenk gebogen; Sprunggelenke kräftig mit guter Winkelung, weder ein- noch auswärts gedreht. *Pfoten:* rund, katzenartig; Ballen dick.
Haar und Farbe: lang, hart, drahtig. – Meistens vollkommen weiß oder Weiß mit Gelbbraun oder mit dachsfarbenen Markierungen an Kopf und Ohren.
Größe und Gewicht: Höhe nicht mehr als 30 cm. Rüden nicht schwerer als 9 kg, Hündinnen nicht über 8 kg.

Shetland Sheepdog (Sheltie), **FCI-Nr. 88 b** *Bild 128* *England*

Erscheinung: dreifarbiger, langhaariger Zwergschäferhund. Der Collie en miniature, Hütehund von Ziegen und Schafen auf den Shetlandinseln, wurde vor 50 Jahren zum ersten Mal ausgestellt. Seitdem hat züchterische Sorgfalt sein Äußeres so stark verbessert, daß die Rasse immer bekannter wird.
Charakter und Verwendung: Selbständiges Betreuen der ihm anvertrauten kleinen Herden ist seine eigentliche Aufgabe. Als Begleit- und Luxushund ein treuer Freund seines Herrn; außerdem eine schöne, harmonische Erscheinung von liebenswürdigem, intelligentem Wesen.
Kopf: lang, geringer Stop. *Schädel:* flach, wird den Augen zu schmäler. *Fang:* kräftig, gut abgerundet; wird gegen die Nasenspitze zu schmäler; Backen flach; Entfernung von Hinterhauptbein bis Augen entspricht der von Nase bis Augen; Kinnbacken trocken, kräftig. *Nase:* schwarz. *Gebiß:* o. A. *Augen:* dunkelbraun; bei blau marmorierten blau; mandelförmig, schräg eingesetzt. *Ohren:* klein, hoch angesetzt; halb aufgerichtet mit kippenden Spitzen.
Hals: lang, muskulös, gebogen; dichte Halskrause.
Rumpf: mäßig lang; Rücken gerade; Lenden kräftig; Brust tief; Rippen gewölbt; gerade Front.
Rute: lang, tief angesetzt, gut behaart; wird herunterhängend mit aufgebogener Spitze, bei Erregung hoch, aber nicht über oder neben dem Rücken getragen.

Gliedmaßen: *Vorderhand:* Schultern flach; Läufe gerade mit guten Knochen; Vordermittelfuß biegsam, ohne weich zu sein; gut befedert. *Hinterhand:* Schenkel muskulös, mit gut gebogenen Gelenken; Läufe sehnig, trocken; Behaarung oberhalb der Sprunggelenke sehr stark, darunter kurz. *Pfoten:* oval; Zehen gewölbt, geschlossen; Ballen gut gepolstert.
Haar und Farbe: Deckhaar lang, gerade, hart; Unterwolle weich, kurz, dicht; Mähne und Halskrause übermäßig behaart; Gesicht und Läufe unterhalb der Sprunggelenke kurz behaart. – Dreifarbig: Schwarz mit lohfarbenen und weißen Abzeichen. Zweifarbig: Schwarz mit lohfarbenen Abzeichen; Schwarz mit weißen Abzeichen; sable (braungrau) mit weißen Abzeichen. Einfarbig: sable (ohne weiße Abzeichen); blau marmoriert. Weiße Abzeichen: Blesse, an Hals, Brust, Krause, Pfoten und Rutenspitze, einzeln oder zusammen.
Größe und Gewicht: zwischen 36 und 37 cm; Gewicht o. A.

Shih Tzu, FCI-Nr. 208 a *Bild 116* *Tibet/England*

Erscheinung: der kleine, zotthaarige Tibethund ist seit 1890 in England bekannt und wird dort seit dem Beginn des 20. Jh. gezüchtet. Er unterscheidet sich von den vielen zotthaarigen Asiaten vor allem durch die chrysanthemenhafte Gesichtsbehaarung über dem kurzen Fang.
Charakter und Verwendung: ein sehr lebhafter, temperamentvoller Hund, sehr selbstbewußt. Widerstandsfähig bei richtiger Fütterung, Pflege und Haltung. Sauberer, kinderlieber Haushund.
Kopf: schopfköpfig mit Haar, das weit über die Augen fällt. Starker Bart und Backenbart, wobei das auf der Nase aufwärts wachsende Haar einen schönen chrysanthemenhaften Effekt gibt. *Schädel:* breit und rund, weit zwischen den Augen. Ausgeprägter Stop. *Fang:* quadratisch und kurz, flach behaart. *Nase:* bevorzugt schwarz. *Gebiß:* Schere oder leichter Vorbiß. *Augen:* groß, rund und dunkel; nicht vorstehend. *Ohren:* groß mit langen Ohrenledern, hängend getragen. Ansatz nur wenig unterhalb der Schädellinie, sehr lang behaart.
Hals: mittellang, sehr dicht behaart.
Rumpf: Rücken etwas länger als hoch, gerade; Brust breit und tief.
Rute: stark befedert, über den Rücken gerollt getragen, hoch angesetzt.
Haar und Farbe: lang, dicht, nicht lockig, mit dichtem Unterhaar. – Alle Farben; besonders wichtig: weiße Blesse im Gesicht und weiße Rutenspitze. Pigmentierung an Fang, Lefzen und Nasenschwamm möglichst gleichförmig.
Größe und Gewicht: Widerristhöhe nicht über 26,7 cm; Idealgewicht 4,1 bis 7,2 kg.

Siberian Husky, FCI-Nr. 270 *Bild 74* *Nordamerika*

Erscheinung: mittelgroß, kräftig, kompakt gebaut, spitzähnlich, mit dichtem, weichem Haar, fuchsartigem Kopf und Ringelrute. Urheimat: Sibirien.
Charakter und Verwendung: sanft und freundlich, wachsam, intelligent. Wird in Amerika für fast jede Art von Arbeit abgerichtet; bei seiner peinlichen Sauberkeit und dem Fehlen des diesen Rassen oft eigenen Körpergeruchs in Stadt und Land gern gehalten. Bewährter Schlittenhund.

Kopf: mittelgroß, in gutem Verhältnis zum Körper, zwischen den Ohren mittelbreit, mäßig gerundet, den Augen zu sich verjüngend. *Fang:* mittellang, fein gemeißelt; Kiefer kräftig; Lefzen dunkel, dicht schließend. *Nase:* schwarz und braun; bei rötlichen Hunden fleischfarben; dunkle Nase, die im Winter einen roten Rand bekommt, gestattet. *Gebiß:* kräftiges Scherengebiß. *Augen:* braun oder blau; je ein braunes und ein blaues Auge erlaubt; leicht schräg eingesetzt mit durchdringendem, fuchsartigem Ausdruck; Lidränder dunkel, knapp anliegend. *Ohren:* mittelgroß, aufrecht getragen, hoch am Kopf angesetzt, an der Innenseite gut mit Haar bedeckt; an den Spitzen mäßig gerundet; etwas höher als breit; an der Rückseite einen Bogen bildend. Bei Aufmerksamkeit berühren sich die Innenränder.
Hals: kräftig, mittellang.
Rumpf: mittellang; Rücken gerade, stark entwickelt; Lenden gut bemuskelt, leicht gewölbt ohne Fettansatz; Brust tief, stark, aber nicht zu breit; Rippenkorb gut gewölbt, tief.
Rute: lang, pelzig behaart; über den Rücken gerollt, zuweilen auch herabhängend getragen. Behaarung mittellang, etwas mit der normalen Länge variierend.
Gliedmaßen: *Vorderhand:* gerade, gut bemuskelt mit guten, nicht zu starken Knochen. *Hinterhand:* Läufe gut gewinkelt; Knochen fest, nicht zu stark, gut bemuskelt. *Pfoten:* länglich, nicht zu breit, mittelgroß; Zehen geschlossen, gut gewölbt; Ballen dick gepolstert, gut behaart.
Haar und Farbe: dickes, weiches Fell mit weicher, dichter, dauniger Unterwolle; Deckhaar ebenfalls weich, glatt. Das voll ausgebildete Haarkleid verleiht schöne Außenlinien; Haar mittellang, nicht buschig oder zottig. – Sämtliche Farben einschließlich Weiß; vorherrschend Wolfs- oder Silbergrau, Lohfarben wie heller Zobel und Schwarz mit weißen Haarspitzen. Eine Fülle von Abzeichen einschließlich mützenartiger Kappe und „Brillenränder“ um die Augen sorgen für ein apartes Aussehen.
Größe und Gewicht: Rüde 53–58 cm, 22–28 kg; Hündin 50–56 cm, 17–24 kg.

Skye Terrier, FCI-Nr. 75 a *Bild 129* *England*

Erscheinung: überreich behaarter, langgestreckter Niederlaufterrier in den Farben Blau bis Grau, mit Steh- oder Hängeohren; lange Rute.
Charakter und Verwendung: ausgesprochener Damenhund mit allen Terriereigenschaften. – Ein Zimmerhund, dessen Haarkleid Schönheit zeigt, aber auch Arbeit macht.
Kopf: lang, mit kräftigen Kiefern. *Schädel:* weit in der Augenbrauenregion, wird zwischen den Ohren schmaler, zum Fang hin abfallend mit geringer Einsenkung zwischen oder hinter den Augen. *Fang:* kräftig. *Nase:* schwarz. *Gebiß:* Schneidezähne glatt schließend; die oberen greifen gerade noch über die unteren. *Augen:* haselnußfarben, mittelgroß, engstehend. *Ohren:* aufrecht oder hängend; Stehohr: nicht groß, mit senkrechter Außenkante, an der Innenkante von der Spitze gegen den Schädel hin gegeneinander abfallend; Hängeohr: größer, gerade herabhängend, flachliegend, mit der Vorderkante dicht anliegend.

Hals: lang, mit schönem Aufsatz.
Rumpf: auffallend lang und niedrig; Rücken und Nierenpartie eben; Brust tief; Rippen wohl gebogen in Ovalform, so daß Seiten flach erscheinen.
Rute: herabhängend: obere Hälfte senkrecht, untere in einem Bogen nach hinten liegend. Erhoben: in Verlängerung des Rückenabfalles, nicht höher; nicht geringelt.
Gliedmaßen: *Vorderhand:* Schultern breit; Läufe kurz, gerade, muskulös. *Hinterhand:* Keule und Flanke voll, gut entwickelt; Läufe kurz, gerade, muskulös. *Pfoten:* groß, nach vorn zeigend; keine Afterklauen.
Haar und Farbe: Doppelbehaarung: Unterhaar kurz, enganliegend, weich, wollig; Deckhaar lang – im Durchschnitt 14 cm –, hart, gerade flach, ohne Kräuselung oder Locken. Am Kopf: kürzer, weicher, den vorderen Teil des Kopfes und die Augen verschleiernd; an den Ohren auf der Innenseite überhängend, mischt sich mit der seitlichen Feder; nicht schwer, faßt das Ohr wie mit einer Franse ein; Form des Ohres durch die Franse nicht verdeckt; Rute anmutig befedert. – Dunkles oder helles Blau oder Grau, oder Sektfarben mit schwarzen Spitzen; Farbschattierung von Kopf und Läufen annähernd wie die des Körpers.
Größe und Gewicht: Rüde Schulterhöhe 25 cm, Hündin $1^1/_4$ cm niedriger und $6^1/_3$ cm kürzer; Gewicht o. A.

Slughi, FCI-Nr. 188 b *Frankreich*

Erscheinung: groß, kurzhaarig, dem englischen Greyhound in vielen Teilen ähnlich, nur der Kopf etwas massiger.
Charakter und Verwendung: zurückhaltend im Verkehr mit Fremden; bemerkenswert seine große Jagdpassion; der beliebteste Jagd-Windhund der arabischen Völker, dementsprechend geschätzt und in Ehren gehalten.
Kopf: *Schädel:* flach, ziemlich breit, am Hinterkopf deutlich abgerundet, seitlich harmonisch einwärts gekrümmt; Augenhöhlen kaum vorspringend; Stirnabsatz kaum merklich. *Fang:* in Form eines länglichen Winkels spitz zulaufend; Fang hat die gleiche Länge wie Schädel; Lefzen dünn, schwarz. *Nase:* schwarz, weit geöffnet. *Gebiß:* kräftig, gleichmäßig. *Augen:* groß, dunkel, gut in den Augenhöhlen eingepaßt; bei heller Behaarung meistens schwarz mit sehr dunklen Lidern. Bei dunkelhaarigen Hunden Augenfarbe topasbraun. *Ohren:* herabhängend, dicht am Schädel anliegend; in Augenhöhe oder etwas oberhalb in ganzer Breite angesetzt, zurückfallend, nicht zu groß, dreikantig.
Hals: mittellang mit gutem Übergang.
Rumpf: Rücken verhältnismäßig kurz; Lende trocken, breit, leicht gewölbt; Kruppe knochig, sehr schräg abfallend; Hüfte gut hervorstehend; obere Rückenlinie verläuft horizontal; Brust nicht zu breit, erreicht kaum Ellbogenhöhe; in der Tiefe gut entwickelt; Fehlrippen in Schiffskielform verlaufend; Bauch aufgezogen.
Rute: dünn, ohne Fleisch, ohne Fransen und lange Haare; mindestens bis zum Sprunggelenk herabreichend, herabhängend getragen; in der Bewegung die Rückenlinie nicht überragend.
Gliedmaßen: *Vorderhand:* Schultern flach, trocken, mäßig schräg; Läufe mit

sehr langen Speichen, trocken, gerade; Sehnen gut sichtbar. *Hinterhand:* Schenkel lang, tief, etwas flach; Läufe gerade; Sprunggelenke niedrig, gebogen; Sehnen gut sichtbar. *Pfoten:* länglich, oval, ohne Fleisch; Krallen kräftig, schwarz oder sehr dunkel.
Haar und Farbe: kurz, fein, fühlt sich weich an. – Sandfarben oder Falb in allen Abstufungen mit oder ohne schwarze Maske oder mit mehr oder weniger dunklem Mantel. – Weiß gebleicht, gestromt; Schwarz mit Brand oder Falb mit gestromten Platten am Kopf, an den Pfoten, manchmal auch an der Brust. Reinschwarz oder Reinweiß noch zugelassen.
Größe und Gewicht: 60–70 cm; Idealgröße für Rüden 68 cm, für Hündinnen 65 cm; Gewicht o. A.

Springer Spaniel, FCI-Nr. 125 a *Bild 130* *England*

Erscheinung: Der Springer, eine Rasse der englischen Landspaniels, wird auf dem Festland mehr als Jagdhund gehalten als der Cocker. Größer und hochläufiger als dieser kann er nicht nur Federwild, sondern auch einen Hasen apportieren, überhaupt vielseitiger verwendet werden. Auffällig ist die Gangart des Springers. Seine Vorderläufe schwingen gradlinig aus der Schulter heraus, wobei die Pfoten locker und frei nach vorn geworfen werden. Die Hinterläufe folgen den Vorderläufen in einer geraden Linie. Bei langsamer Gangart zeigen viele Springer einen deutlichen Paßgang. In seiner sonstigen Erscheinung ein typischer Spaniel, schlicht behaart, mit schönen, wohlbefransten, herabhängenden Ohren.
Charakter und Verwendung: flotter Stöberhund, der nicht zu weit ausschwärmt, sondern unter der Flinte arbeitet, das von ihm herausgestoßene, vom Jäger beschossene Wild sucht und bringt. Im Hause wie alle Spaniels angenehm, friedlich und anhänglich.
Kopf: *Schädel:* mittellang, mäßig breit, mit schwacher Wölbung aus der Fangpartie heransteigend, wobei sich die Stirn deutlich absetzt; deutliche Stirnfurche, die sich nach dem nicht spitz hervortretenden Hinterhauptbein hin verliert; Backenpartie flach, nicht gerundet oder voll. *Fang:* Länge dem Schädel entsprechend, breit, tief, nicht spitz zulaufend, nicht schwer erscheinend; Partie unterhalb der Augen sauber ausgemeißelt; Lefzen gut gepolstert, von mittlerer Tiefe; Unterkiefer kräftig. *Nase:* Löcher gut entwickelt. *Gebiß:* kräftiges Scherengebiß. *Augen:* mittelgroß, weder hervortretend noch eingesunken; dunkel haselnußfarben. *Behänge:* lappig – gut, jedoch nicht übertrieben lang und breit, in Augenhöhe angesetzt, geschlossen dem Kopfe anliegend.
Hals: kräftig, muskulös, von guter Länge, korrekt zwischen den Schultern angesetzt, schön geschwungen, verjüngt sich zum Kopfe hin; ohne lose Kehlhaut.
Rumpf: kräftig, weder zu lang noch zu kurz; Brust tief, gut entwickelt; Rippenkorb gut gerundet; Nierenpartie leicht gewölbt, gut bemuskelt, kräftig mit gutem Beckenschluß, breit.
Rute: tief angesetzt, niemals über Rückenhöhe getragen, stets in Bewegung.
Gliedmaßen: *Vorderhand:* gerade, gut befedert; Ellbogen dem Körper gut anliegend, genügend stark; Vordermittelfuß stark, elastisch. *Hinterhand:* von

Hüfte zum Sprunggelenk gut herunterfließend; Knie- und Sprunggelenke nicht zu stark gewinkelt, weder einwärts noch auswärts gedreht. *Pfoten:* stark, gut gerundet, geschlossen; Ballen dicht, fest.
Haar und Farbe: schlicht, glatt anliegend; weder rauh noch grob, aber dicht und wetterbeständig. – Jede anerkannte Landspanielfarbe erlaubt, bevorzugt jedoch Weiß-Braun, Weiß-Schwarz oder jede dieser Farben mit lohfarbenen Abzeichen.
Größe und Gewicht: ca. 51 cm, ca. 22,5 kg.

St. Hubertus Hund, FCI-Nr. 84 a *Bild 131* *Belgien*
Erscheinung: großer, schwerer, massiger, kurzhaariger Jagdhund mit großem, kräftigem Kopf, langen Behängen und langer Rute; schwarzes Haarkleid mit roten Abzeichen. Siehe auch S. 27: Bloodhound.
Charakter und Verwendung: Die fast ausgestorbenen „schwarzen Bracken" des Ardennenklosters vom Hl. Hubertus wurden von belgischen Jägern und Großgrundbesitzern regeneriert und damit als Nachkommen des *canis segusius,* der Keltenbracke des Arrian (2. Jh. n. Chr.), gerettet, die seit den Zeiten der Völkerwanderung als Leit- und Schweißhunde den Jäger begleiteten. Enge Verwandtschaft mit dem Bloodhound, dem Schweizerischen Juralaufhund, auch dem Hannoverschen Schweißhund und anderen wertvollen Brackenrassen. Ausgezeichneter Leithund. Die am 28. Oktober 1954 veröffentlichten Rassekennzeichen sehen nur folgende Punkte vor (sonst entsprechen sie denjenigen für den Bloodhound):
Kopf: groß, gut geformt, aber nicht breit. *Schädel:* sehr hoch, zugespitzt; Hinterhauptbein extrem entwickelt; Haut an Stirn und Backen tief gefaltet; Augenjochbogen wenig hervortretend. *Fang:* sehr lang, unter den Augen hohl; Backen hohl, mager, breit an den Nasenlöchern; Lefzen sehr lang, hängend; unterer Rand darf 5 cm tiefer liegen als Lippenwinkel. *Nase:* schwarz. *Augen:* dunkelnußbraun; Innenlid sehr hängend, so daß rote Lidhaut sichtbar; ziemlich tiefliegend, erscheinen dadurch klein. *Behänge:* so lang, daß sie über Nasenkuppe hinausreichen; tief angesetzt, in anmutigen Falten nach vorn herabfallend; Lappen sehr dünn, weich, mit kurzem, seidigem Haar bedeckt.

Steirische rauhhaarige Hochgebirgsbracke, FCI-Nr. 62 a *Österreich*
Bild 110
Erscheinung: mittelgroße, rot bis fahlgelb gefärbte rauhhaarige Bracke mit herabhängendem Behang und gut behaarter, sichelförmig nach oben getragener Rute.
Charakter und Verwendung: passionierter harter Jagdhund, der mit lautem, lockerem Hals in den schwierigsten Gebirgsgegenden befähigt ist, dem Wild zu folgen. Sein rauhes Haarkleid macht diesen Hochgebirgshund widerstandsfähig gegen alle Witterungsunbilden.
Kopf: mittelgroß. *Schädel:* leicht gewölbt; Hinterhauptbein gut entwickelt. *Fang:* vor der Stirn etwas abgesetzt, nicht spitz, sondern gerade geschnitten; Lefzen nicht überhängend; Behaarung etwas kürzer als am Körper, Schnurrbart

bildend; Kopflänge von Hinterhauptbein bis zur Nasenspitze: 22–24 cm. *Nase:* schwarz. *Gebiß:* kräftiges Scherengebiß. *Augen:* braun bis gelb, klar, intelligenter Ausdruck. *Behänge:* nicht übermäßig groß, glatt anliegend, weich, glatt behaart.

Hals: kräftig, nicht zu lang, etwas nach aufwärts gebogen.

Rumpf: mehr lang als hoch, vom Hinterhauptbein bis zur Schwanzwurzel gemessen 65–70 cm lang; Rücken gerade; Brust tief, Umfang 66–79 cm; Bauch mäßig aufgezogen.

Rute: mittellang, an der Wurzel stark, gut behaart, Bürste an der Unterseite, keine Fahne; wird gerade, nie aufgerollt, sondern leicht sichelförmig nach aufwärts getragen.

Gliedmaßen: *Vorderhand:* schräge Schultern; Läufe gerade gestellt, muskulös, gute Winkelung. *Hinterhand:* muskulös, kräftig, gut gewinkelt, von hinten gesehen geradegestellt. *Pfoten:* Zehen gut gewölbt, geschlossen; Ballen hart, nicht übermäßig groß.

Haar und Farbe: hart, grob; Einzelhaar nur wenig gekrümmt; gesamtes Haarkleid fast glanzlos, nicht auffällig zottig; an Vorderseite der Brust, an Rückseite der Vorderläufe schwache Feder. – Rot und Fahlgelb, nur weißer Brustfleck gestattet.

Größe und Gewicht: 44–58 cm; Gewicht o. A.

Tatrahund (Owczarek Podhalanski), **FCI-Nr. 252** *Bild 143* *Polen*

Erscheinung: der bisher unter der Bezeichnung Owczarek Podhalanski bekannte große weiße Hirtenhund ähnelt dem ungarischen Kuvasz und dem Pyrenäenhund.

Charakter und Verwendung: imposanter, aufmerksamer, gelehriger Hüte-, Wach- und Begleithund, der viel Bewegung braucht.

Kopf: kräftig. Hirnschädel gewölbt mit flacher Stirnfurche. *Fang:* stark, trocken, sich verjüngend; breiter Nasenrücken. *Nase:* schwarz. *Gebiß:* Scheren- und Zangengebiß. *Augen:* dunkelbraun, klein, schräg gestellt. *Ohren:* mittellang, dreieckig, herabhängend; in Höhe des hinteren Augenwinkels angesetzt.

Hals: mittellang, ohne Wamme; tief an der Brust angesetzt, nur wenig über die Rückenlinie erhoben.

Rumpf: lang und massiv. Rücken: gerade, breit; Kruppe breit und leicht abfallend. Brustkorb tief und etwas flach. Bauch nur leicht aufgerundet.

Rute: nicht zu hoch angesetzt, unter der Rückenlinie getragen, am Ende leicht gebogen; dicht behaart.

Gliedmaßen: *Vorderhand:* muskulös, Schultern etwas schräg anliegend. Vorderer Mittelfuß gerade, starkknochig. *Hinterhand:* mäßig gewinkelt; Läufe parallel gestellt; hinterer Mittelfuß von der Seite betrachtet senkrecht. *Pfoten:* groß, oval, behaart, mit kräftigen Ballen.

Haar und Farbe: an Kopf, Fang und Vorderseiten der Läufe kurz, an Rumpf und Hals lang, dicht, leicht gewellt; Schenkel reichlich und lang behaart. – Weiß; leicht gelbliche Färbung gestattet.

Größe und Gewicht: Rüde 65–70 cm, Hündin 60–65 cm; Gewicht o. A.

Tibet-Spaniel, FCI-Nr. 231 *Bild 132* *Tibet/England*

Erscheinung: stammt ursprünglich aus den Züchtungen tibetanischer Klöster, wird heute besonders in England gezüchtet. Kleiner, niederläufiger, langgestreckter Hund mit kurzer Schnauze, buschiger, über den Rücken gerollter Rute und lang befederten Ohren.

Charakter und Verwendung: aufmerksamer, munterer Haushund, der gegen Fremde zurückhaltend ist.

Kopf: mittelgroß; *Schädel:* leicht gewölbt. *Fang:* kurz, stark gepolstert. *Nase:* stets schwarz. *Gebiß:* leichter Unterbiß bevorzugt. *Augen:* mittelgroß, braun. *Ohren:* dreieckig herabhängend, lang befedert.

Hals: nicht zu lang, trocken, in die buschige Halskrause übergehend.

Rumpf: länger als hoch, Rücken gerade, bemuskelt, nicht zu rund.

Rute: buschig, hoch angesetzt, über den Rücken gerollt getragen.

Gliedmaßen: *Vorderhand:* leicht gebogen, an der Vorderseite kurz behaart, Rückseite befedert. *Hinterhand:* kräftig, bemuskelt, Keulen behost, sonst kurz behaart. *Pfoten* mittelgroß, geschlossen.

Haar und Farbe: Deckhaar flach, anliegend, mit feiner Unterwolle; betonte Mähne an Hals, Schultern und Rute. – Gold, Fahlgold, sahnefarben, Weiß, Braun, Schwarz und zweifarbig Schwarz-Rot.

Größe und Gewicht: 25 cm; 2,3–6,8 kg.

Tibet Terrier (Tibetan Apso), **FCI-Nr. 209** *Bild 133* *Indien/England*

Erscheinung: mittelgroß, langgestreckt, auf verhältnismäßig niederen Läufen, langzottelig behaart. Kopfhaar bedeckt fast das ganze Gesicht. Üppig behaarte Ringelrute; in allen Farbvarianten.

Charakter und Verwendung: liebenswürdiger Hausgenosse, Fremden gegenüber ausgesprochen vorsichtig, wachsam. In der Haltung widerstandsfähig, angenehm, anhänglich, genügsam. Das lange Haar braucht Pflege.

Kopf: *Schädel:* mittellang, nicht breit oder grob, vom Ohr zum Auge hin etwas schmaler werdend, zwischen den Ohren nicht gewölbt, auch nicht ganz flach; Kinnbacken gebogen, aber nicht so stark entwickelt, daß sie hervortreten; Stirnabsatz ausgesprochen; Kopf gut mit langem Haar bewachsen, das nach vorn über die Augen fällt; am Unterkiefer kleiner, nicht übertriebener Bart. *Fang:* Zwischen den Augenzähnen sollen die Kiefer einen deutlichen Bogen bilden. Länge vom Auge zur Nasenspitze gleich Länge vom Auge zur Schädelbasis; nicht breit oder massiv. *Nase:* schwarz. *Gebiß:* vorzugsweise Scherengebiß, leichtes Vorbeißen gestattet. *Augen:* groß, dunkel, weder vortretend noch versenkt; ziemlich weit auseinanderliegend; Augenlider dunkel. *Ohren:* herabhängend, nicht zu dicht am Kopf, V-förmig, nicht zu groß; schwer befedert.

Hals: mittellang, stark behaart.

Rumpf: kompakt, kräftig; Länge von Schulter zur Rutenwurzel gleich der Höhe am Widerrist; Rücken gerade; Nierenpartie etwas aufgezogen; Brustkorb gut aufgerippt.

Rute: mittellang, ziemlich hoch angesetzt, in einem vergnügten Ringel über dem Rücken getragen; sehr gut befedert; oft ein Knick nahe der Spitze.

Gliedmaßen: *Vorderhand:* Läufe gerade, stark behaart. *Hinterhand:* stark behaart; Sprunggelenke tief am Boden. *Pfoten:* groß, rund, stark behaart; Haar zwischen Zehen und Ballen. Hund soll schön tief auf seinen Ballen stehen.
Haar und Farbe: doppelte Behaarung: Deckhaar locker, fein, aber nicht seidig oder wollig; üppig, lang, entweder schlicht oder gewellt; Unterhaar wollig. – Weiß, Golden, Creme, Grau oder Rauch, Schwarz, Zweifarbig oder Dreifarbig; alle Farben außer Schokoladenbraun.
Größe und Gewicht: Rüde 35,5–40,5 cm, Hündin weniger; Gewicht o. A.

Tiroler Bracke, FCI-Nr. 68 a *Bild 134* *Österreich*

Erscheinung: klein bis mittelgroß in den Farben Schwarz mit rotem Brand oder Rot, mit langgestrecktem Körper, herabhängenden Ohren und langer Rute.
Charakter und Verwendung: arbeitsfreudiger, ausdauernder, lebhafter, schneidiger, feinnasiger Jagdhund, der als reiner Brackierer wie auch als Schweißhund vor allem in seiner Tiroler Heimat geführt wird.
Kopf: langgestreckt, schmal; Oberkopf trocken, leicht gewölbt; Stirnbein mäßig gewölbt mit sanft abfallendem Stirnabsatz; Stirnfurche erkennbar. *Fang:* vor den Augen mäßig ausgeschnitten; Nasenrücken schmal, an der Wurzel ein wenig eingebogen, sonst gerade (manchmal zum Nasenspiegel hin leichte Rundung = Ramsnase); schmal, von mäßiger Tiefe; Lefzen ziemlich kurz, knapp anliegend, mit mäßig entwickelter Lippenfalte. *Nase:* Schwamm vorgezogen, Fang an der Vorderlinie nicht senkrecht abgestutzt. *Gebiß:* kräftiges Scherengebiß. *Augen:* mittelgroß, nicht tiefliegend, dunkelbraun, nicht zu breit, nicht zu schräg eingesetzt; Lidspalte rundlich oder dreieckig; Nickhautrand pigmentiert; Lider gut geschlossen. *Behänge:* mäßig lang, breit, ziemlich hoch angesetzt, von dünner Beschaffenheit, unterer Rand abgerundet, schwach angedeutete Längsfalte.
Hals: mittellang (etwas kürzer als der Kopf), mäßig gewölbt, guter Übergang in die Schulterpartie; trocken, ohne Wamme.
Rumpf: Rücken ziemlich lang, straff, gerade; Lendenpartie straff, gerade, mäßig breit; höchster Punkt der Wirbelsäule liegt im Widerrist, dieser ebenfalls lang und ausgeprägt; Kruppe mäßig abfallend, breit, lang; Brust lang, sehr tief, eher schmal als breit; Bauch mäßig aufgezogen.
Rute: ziemlich hoch angesetzt, reicht bis zum Sprunggelenk hinab; dünn im Skelett; gerade, in Erregung säbelförmig etwas hoch getragen; ohne Bürste.
Gliedmaßen: *Vorderhand:* Schultern lang, schräg, flach bemuskelt; Oberarm schräg gelagert; Unterarm lotrecht gestellt; Vordermittelfuß weder lotrecht noch zu schräggestellt; Schulter- und Ellbogengelenk gut gewinkelt. *Hinterhand:* Oberschenkel breit, gut bemuskelt; Unterschenkel lang, weniger stark bemuskelt; Läufe von hinten und vorn gesehen gerade. *Pfoten:* kräftig, kurz; Zehen geschlossen, gut gewölbt; Ballen derb.
Haar und Farbe: Glatthaar oder Rauhhaar: dicht, mehr grob als fein; gute Unterwolle; Bauch behaart; Rute mit guter Bürste. – Schwarz, mit kleinem, scharf abgesetztem Brand (Brandlbracke). Rot: (rötlichbraun, rot-gestichelt), kleiner weißer Brustfleck erlaubt.
Größe und Gewicht: 40–48 cm, 15–22 kg. Niederbracke: 30–39 cm.

Weimaraner, FCI-Nr. 99 b *Bild 135, 136* *Deutschland*

Erscheinung: eleganter, mittelgroßer, graugefärbter, meistens kurz-, selten langhaariger Vorstehhund mit mittellangen Behängen und kupierter Rute.

Charakter und Verwendung: ein Vorstehhund und Apporteur, der zuverlässig systematische, ausdauernde, nicht übermäßig temperamentvolle Sucharbeit leistet; auch gut in der Wasserarbeit; besondere Neigung zum Spur- und Fährtenhalten, zum Verlorenbringen und zur Bringtreue; außerdem Raubzeug- und Mannschärfe. Der Weimaraner gehört nur in Jägerhand.

Kopf: weder zu leicht noch zu schwer, ausgesprochen trocken; Oberkopf beim Rüden breiter als bei der Hündin; Hinterhauptbein leicht hervortretend; Stop äußerst gering; leichte Mittelfurche; gerader, oft etwas gewölbter, niemals nach unten durchgebogener Nasenrücken; Backenmuskeln deutlich ausgeprägt. *Fang:* kräftig, lang; Lefzen mäßig überfallend mit kleiner Falte im Lippenwinkel. *Nase:* dunkel fleischfarben, nach hinten allmählich in Grau übergehend; breite, gut geöffnete, bewegliche Nasenlöcher. *Gebiß:* Scherengebiß. *Augen:* bernsteinfarben – im Welpenalter himmelblau –, mittelgroß, weder tiefliegend noch vorspringend. *Behänge:* breit, ziemlich lang, hoch und schmal angesetzt, unten spitz abgerundet.

Hals: von guter Länge, leicht gebogen; Nacken kräftig; Kehlhaut anliegend.

Rumpf: Rücken stramm, lang; Nierenpartie breit, leicht gewölbt; Kruppe leicht abfallend; Brust oval mit langem Rippenkorb; Bauch ein wenig aufgezogen.

Rute: hoch und kräftig angesetzt, kupiert; auch bei langhaarigen Weimaranern um 2–3 Wirbel gestutzt.

Gliedmaßen: *Vorderhand:* Schultern schräg; Oberarm lang, gut gewinkelt; Läufe sehnig, gerade, bemuskelt. *Hinterhand:* Oberschenkel gut gewinkelt, bemuskelt, trocken; Läufe gerade. *Pfoten:* Zehen geschlossen, gewölbt, längere Mittelzehen nicht fehlerhaft.

Haar und Farbe: *Kurzhaar:* kurz, fein und derb, stockhaarig. *Langhaar:* am Körper 3–5 cm lang; am Hals vorn, an Brust und Bauch etwas länger; Hinterseite der Läufe befedert; Rute ebenfalls. – Silber-, Reh- oder Mausgrau sowie alle Übergänge zwischen diesen Farbtönen; Kopf und Fang meist etwas heller; vielfach über den Rücken dunklerer Aalstrich, ohne Brand; geringe weiße Abzeichen nur an Brust und Zehen zulässig.

Größe und Gewicht: Rüde 59–70 cm, Hündin 57–65 cm; Gewicht o. A.

Welsh Corgi (Cardigan), **FCI-Nr. 38 a** *England*

Erscheinung: fuchsartiger, niederer, 30 cm hoher, kurzhaariger, stehohriger Zwergschäferhund mit mittellanger Rute.

Charakter und Verwendung: Dieser heute auch als Hausgenosse und Begleiter beliebte Hund besticht durch hohe Intelligenz, Wachsamkeit und Anhänglichkeit an die Familie. Bewegungsdrang dank den niederen Läufen nicht übermäßig. Haltung in jeder Hinsicht angenehm; leider hat dieser aparte Hund bis jetzt nur wenig Eingang auf dem Festland gefunden.

Kopf: fuchsartig in Form und Aussehen. *Schädel:* zwischen den Ohren ziemlich

flach, breit. *Fang:* konisch, spitz zulaufend. *Nase:* ziemlich spitz, schwarz. *Gebiß:* Scherengebiß. *Augen:* mittelgroß, dunkel, klar; scharfer, wachsamer Ausdruck. Glasaugen bei blau-marmorierten Exemplaren gestattet. *Ohren:* mäßig breit am Ansatz, spitz an den Enden, stehend getragen; recht markant; ca. 8 cm auseinander, so zurückgesetzt, daß sie flach an den Hals angelegt werden können; wenn aufgerichtet, leicht nach vorn geneigt.
Hals: mäßig lang, ohne Wamme, geht in gut abfallende, stark bemuskelte Schultern über.
Rumpf: mäßig lang, kräftig mit starken Knochen; Brustkorb tief, mäßig breit; Rippen gut gesetzt; Taille klar abgezeichnet.
Rute: mäßig lang, in gerader Linie als Fortsetzung des Rückgrats (nicht gerollt) getragen; fuchsähnlich.
Gliedmaßen: kurz, stark mit festen Knochen. *Vorderhand:* gerade oder leicht gebogen. *Hinterhand:* stark mit muskulösen Schenkeln. *Pfoten:* rund, gut gepolstert.
Haar und Farbe: kurz oder mittellang, hart im Griff. – Jede Farbe, außer Reinweiß. Am liebsten: rot gescheckt, blau-marmoriert.
Größe und Gewicht: Rüde 30 cm, 10–12 kg; Hündin weniger, 9–11 kg. Gesamtlänge 90 cm.

Welsh Corgi (Pembroke), FCI-Nr. 39 a *Bild 137* *England*

Erscheinung: fuchsähnlicher, oft stummelschwänziger, spitzohriger kleiner Hund mit dichtem, mittellangem Fell.
Charakter und Verwendung: lebhaft, unruhig, leicht Laut gebender Wächter und Hausgenosse. Immer lustig, gegen Fremde mißtrauisch; an Haus, Herrn und Familie treu hängend. – Haltung einfach, da genügsam.
Kopf: fuchsartig. *Schädel:* mäßig weit, flach; Stop gering. *Fang:* leicht spitz zulaufend. *Nase:* schwarz. *Gebiß:* Scherengebiß. *Augen:* haselnußbraun, mittelgroß, zur Fellfarbe passend. *Ohren:* mittelgroß, aufgerichtet, leicht zugespitzt.
Hals: mäßig lang.
Rumpf: mittellang, nicht kurz oder terrierartig; Rücken gerade; Brust tief, breit, reicht gut zwischen die Vorderläufe hinab.
Rute: meist angeboren kurz, aber auch in voller Länge getragen.
Gliedmaßen: *Vorderhand:* kurz, Knochen kräftig und so gerade, wie die tiefe Brust es erlaubt; Vorderarm leicht um die breite Brust gebogen; Ellbogen fest anliegend. *Hinterhand:* kurz, stark, gerade, geschmeidig; Knochen stark. *Pfoten:* oval; Ballen stark, gut gewölbt; Krallen kurz.
Haar und Farbe: dicht, von mittlerer Länge, nicht drahtig. – Einfarbig in Rot, Sable (braungrau), Rehbraun, Schwarzrot, Rot mit weißen Abzeichen an Hals, Brust, Läufen; etwas Weiß auf Kopf und Fang erlaubt.
Größe und Gewicht: Rüde 25–30 cm, 9–11,5 kg; Hündin 8–10 kg.

Welsh Terrier, FCI-Nr. 78 a *Bild 138* *England*

Erscheinung: mittelgroß, rauhhaarig, lohfarben (mit schwarzem Sattel), hochläufig, Kippohren, kurze Rute.

Charakter und Verwendung: fröhlich, anhänglich, robust, mit viel Jagdinstinkt, ruhig, nicht streitsüchtig. In jeder Hinsicht angenehm zu halten. Große Wasserleidenschaft; nicht so temperamentvoll wie der Foxterrier; guter Haushund.
Kopf: *Schädel:* flach, zwischen den Ohren erheblich breiter als beim Foxterrier; Stirnabsatz nicht zu stark, mittlere Länge vom Stirnabsatz bis zur Nasenspitze. *Fang:* kräftig, trocken, mittellang; Unterkiefer stark, trocken, tiefer; gut zum Zupacken geeignet, so daß er dem Kopf ein männliches Aussehen gibt. *Nase:* schwarz. *Gebiß:* Scherengebiß mit starken Zähnen. *Augen:* klein, tiefliegend, dunkel, ausdrucksvoll, große Wachheit verratend. *Ohren:* V-förmig, klein, nicht zu dünn, ziemlich hoch angesetzt, vorwärts getragen, der Wange eng anliegend.
Hals: mäßig lang und dick, etwas Aufsatz, anmutig in die Schultern übergehend.
Rumpf: Rücken kurz; Nierenpartie kräftig; Brust von guter Tiefe und mäßiger Breite, gut aufgerippt.
Rute: gut angesetzt, aber nicht allzu vergnügt getragen; kupiert.
Gliedmaßen: *Vorderhand:* Schultern lang, schräg, gut zurückliegend; Läufe gerade, muskulös mit viel Knochen; Mittelhandknochen senkrecht, kräftig. *Hinterhand:* stark; Schenkel muskulös, von guter Länge; Sprunggelenke gut gewinkelt, tiefsitzend; Knochen kräftig. *Pfoten:* klein, rund, katzenartig.
Haar und Farbe: drahtig, hart, eng anliegend, reichlich; Unterwolle weich. – Vorzugsweise Schwarz und Lohfarben oder Schwarzmeliert und Lohfarben; keine schwarze Zeichnung auf den Zehen und unterhalb des Sprunggelenks.
Größe und Gewicht: Höhe bis 39 cm, 9–9 1/2 kg.

West Highland White Terrier, FCI-Nr. 85 a *Bild 139* *England*

Erscheinung: weißer, rauhhaariger Niederlaufterrier mit fuchsähnlichem Kopf und unkupierter Rute.
Charakter und Verwendung: keck, selbstsicher, lebhaft, beweglich, munter. Sein Haarkleid darf nicht getrimmt werden. In der Haltung leicht und angenehm.
Kopf: *Schädel:* leicht gewölbt, soll sich am Vorderkopf glatt anfühlen. Entfernung vom Hinterhauptbein zu den Augen etwas größer als Länge des Vorgesichts; Kopf dick mit Haar bedeckt; im rechten Winkel zum Hals getragen; leichter Stop; Vorgesicht gradweise vom Auge zum Fang abfallend, Vorgesicht unter den Augen weder eingesunken noch rasch abfallend, vielmehr gut ausgebildet. *Fang:* Kiefer gleichmäßig schließend; zwischen den Augenzähnen so breit, wie sich mit dem vorgeschriebenen raubtierartigen Ausdruck vereinbaren läßt. *Nase:* schwarz, ziemlich groß; bildet glatte Umrißlinie mit dem übrigen Fang, darf nicht nach vorn überstehen. *Gebiß:* groß für die Größe des Hundes; untere Augenzähne sollen vor den oberen schließen. *Augen:* weit auseinanderliegend, mittelgroß; so dunkel wie möglich; leicht im Schädel versenkt, scharf, intelligent, unter schweren Augenbrauen hervorsehend. *Ohren:* klein, aufrecht, fest getragen, enden in scharfer Spitze; das Haar daran kurz, weich (samtartig), nicht geschnitten. Keine Franse an der Spitze.
Hals: lang genug, um richtigen Ansatz des Kopfes zuzulassen; muskulös; wird zur Basis hin dicker.
Rumpf: kompakt; Rücken eben; Nierenpartie breit, stark; Brust tief; Rippen

gut gebogen, so daß sie in ihrer oberen Hälfte dem Körper ein flaches Aussehen verleihen; hintere Rippen von beträchtlicher Tiefe; Entfernung von der letzten Rippe zu den Keulen so kurz, wie sich mit freier Bewegung des Körpers vereinbaren läßt.
Rute: $12^3/_4$ bis $15^1/_4$ cm lang, mit hartem Haar bedeckt, keine Feder, so gerade wie möglich, flott getragen, nicht über den Rücken gezogen; nicht kupiert.
Gliedmaßen: *Vorderhand:* Schultern schräg nach hinten abfallend; Schulterblätter breit, eng am Brustkorb anliegend; Ellbogen gut herangebracht; Vorderläufe sich frei bewegend, kurz, muskulös, gerade, dick bedeckt mit kurzem, hartem Haar. *Hinterhand:* kräftig, muskulös, oben weit; Läufe kurz, muskulös, sehnig; Schenkel sehr muskulös, nicht zu weit auseinanderstehend; Sprunggelenke gewinkelt, gut unter den Körper gestellt, ziemlich dicht zueinander. *Pfoten:* Vorderpfoten größer als Hinterpfoten, rund, hinsichtlich der Größe im richtigen Verhältnis; Ballen dick, mit kurzem, hartem Haar bedeckt; Hinterpfoten kleiner; Ballen dick; Unterseite der Ballen sowie Krallen schwarz.
Haar und Farbe: Doppelbehaarung: Deckhaar hart, ungefähr 5 cm lang, glatt; Unterseite kurz, weich, dicht anliegend. – Reinweiß.
Größe und Gewicht: Schulterhöhe etwa 28 cm; Gewicht o. A.

Whippet, FCI-Nr. 162 *Bild 140* *England*

Erscheinung: kleiner, eleganter, kurzhaariger Windhund mit Rosenohr und Hängerute in rauhem oder kurzem Haarkleid.
Charakter und Verwendung: als Haus-, Begleit- und Rennhund gleichermaßen geschätzt. Entwickelt im Rennen erstaunliche Schnelligkeit. Im Wesen zutraulich, ausgesprochen kinderfreundlich. – In der Haltung sauber, leicht zu füttern.
Kopf: lang, trocken, eher breit zwischen den Augen und flach auf dem Kopf. *Fang:* markant, fein abgesetzt, in der Form seines großen Ahnen, des Greyhounds. *Nase:* schwarz oder zur Haarfarbe passend. *Gebiß:* Scherengebiß. *Augen:* lebendig, mittelgroß. *Ohren:* klein, fein, zurückgewendet (Rosenohr).
Hals: lang, muskulös, zierlich gebogen, ohne Kehlhaut.
Rumpf: Rücken breit, vierkantig, eher lang; in Lendenpartie und Kruppe leicht gebogen; Lenden stark, fest; Brust tief, geräumig; Bauch aufgezogen.
Rute: lang, dünn, gefällig getragen.
Gliedmaßen: *Vorderhand:* Schultern schräg, muskulös; Vorderläufe ziemlich lang mit guten Knochen, gut unter dem Hund auf den Boden gestellt. *Hinterhand:* stark, breit; Keulen breit, muskulös; Kniegelenk gut gewinkelt; Sprunggelenke tief herabgelassen. *Pfoten:* rund, geschlossen; Ballen stark.
Haar und Farbe: fein, dicht und so kurz wie möglich. – Jede Farbe oder Farbmischung zugelassen.
Rauhhaar-Whippet: Haar: hart, drahtig mit dichter Unterwolle; an Unterbrust, Bauch, Innenseite der Läufe etwas weicher.
Größe und Gewicht: Rüde etwa 47 cm, Hündin 44,5 cm; Gewicht o. A.

Yorkshire Terrier, FCI-Nr. 86 a *Bild 141* *England*

Erscheinung: langhaariger, stahlblauer Zwergterrier mit lustigen Stehohren und kupierter Rute.

Charakter und Verwendung: lebhaft, zierlich, selbstbewußt. Ausgesprochener Zimmerhund, der Anspruch auf sorgfältige, liebevolle Pflege erhebt.

Kopf: ziemlich klein, flach; Schädel weder zu stark noch rund; Behaarung am Kopf lang, tiefgoldene Lohfarbe; noch tiefer an der Seite des Kopfes, an Ohransatz und Fang; am Fang sehr lang. *Fang:* Kiefer gleichmäßig. *Nase:* schwarz. *Gebiß:* völlig gleichmäßige Zähne. *Augen:* mittelgroß, dunkel, funkelnd, mit scharfem, intelligentem Ausdruck; so eingesetzt, daß sie geradeaus blicken; nicht hervortretend; Augenlid von dunkler Farbe. *Ohren:* halb aufgerichtet oder Stehohren, kurz behaart.

Hals: schlank, gut angesetzt.

Rumpf: sehr kompakt mit guter Lendenpartie; Rückenlinie eben.

Rute: auf mittlere Länge kupiert; mit reichlich Haar von dunklerem Blau als am übrigen Körper, besonders am Ende der Rute; etwas höher als in Rückenlinie getragen.

Gliedmaßen: *Vorderhand:* Läufe völlig gerade, gut mit lohfarbenem Haar bedeckt; Haare an den Enden einige Schattierungen heller als an der Wurzel; an den Läufen nicht höher als bis zu den Ellbogen. *Hinterhand:* Läufe ganz gerade, gut bedeckt mit lohfarbenem Haar, an den Enden einige Schattierungen heller als an der Wurzel; nicht höher als bis zum Kniegelenk. *Pfoten:* so rund wie möglich; Krallen schwarz.

Haar und Farbe: am Körper mäßig lang, gerade (nicht wellig), glänzend wie Seide, von feiner, seidiger Textur. – Dunkles Stahlblau (nicht Silberblau) erstreckt sich vom Hinterhauptbein (oder Rückseite des Schädels) bis zur Rutenwurzel; keinesfalls untermischt mit sekt-, bronzefarbenen oder dunklen Haaren. Brust reiche, glänzende Lohfarbe. Alle lohfarbenen Haare an der Wurzel dunkler als in der Mitte, zur Spitze hin noch heller abschattiert.

Größe und Gewicht: o. A.; bis zu 3,15 kg.

Zwerg Griffons *Bild 142* *Belgien*

Brabançon (FCI: 82 a), Griffon Belge (FCI: 81 a), Griffon Bruxelles (FCI: 80 a) sind hochläufige Zwergterrier mit kupierten oder herabhängenden Ohren und gestutzter Rute.

Charakter und Verwendung: klug, lebhaft, wachsam, anschmiegsam; Schoß- und Haushund; wenig Ansprüche an Platz, Haltung, Futter, Pflege.

Kopf: breit, rund, an der Stirn stark gewölbt. *Fang:* kurz, breit; Unterkiefer vorstehend. *Nase:* tiefschwarz, äußerst kurz, breitgedrückt; gut ausgeprägter Naseneinschnitt. *Gebiß:* Unterbeißer. *Augen:* sehr groß, schwarz, rund, stark hervorstehend; schwarze Lidränder, lange, schwarze Wimpern; bei Bruxelles und Belge mit harten, zerzausten Haaren umgeben, die im Gesicht etwas länger sind und Augen, Nase, Fang umrahmen. *Ohren:* spitz, gerade kupiert oder klein und herabhängend.

Hals: kurz, schlank.

Rumpf: Rücken kurz, gerade; Brust breit, tief.
Rute: aufwärts getragen, zu zwei Drittel gestutzt.
Gliedmaßen: *Vorderhand* und *Hinterhand:* gerade, senkrecht, von mittlerer Länge. *Pfoten:* kurz, rund, fest; schwarze Ballen und Krallen.
Haar und Farbe:
Brabançon: kurzhaarig. – Rotbraun, Schwarz mit Brand. Schwarze Maske ist nicht fehlerhaft.
Griffon Belge: hart, zerzaust, dicht, halblang. – Schwarz oder Schwarz mit rotem Brand, Schwarz mit Rotbraun gemischt.
Griffon Bruxelles: desgleichen. – Rot, Rostbraun mit und ohne schwarze Maske.
Größe und Gewicht: o. A.; 3–5 kg.

Zwergpinscher, FCI-Nr. 185 a *Deutschland*

Verkleinerte Ausgabe des deutschen Pinschers ohne zwergenhafte Verkümmerung.
Kopf: mehr gestreckt als kurz. *Schädel:* rund, flach, geht ohne ausgesprochenen Stop über in den kräftigen *Fang:* dieser fein, nicht zu kurz. *Nase:* schwarz; bei roten (Rehpinschern), bei braunen und andersfarbenen entsprechende Tönung. *Gebiß:* Scherengebiß. *Augen:* mittelgroß, dunkel, fast schwarz. *Ohren:* gut angesetzt, spitz, kurz gestutzt.
Hals: trocken, eher kräftig als dünn; guter Übergang in die Schulterpartie; leichte Nackenwölbung.
Rumpf: Rücken sehnig, stramm; Rumpfhöhe gleich Rumpflänge; **Brust tief;** Rippenkorb oval; Flanken leicht aufgezogen.
Rute: hoch angesetzt, lustig getragen, kupiert.
Gliedmaßen: *Vorderhand:* Schultern schräg; Läufe gerade, kräftig in der Knochenbildung; feste Gelenke. *Hinterhand:* von hinten gesehen gerade; Sprunggelenke gewinkelt, gut nach hinten gestellt. *Pfoten:* geschlossen; Zehen gewölbt; Krallen schwarz.
Haar und Farbe: kurz, dicht anliegend, glänzend; keine kahlen Stellen. Einfarbig: Braun bis hirschrot; zweifarbig: Schwarz mit roten bis braunen Abzeichen, Braun mit scharf abgesetzten braunen Abzeichen. Blaugrau mit abgesetzten braunen Abzeichen.

Weitere Veröffentlichungen des Autors

Der deutsche Schäferhund und seine holländischen Verwandten, 2. Auflage, Stuttgart 1974

Das Taschenbuch der Hunderassen. Eine moderne Hundekunde mit allem, was man als Hundebesitzer wissen muß, München 1973

Die Hunde der Welt. Herkunft, Kennzeichen, Eigenschaften und Verwendung, Rüschlikon-Zürich / Stuttgart / Wien, 2. Aufl., 1974

Mein Freund, der Dachshund, Stuttgart, 5. Aufl., 1974

Mein Freund, der deutsche Rassehund, Stuttgart 1956

Auf Du und Du mit Deinem Hund. Ein fröhlicher Ratgeber in allen Hundenöten, Bern 1960

Große Liebe zu kleinen Hunden, Bern 1961

Die Hunde des Jägers, München 1961

Pudel, Stuttgart 1973

Welche Katze ist das? 4. Aufl., Stuttgart 1974

Dackel, München 1973

Hunde-Lexikon, Stuttgart 1964

Über den Autor

Dr. Erich Schneider-Leyer, geboren am 25. 10. 1908 in Kiel, wuchs bereits mit Hunden auf. Seine ersten „eigenen“ Hunde waren Rauhhaarfox und Irish Terrier. Seine züchterischen Erfahrungen sammelte er zuerst mit Golden Retriever und Rauhhaardackel. Die Dogo Argentinos wurden von Dr. Schneider-Leyer zum erstenmal in Europa gezüchtet. Insgesamt 6 Rassen züchtete er inzwischen und arbeitete mit ihnen für Jagdhundeprüfungen. Um aus eigener Erfahrung über Hunde schreiben zu können, hielt er im Laufe der Zeit 14 verschiedene Hunderassen. Die Erkenntnisse daraus sind in 15 Büchern gesammelt.

Daneben begann Dr. Schneider-Leyer, systematisch ein kynologisches Archiv zusammenzutragen, das in seinem Wohnsitz, Schloß Scheer an der Donau, eine sehenswerte Sammlung bildet. Dr. Schneider-Leyer ist ein international anerkannter Schönheits- und Gebrauchsrichter für alle Jagdhunderassen der Welt. Seine Verdienste um die Kynologie wurden mit den höchsten Auszeichnungen in- und ausländischer Hundeorganisationen und mit dem deutschen Bundesverdienstkreuz gewürdigt.

Schlüssel

Affenpinscher 14

Afghane 14

Airedale Terrier 15

Dachsbracke 39

Barsoi 18

Basset Hound 21

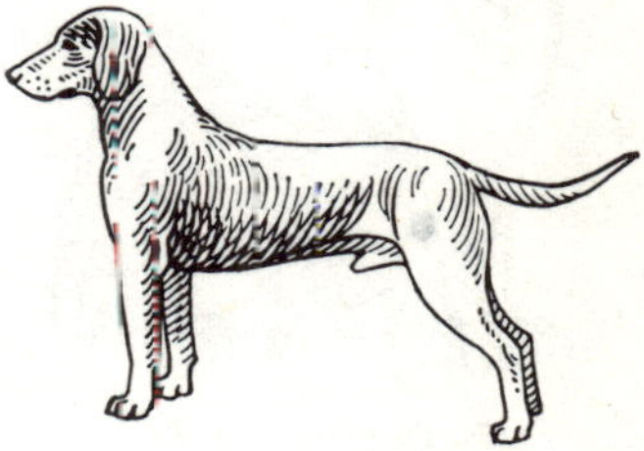

Bayr. Gebirgs-Schweißhund 22

Basset Artésien Normand 20
Basset Bleu de Gascogne 21

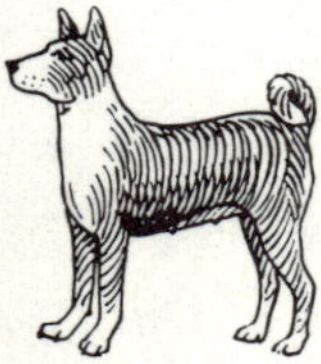

Basenji 19

Beagle 23

Bedlington Terrier 23

Belgischer Schäferhund (Tervueren) 24

Bernhardiner 25

Bichon 26

Bobtail 28

Bloodhound 27

Bordeaux-Dogge 29

Boston Terrier 30

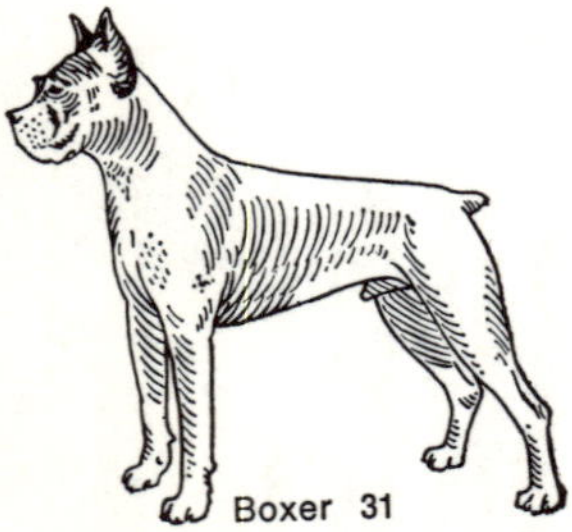

Boxer 31

Bull Terrier 32

Cairn Terrier 33

Chihuahua 35

Chow Chow 36

Cocker Spaniel (English) 37

Collie 37

Dachshund, Kurzhaar 40

Dachshund, Langhaar 40

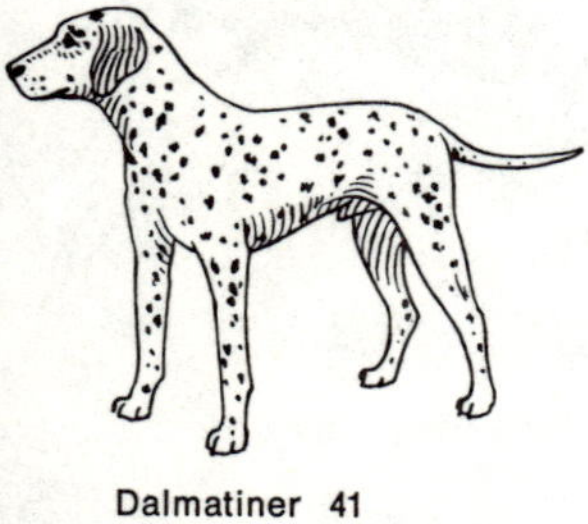
Dalmatiner 41

Dachshund, Rauhhaar 40

Dandie Dinmont Terrier 42

Deerhound 43

Deutsch Drahthaar 44

Deutsch Kurzhaar 44

Deutsch Langhaar 45

Deutsch Stichelhaar 46

Deutsche Bracke 47
Nederlandse
Steenbrak 91

Deutsche Dogge 48

Mittelspitz 50

Wolfsspitz 49

Kleinspitz 50

Deutscher Jagd-Terrier 50

Deutscher Schäferhund 52

Deutscher Wachtel 53

English Bulldog 56

Dobermann 54

English Setter 57

Grönland-Hund 67

Fila Brasileiro 59

Finnenspitz 60

Foxhound 60

Fox Terrier 61

Französische Bulldogge 62

Golden Retriever 63

Gordon Setter 64

Grahund 65
Jämthund 75

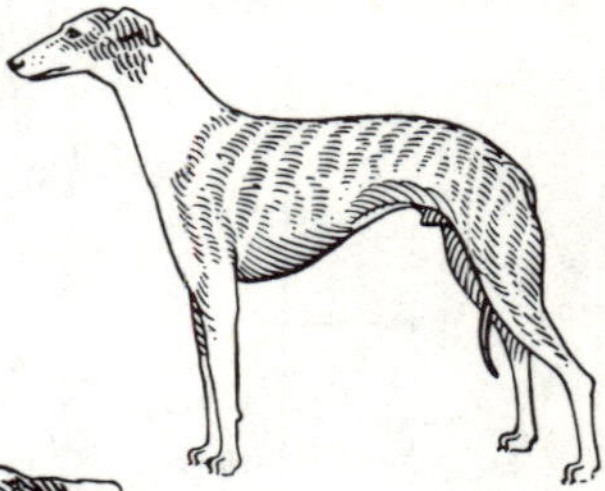

Greyhound 66

Griffon 66

Großer Münsterländer 68

Hannoverscher Schweißhund 68

Hovawart 69

Siberian Husky 114

Irish Setter 71

Irish Terrier 72

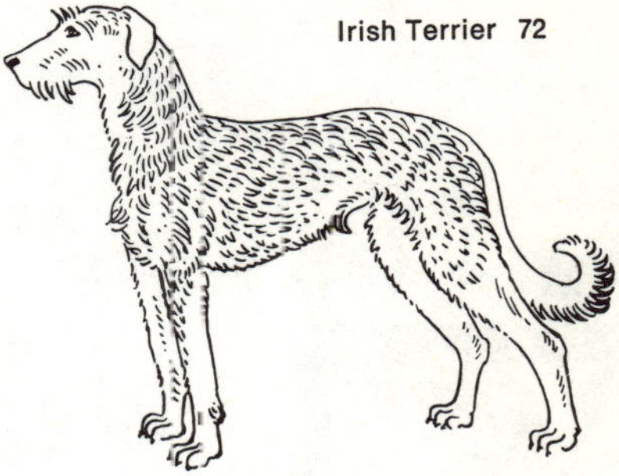

Irish Wolfhound 73

Istrianer Bracke 73

Italienisches Windspiel 74

Keeshond 77

Karelischer Bärenhund 76

Japan Chin 76

Irish Blue Terrier 70

Kleiner Münsterländer (Heidewachtel) 79
Drentse Partijshond 55

Cavalier King Charles Spaniel 34
King Charles Spaniel 78

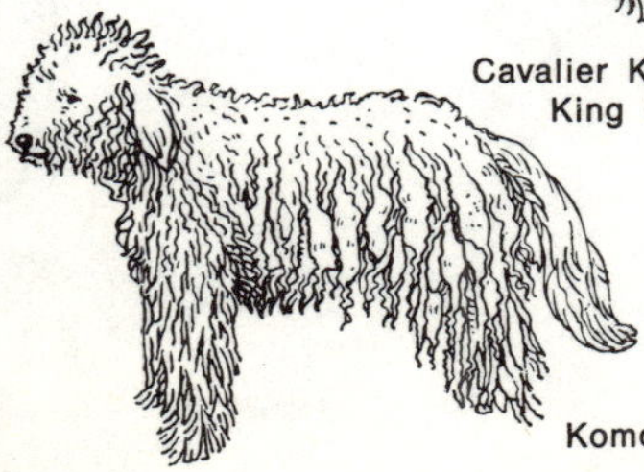

Komondor 80

Kromfohrländer 81

Kuvasz 82

Labrador Retriever 82

Laika 83

Lakeland Terrier 84

Magyar Viszla 87

Leonberger 85

Manchester Terrier 87

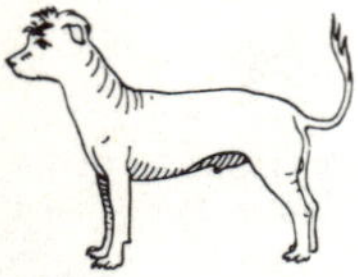

Mexikanischer Nackthund 89

Mops 90

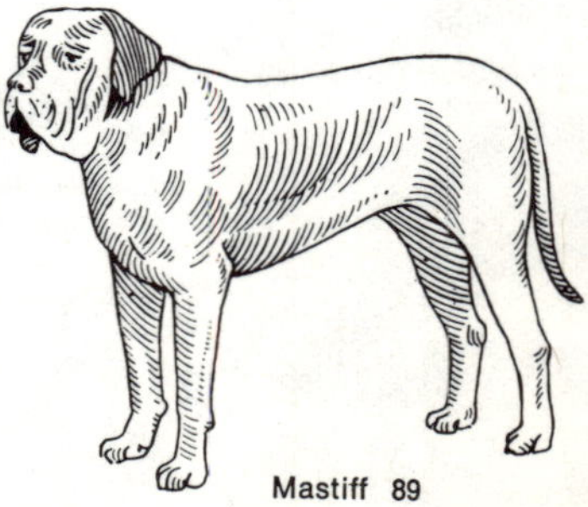

Mastiff 89

Neufundländer 91

Norwich Terrier 92

Papillon 94

Peking Palasthund 95

Österr. Brandlbracke 93

Österr. kurzhaariger Pinscher 94

Deutscher Pinscher 51

Schweizer Pinscher 109

Zwergpinscher 127

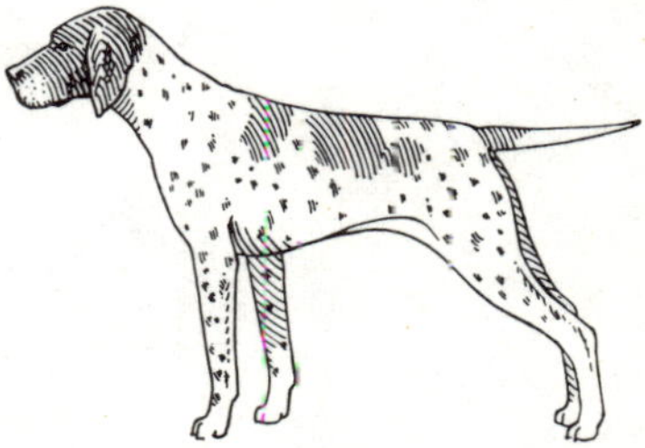

Pointer 96

Pudel 98

Kleinpudel 98

Pudelpointer 99

Steir. rauhhaarige
Hochgebirgsbracke 118

Puli 100

Pyrenäenhund 100

Riesenschnauzer 101

Rottweiler 102

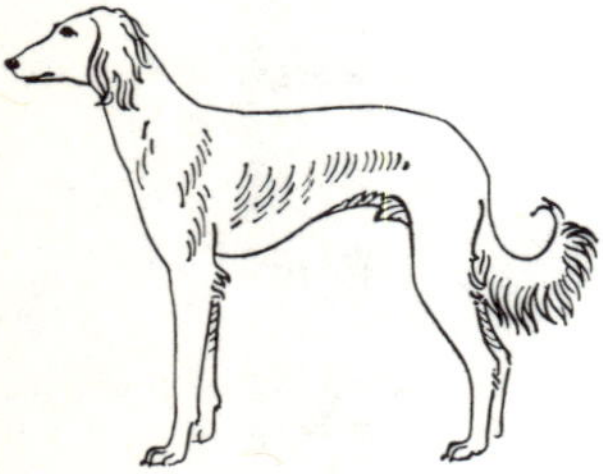

Saluki 103

Schipperke 105

Samojedenspitz 103

Schnauzer 105

Zwergschnauzer 106

Berner Laufhund 107

Juralaufhund 107

Luzerner Laufhund 107

Schweizer Laufhund 106, 107

Luzerner Niederlaufhund 108

Berner Niederlaufhund 108

Juraniederlaufhund 108

Schweizer Niederlaufhund 108

Appenzeller Sennenhund 109

Berner Sennenhund 110

Großer Schweizer Sennenhund 111

Entlebucher Sennenhund 110

Scottish Terrier 112

Sealyham Terrier 113

Shetland Sheepdog
(Sheltie) 113

Skye Terrier 115

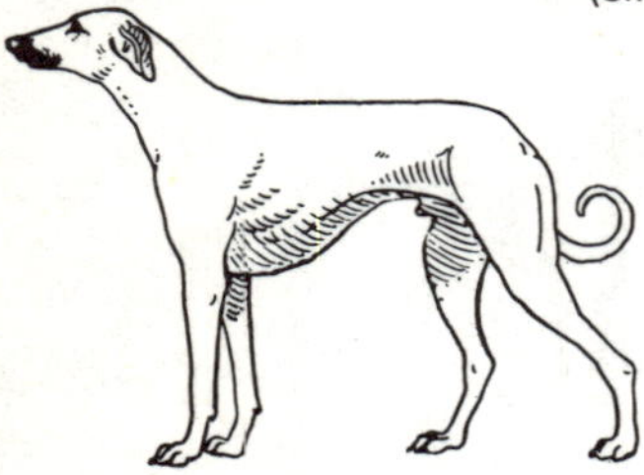

Slughi 116

Springer Spaniel 117

St. Hubertus Hund 118

Tibet Terrier 120

Tiroler Bracke 121

Welsh Corgi (Pembroke) 123

Welsh Corgi
(Cardigan) 122

Weimaraner 122

Welsh Terrier 123

West Highland
White Terrier 124

Whippet 125

Zwerg-Griffon 126

Yorkshire
Terrier 126

Akita Inu 16

Alaskan Malamute 17

American
Cocker Spaniel 17

Chinesischer
Nackthund 36

Briard 32

Cesky Terrier 34

Dogo Argentino 54

Epagneul Breton 58

Galgo Espagnol 63

Eurasier 58

Koikerhond 80

Lhasa Apso 86

Mudi 90

Magyar Agar 86

Pharaonenhund 96

Polski Owczarek Nizinny 97

Shih Tzu 114

Tibet-Spaniel 120

Tatrahund 119

Kynologische Fachausdrücke

Abhaaren: Verlieren des dickeren Winterfelles.
Ablegen: Platznehmen und Platzhalten im Haus und im Freien. Hund darf seinen Platz nur auf ausdrücklichen Befehl wieder verlassen („Komm“, „Auf“).
Abzahnen: etwa vom 4.–5. Monat an wechselt der Junghund das Milchgebiß und braucht vitamin- und kalkreiche Ernährung. Dann besitzt er ein bleibendes Gebiß.
Abzeichen: regelmäßig oder unregelmäßig gezeichnete Farbunterschiede im Haarkleid: Flecken, Stromung, Maske, Streifen (Aalstrich) und Brand (s. d.).
Afterdrüsen: zwei erbsen- bis walnußgroße, mit talghaltigem Sekret gefüllte Drüsen (Analbeutel). Hunde entleeren sie häufig durch das sog. Schlittenfahren: Rutschen auf den Keulen.
Afterkralle (Afterzehe): an den Innenseiten der Hinterläufe vorkommende fünfte Zehe. Sie stört beim Laufen und sollte operativ entfernt werden.
Ahnentafel: vom zuständigen Zuchtbuchamt der Rasse amtlich ausgestellte und schriftlich anerkannte Tafel der Vorfahren des Hundes mit allen Angaben über Geburtsdatum, Haarart, Zeichnung usw. Auf fünf Reihen sind 62 Ahnen namentlich aufgeführt. Ahnentafel gehört stets zum Hund.
Anorchismus: Fehlen beider Hoden.
Anspringen: Ausdruck der Freude; oft unerwünscht.
Apportieren: Bringen von verlorenen, versteckten Gegenständen oder Wild – zunächst auf Befehl, später freiwillig.
Ballen: siehe Sohlenballen.
Begattung: Nach dem Eintritt der Geschlechtsreife (9.–11. Monat) und der Hitze der Hündin deckt der Rüde und hängt etwa 10–30 Minuten mit ihr zusammen.
Behang: Hängeohr des Hundes (Setter).
Bewachen: bei vielen Hunden angewölfte (angeborene) Eigenschaft und wichtiges Erziehungsfach.
Blendling: Nachkomme verschiedener Hunderassen.
Blesse: weißer Längsstreifen von Nasenkuppe über Stirn zum Schädel (Dt. Bracke).
Brand: hellere Zeichnung auf dunklerem Fell, z. B. am Fang, als Vieräugel über den Augen, unten an den Ohren, der Rute, am After und an den Gliedmaßen. Bei Gordon Setter ist er rot.
Brunst: Im Gegensatz zu dem nach dem Eintritt der Geschlechtsreife (ab dem 9. Monat) stets deckbereiten Rüden, tritt der Geschlechtstrieb der Hündin nur 1–2mal im Jahr für ca. 4 Wochen zutage. Sie wird unruhig (läufig), die äußeren Schamlippen schwellen an (sie wird hitzig) und ein blutiger, schleimiger Ausfluß tritt auf (sie zeichnet oder färbt). Allgemein ist am 11. bis 13. Tag vom Beginn der Blutungen an die geeignetste Zeit zum Deckakt. Manche Hündin ist jedoch noch bis zum 24. Tag deckbereit.
CAC = Certificate d'apitude au championat: Anwartschaft auf einen nationalen Siegertitel.
CACIB: erstrebenswertes Schönheits-Championat, erworben nach mehreren Anwartschaften = CAC international de Beauté der FCI, Thuin, Belgien, das bei einigen Rassen zusätzlich noch eine Gebrauchsprüfung erfordert.
Canis: lat. = Hund. Wird als Gattungsname für den Wolf und dessen Abarten einschließlich des Haushundes (canis familiaris) angewendet.
Chromosomen: Teile des Zellkerns, in denen sich die Erbanlagen befinden. Träger der Erbmerkmale. Der Hund besitzt in jeder Körperzelle 39 Chromosomenpaare, von denen 38 gleich sind. Bei Teilung der Keimzelle findet eine Reduktion auf die Hälfte der Chromosomen statt, wobei diese rein zufällig ist.
Deckakt: Bei der Vereinigung des Rüden mit der Hündin verursacht ein Schwellkörper eine feste Verankerung des Gliedes mit der Scheide – das sog. Hängen.
Degeneration: Entartung einer Hunderasse durch Auftreten von seelischen und körperlichen Schäden, verursacht u. a. durch falsche Umweltbedingungen, Inzucht- und Inzestzuchtschäden (Ausmerzen unerwünschter Erbgene), Krankheitsschäden usw.
Disqualifikation: Untauglichkeitserklärung auf Grund anatomischer oder rassezuchtbedingter Fehler.
Domestizierung: Haustierwerdung. Das

Eingewöhnen wilder Tierarten in den Lebensbereich des Menschen.

Entropium: Gefährliche Einstülpung des Lidrandes gegen den Augapfel, wodurch die Hornhaut entzündet wird.

Erbanlagen: Die in Ei und Spermatozoon (Keimzelle) enthaltenen Chromosomen mit den Erbeinheiten (Genen) bilden die Träger der Erbanlage. Sind sie dominant, so treten sie bei den Nachkommen häufig in Erscheinung, sind sie rezessiv, vererben sie sich spärlicher.

Fang: Schnauzenteil, der am Hundekopf beim Stop (s. d.) beginnt. Zieht sich über Nasenkuppe, Ober- und Unterkiefer bis zu den Backen hin. Länge, Breite und Tiefe, Belefzung und Lippenwinkel sind bei den einzelnen Rassen sehr unterschiedlich.

Färbung: Die unterschiedliche Fellfarbe des Hundes.

FCI=Fédération Cynologique Internationale: Internationale kynologische Vereinigung (Dachverband) in Thuin/Belgien, die auch Rassezuchtorganisationen außereuropäischer Länder umfaßt.

Fehler: Die meisten Standards = Rassekennzeichen enthalten die Mängel und unerwünschten oder zuchtausschließenden Fehler, z. B. an Kopf, Ohren, Körper, Größe sowie rein anatomische Fehler.

Gebärden: Der Hund hat eine Fülle von Ausdrucksmöglichkeiten in Stimme und Gebärde (siehe Laut). Die Gebärden zeigen im Gesicht, in der Haltung des Kopfes, besonders der Ohren, in den Augen, in der Haltung des Rumpfes und der Rute die jeweilige Gemütsstimmung des Hundes an. Sehr markant sind Demutsgeste, Imponiergehabe, Drohstellung, Freude, Trauer und Schmerz.

Gebäude: Körper des Hundes.

Gebiß: Das sich vom 5. bis 9. Monat bildende bleibende Gebiß hat 42 Zähne: je 6 Schneidezähne, je 2 Fangzähne. Je 8 Prämolaren (vordere Backenzähne) im Ober- und Unterkiefer werden ergänzt durch 2 Molaren oder hintere Backenzähne im Oberkiefer und 3 im Unterkiefer.

Gehör: Der Gehörsinn des Hundes ist dem des Menschen weit überlegen. Er rangiert beim Hund nach dem Geruchssinn.

Gen: Erbeinheit innerhalb der Zelle; als Erbanlagefaktor die kleinste Einheit eines Chromosomen. Die gesamten Gen-Komplexe bilden die Erbmasse.

Genotypus: (griech.: genos = Erzeugnis) Erbmasse oder Erbbild des Hundes.

Geruchssinn: Hauptsinn des Hundes, ist zu erstaunlichen Leistungen fähig.

Gesäuge: Die 6–12 Milchdrüsen sind funktionell mit den Geschlechtsorganen verbunden.

Gestromt: Dunklere Querstreifen auf hellerem Grund oder umgekehrt.

Getigert: Unregelmäßige, hellere oder dunklere Flecken auf andersfarbigem Haargrundton.

Glasauge: Helles, durchsichtiges Auge mit pigmentloser Regenbogenhaut.

Glatthaar: nicht Kurzhaar. Es hat eine Länge von 3–4 cm und liegt dem Körper glatt an.

Haarfarben: Einfarben sind weiß und schwarz. Als Markenfarben gelten grau, weißlich, gelb bis hellbraun mit anderen Farbtönungen am Fang, oberhalb der Augen, am Kehlrand, an der Innenseite der Läufe, dem Buggelenk und in der Umgebung des Afters. Zeichnung: Verteilung der Marken, dunkle Schattierungen an Schultern, Rücken usw. in Form von Streifen, Flammen oder Tupfen. Abzeichen: Verkleinerung der Markenfarbstellen oder weiße Stellen am Kopf (Blesse), an Hals, Brust, Bauch, Läufen und Rutenspitze. Wolkung, Scheckung und Schattierung sind weitere Farbvarianten. Große Farbfelder sind Platten, mittelgroße sind Flecken, kleinere sind Tupfen oder Spritzer.

Hasenpfoten: Ovale und längliche Form der Hundepfoten.

Hetzen: 1. Beim Windhund das Verfolgen des Wildes auf Sicht. 2. Beim Jagd- oder wildernden Hund das Verfolgen von Wild mit der Nase. 3. Bei Gebrauchs- oder Polizeihunden das Verfolgen von Menschen.

Hintergliedmaßen: bestehen aus Hüftgelenk, dem Oberschenkel, Kniegelenk, dem markanten Sprunggelenk, Hintermittelfuß, Zehengelenk und Pfote.

Hinterhand: Hintere Teil des Hundes von den Hüftknochen bis zu den Hinterpfoten.

Homozygot: reinrassig, gleichanlagig, reinerbig.

Hosen: Längere Behaarung an der Rückseite der Oberschenkel.

Impfung: Bereits der Welpe wird (1–2

Wochen nach dem Abstillen) mit einer kombinierten Impfung gegen Staupe, Hepatitis und Leptospirose schutzgeimpft. Impfreaktionen kommen nur gelegentlich vor. Viele Züchter geben nur noch entwurmte und schutzgeimpfte Welpen ab.

Inzest: Paarung blutsverwandter Tiere.

Inzestzucht: Paarung von Geschwistern, Elternteilen und Kindern, Großelternteilen und Enkeln ist nach einer sorgfältigen Erbstudie bei Hunden gestattet.

Inzucht: Paarung von stammverwandten Tieren, deren Erbanlagen dadurch verbessert werden können. Beste Methode, die für bestimmte Merkmale homozygoten Zuchtstämme zu schaffen.

Karpfenrücken: in der Mitte hochgezogener Rücken (fehlerhaft).

Katzenpfoten: runde, geschlossene, gewölbte Pfote; wird von den meisten Rassehundeklubs verlangt.

Kennzeichen: der Rassehunde sind in den amtlichen Standards jeder Rasse genau festgelegt, d. h. von dem Ursprungsland aufgestellt, von der FCI genehmigt und damit von den Vereinen der innerhalb der FCI zusammengeschlossenen Ländern anerkannt.

Kippohr: Stehohr, dessen obere Spitze nach vorn umkippt (Collie).

Knochen: bilden das Gerüst des Hundes. Das Hundeskelett hat 256 Knochen, von denen 56 unpaarig sind.

Knopfohr: Nach vorn fallendes, kleines, V-förmiges Ohr, dessen Spitze so fest anliegt, als ob sie mit einem Druckknopf befestigt sei (Foxterrier).

Kondition: Bezeichnet die körperliche Verfassung bzw. Fütterungs-, Pflege- und Leistungszustand an einem bestimmten Zeitpunkt.

Konstitution: umfaßt die Körperbeschaffenheit in bezug auf Widerstandskraft gegen äußere Einflüsse, die auf die Leistungsfähigkeit hinweisen. (Z. B. kann ein Hund eine mittelmäßige Konstitution haben, befindet sich aber gerade in bester Kondition!)

Kopf: Zum Schädel gehören: Stirn, Scheitel, Hinterhaupt, Schläfe und Schädelgrund. Zum Gesichtsteil rechnen die Nasengegend, Unteraugenpartie, Augen, Lefzen, Backen, Wangen und Kehlgang.

Formen: viereckig (Engl. Bulldog), langgestreckt (Jagdhund), rechteckig (Bobtail), kugelig (Affenpinscher), rund (franz. Bulldogge), breit und massig (Bernhardiner), länglich-schmal (Windhund).

Kreuzung: Paarung von verschiedenen Hunderassen, um neue Rassen zu bilden, bestehende Rassen umzuformen, zu veredeln und Gebrauchs- oder Schönheitshunde zu erzeugen (falls es diese in einer einseitig gezüchteten Rasse nicht gab).

Kruppe: Hinterteil des Hunderückens vom letzten Lendenwirbel bis zum Rutenansatz; gebildet vom Kreuzbein, den beiden Beckenbeinen und den bedeckenden Muskeln. Sie ist gerade (horizontal) oder, je nach Rasse, mehr oder weniger abfallend.

Kryptorchismus: das Zurückbleiben eines oder beider Hoden in der Bauchhöhle oder im Leistenkanal (s. Anarchismus und Monorchismus).

Kupieren: Das von den Rassezuchtvereinen vorgeschriebene Stutzen der Ohren oder Ruten darf nach § 2, 7 des deutschen Tierschutzgesetzes nur an Welpen vorgenommen werden, die noch nicht 2 Wochen alt sind. In verschiedenen europäischen Ländern verboten, z. B. in Schweden und England.

Kynologie: Lehre (griech.: logos) vom Hund (griech.: kynos). Wissenschaft um den Haushund.

Läufe: Beine des Hundes.

Läufigkeit: Hitze der Hündin, erwachter Geschlechtstrieb (siehe Brunst).

Langhaar: In mäßiger Länge (Setter) oder welliger, dichter Form (Neufundländer) oder dicht abstehend (Wolfsspitz).

Laut: Sprache des Hundes; aus innerer Erregung oder auf Befehl („Gib Laut!") ausgestoßen. Bei einzelnen Jagd- und Wachhundrassen geschätzt. Man unterscheidet Sichtlaut, wenn ein Hund einem Stück Wild bellend folgt (mit lautem Hals), solange er es sieht. Gibt der Hund dann noch Laut, wenn das Tier seinen Augen entschwunden ist, spricht man von Spurlaut.

Lefzen: sind die Lippen des Hundes. Man bezeichnet sie als „trocken", wenn sie geschlossen anliegen und „überfallend", wenn die oberen über die unteren fallen.

Linienzucht: Paarung von Hunden aus einer Herkunftslinie, weil bei Ausscheidung des fremden Blutes die Durchschlagkraft einzelner Anlagen erhöht wird.

Mantel: bei zwei- oder mehrfarbigen Hunden die dunklere Rückenfärbung. Ist diese kleiner, wird vom Sattel gesprochen. Platten sind größere, voneinander getrennte Flecken, die bei Auflösung zu inselähnlichen Gebilden Schnecken heißen.

Maske: scharf abgegrenztes helleres oder dunkleres Farbfeld im Gesicht des Hundes (Mops).

Mutation: neuauftretende Veränderungen der Erbfaktoren, die vererblich sind (züchterisch wurde diese z. B. bei Auftreten der Dackelbeine genutzt).

Nase: 1. Form und Farbe der Nasenkuppe ist in den Standards der Rasseklubs vorgeschrieben. 2. Geruchssinn ist der Hauptsinn des Hundes. Das unglaublich feine Differenzierungsvermögen ist experimentell genau ermittelt.

Oberkopf: Schädelteil, der die Schädel- und Stirnteile umfaßt.

Ohrenformen: Behang, Kipp-, Klapp-, Knopf-, Rosen-, Schmetterlings-, Steh- und Tulpenohr.

Phänotypus: äußeres Erscheinungsbild des Hundes (griech.: phainomai = ich erscheine).

Platten: siehe Mantel.

Rasse: Gruppe von Einzeltieren innerhalb einer Art mit gemeinsamen, vererblichen Eigenschaften. Hunderassen: Gruppe von Hunden, die sich durch den gemeinsamen Besitz bestimmter Eigenschaften und durch einheitliche äußere Erscheinung von ihren Artgenossen unterscheiden und diese Eigenschaften im allgemeinen auch auf ihre Nachkommen vererben.

Rassefehler: neben anatomischen auch äußerliche Fehler, die für einzelne Rassen unerwünscht sind (Farbe der Augen, des Pigments, der Behaarung; Art der Behaarung, der Rutenhaltung usw.).

Rattenschwanz: zu dünne, zu lange und zu schwach behaarte Rute, die als fehlerhaft anzusehen ist.

Räude: ansteckende Hauterkrankung. Hund wird von Milben (acarus foliculorum bzw. Sarcoptes scabiei) befallen, wobei die Inkubationszeit 2–6 Wochen beträgt. Behandlung durch Tierarzt.

Rauhhaar: wünschenswerte Behaarungsart für Gebrauchshunde, da wasserabstoßend und wärmehaltend. Es gibt ein harsches (Griffon), ein drahtiges mit wenig Unterwolle (Dt. Drahthaar, Vorstehhund) und eines mit weicherer Unterwolle und weniger hartem Deckhaar.

Revier: Lebensraum des Hundes, den der Rüde durch ständiges Markieren kennzeichnet.

Ringelrute: die Spitz- und Laika-artigen Hunde tragen ihre Rute aufgeringelt über den Rücken, bzw. auf die Seite gelegt.

Rosenohr: Hundeohr (Engl. Bulldog), dessen oberer Rand rückwärts und vornüber gebogen ist und dessen Rückseite so stark nach innen gefaltet ist, daß das Ohrläppchen oder das Innere der Ohrmuschel teilweise sichtbar ist.

Rücken: oberer Teil des Rumpfes, bestehend 1. aus dem Widerrist, 2. der mehr oder weniger markanten Rückendelle im Rist, 3. dem eigentlichen Rücken, 4. der anschließenden Lenden- oder Nierengegend und 5. der Kruppe bis zum Rutenansatz. Formen: lang, gerade, gewölbt, eingesenkt, stramm, straff, weich usw.

Rückenhaar: wird zwischen Nacken und Rücken in der Widerristgegend bei Erregungszuständen oft wie eine Bürste gesträubt.

Rüde: männlicher Hund. Bezeichnung wurde im Mittelalter für große, starke Hunde gleich welchen Geschlechts als Sammelbegriff angewendet, z. B. Saurüde, Hatzrüde. In neuerer Zeit auch für Fuchs und Wolf gewählt.

Rumpf: bestehend aus Brust, Rücken, Bauch und Beckenpartie. Wesentliche Unterschiede bei verschiedenen Rassen.

Rute: Schwanz des Hundes; nach der Form Haken-, Knopf-, Korkzieher-, Posthorn-, Ringel-, Säbel-, Sichel- und Stummelrute oder Mutzschwanz. Nach der Behaarung Aalrute, Bürsten-, Fahnen- und Otterrute, Rattenschwanz.

Säbelrute: unkupierte, säbelförmig gebogene, in Verlängerung der Rückenlinie angesetzte und je nach dem Erregungszustand oder Bewegungsgrad mehr oder weniger hoch getragene Rute (Beagle).

Sattel: mittelgroßer, dunklerer Farbfleck auf dem Rücken; im Gegensatz zum größeren Mantel (s. dort).

Sattelnase: nach unten gebogener Nasenrücken.

Schärfe: Man unterscheidet zwischen

Mann- und Raubzeugschärfe. Die Schärfe ist eine wichtige Wesensanlage des Gebrauchshundes, die triebhaft verankerte oder durch Erziehung verstärkte Bereitwilligkeit des Hundes, auf unvermutete Reize und offensichtliche Angriffe feindlich zu reagieren.

Scheitel: höchste Erhebung des Schädeldaches.

Scherengebiß: die Kronen der oberen Schneidezähne greifen ein wenig über die des Unterkiefers hinaus. Die Lippenflächen der unteren Schneidezähne berühren die Zungenflächen der oberen, und es ergibt sich vergleichsweise das Bild einer Schere.

Schlag: kynologischer Fachausdruck für eine Gruppe, Familie oder Zucht einzelner Hunde, die sich innerhalb ihrer Rasse durch gemeinsame Merkmale – wie Größe, Schwere, Farbe, Haarbeschaffenheit und so weiter, also äußere –, aber auch wesensmäßiger Natur hervorheben.

Schmetterlingsnase: gefleckte Nasenkuppe.

Schnurrbart: den rauhhaarigen Hunden eigener, stärkerer Haarwuchs an Kinnpartie (z. B. Schnauzer), der durch fachkundiges Trimmen und Scheren des Kopfes (Airedale Terrier) noch hervorgehoben wird.

Schweißarbeit: nach der waidmännischen Bezeichnung Schweiß = Wildblut. Der Hund wird auf einer natürlichen oder künstlichen Schweißfährte angesetzt und muß dieser folgen (ausarbeiten), bis er an das Ziel (das ausgelegte Stück Wild) gelangt ist. Gute Schweißhunde können nach entsprechender Einarbeitung diese Fährten noch nach einer 48stündigen Stehdauer ausarbeiten (Sachsenwald-Prüfung).

Sehen: Gesichtssinn steht dem überragenden Geruchssinn nach. Dem Hundeauge fehlt die Möglichkeit des plastischen Sehens und wohl auch die Schärfe. Dafür ermöglicht das durch die seitlichere Stellung gegebene größere Gesichtsfeld eine bessere Erfassung von Bewegungen. Höchste Sehweite bei beweglichen Zielen 810 Meter. Aus der täglichen Erfahrung dürfte das Mittel bei 300 Meter liegen.

Senkrücken: fehlerhafter, eingesenkter Rücken, der u. a. bei Mutterhündinnen vorkommt, die in zu jugendlichem Alter oder im Verlauf ihres Lebens zahlreiche Würfe ausgetragen haben.

Sichelrute: vom Rutenansatz sichelförmig gebogene Rute.

Sohlenballen: polsterartige, haarlose untere Pfotenpartie, in deren Mitte der herzförmige Sohlenballen liegt und der mit den vier Zehenballen (nach vorn angeordnet) zum Auftreten der Pfote dient. Der an der Vorderpfote etwas höher gelegene, rundliche Carpalballen kommt nicht mehr zum Auftreten.

Sprungbein: Fersenbein, größter Knochen der Fußwurzel.

Sprunggelenk: Gelenkkomplex von 7 Knochen. Ein zu stark säbelbeinig gewinkeltes Sprunggelenk hindert die gewünschte kraftvolle Vorwärtsbewegung im gleichen Umfang wie ein zu steiles, zu wenig gewinkeltes Sprunggelenk.

Stammbaum: ist das Verzeichnis aller von einem Zuchttier oder Elternpaar abstammenden Nachkommen. Er ist je nach den Generationsfolgen mehr oder weniger verzweigt und umfangreich.

Standard: Als rassenreine Hunde gelten nur die nach dem Standard der Rasse gezüchteten und in das zuständige Zuchtbuch eingetragenen Hunde. Der Standard stellt die von dem verantwortlichen Club aufgestellte und von der FCI genehmigte Beschreibung des Idealtypus der Rasse in allen bzw. den wichtigsten Teilen des Körpers, des Äußeren und vereinzelt auch des Wesens dar. Fehlerangaben deuten an, was an den Vertretern der Rasse unerwünscht ist und abgelehnt wird.

Stockhaar: diese wohl ursprünglichste Behaarung des Hundes setzt sich aus kurzer, weicher Unterwolle und kürzeren oder etwas längeren, schwach gewellten oder schwach gekrümmten Grannenhaaren zusammen. Die Grannen der kurzstockhaarigen können 3 bis 4 cm, die der langstockhaarigen Hunde 5 bis 8 cm lang sein.

Stop: Stirnabsatz zwischen dem Nasenbein und der Stirn. Beim Pointer und Setter sehr markant, ebenfalls bei den molossoiden Rassetypen (s. Fang).

Strupphaar: gemischtes Stock- und Wirrhaar (Affenpinscher).

Stummelrute: oder Mutzschwanz, ist meist angeboren (Rottweiler) oder kurz kupiert.

Tragzeit: rund 63 Tage.

Trimmen: Rupfen des Felles rauhhaariger Rassen mit Spezialgeräten, wodurch bei einigen lediglich abgestorbenes Haar entfernt wird (Unterwolle und Deckhaar); bei anderen Rassen jedoch wird das vorgeschriebene äußere Bild durch haarkünstlerische Arbeiten hergestellt (Sealyham Terrier) oder der Mode entsprechend gerupft (Pudel).

Trocken: ist ein Hund mit eng anliegender Haut, ohne Fett- oder überflüssige Fleischablagerungen, unter der die Muskeln, Bänder und Knochen plastisch hervortreten (Greyhound).

Unterwolle: die unter den äußeren härteren Deck- und Grannenhaaren liegenden, weichen, wärmenden, anschmiegsamen Haare.

Vererbung: eine erfolgversprechende systematische Rassezucht ist nur möglich, wenn sich der Züchter eingehend mit den Vererbungsgesetzen vertraut macht. Dabei muß er die Vererbungsmerkmale der Elterntiere kennen und das Zuchtziel der Rasse beachten.

Vorbiß: Schneidezähne des Unterkiefers stehen vor der Vorderkante der oberen Schneidezähne. Bei manchen Rassen vorgeschrieben (Mops).

Vorderhand: Vordergliedmaße von der Schulter bis zum Pfotenballen.

Welpe: junger Hund bis zum Einsetzen der zweiten Zahnung (etwa ab dem zweiten Monat).

Widerrist: höchster Punkt der Rückenlinie bzw. des Schulterblattes.

Wolfskralle: siehe Afterkralle.

Wurf: Gesamtzahl der Welpen, die bei einem Wurfakt zur Welt kamen. Bei der Rassehundezucht muß jeder Wurf angemeldet und ins Zuchtbuch eingetragen werden.

Zucht: baut auf den Gesetzen der Vererbung auf, wird durch die Erfahrung des Züchters wesentlich unterstützt. Sie ist die zielbewußte Paarung ausgesuchter Elterntiere zu dem Zweck, deren Vorzüge in der Nachzucht zu erhalten, zu steigern und deren Mängel oder unerwünschten Eigenschaften nach Möglichkeit zu verdrängen.

Zwinger: 1. Geräumiger, abgezäunter Freiauslauf mit Hundehütte. 2. Von dem zuständigen Rassezuchtverein anerkannte Zuchtstätte eines Züchters. Für die Zuchtprodukte muß ein Zwingername beantragt und geschützt werden.

Register

1

2

3

4

5

6

8

9

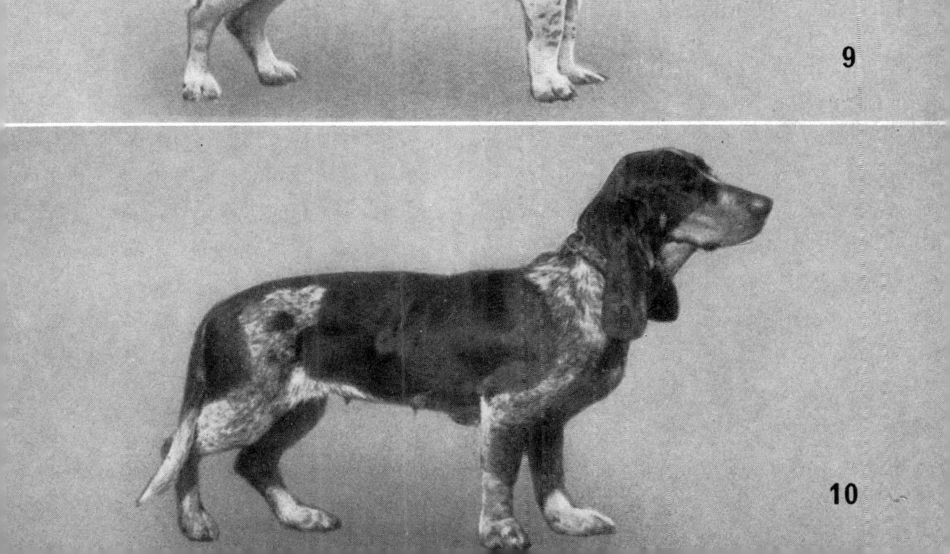
10

12

13

14

15

16

17

18

19

20

21

22

23

24

25

26

27

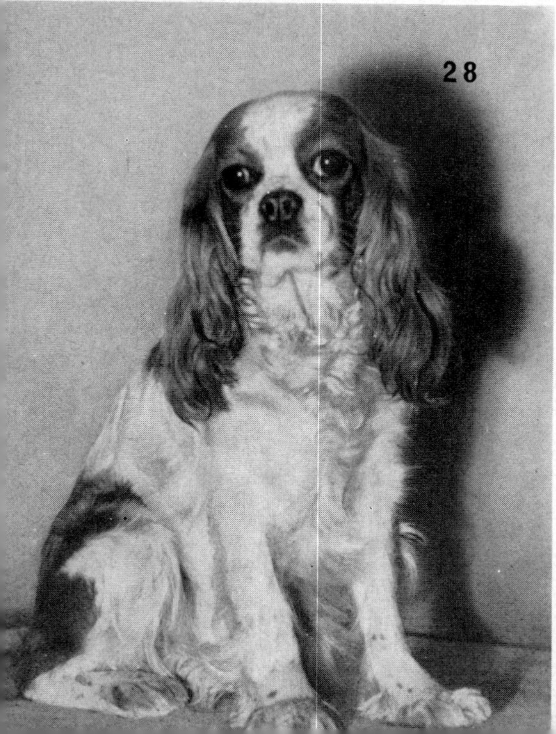

28

29

30

31

32

34

35

36

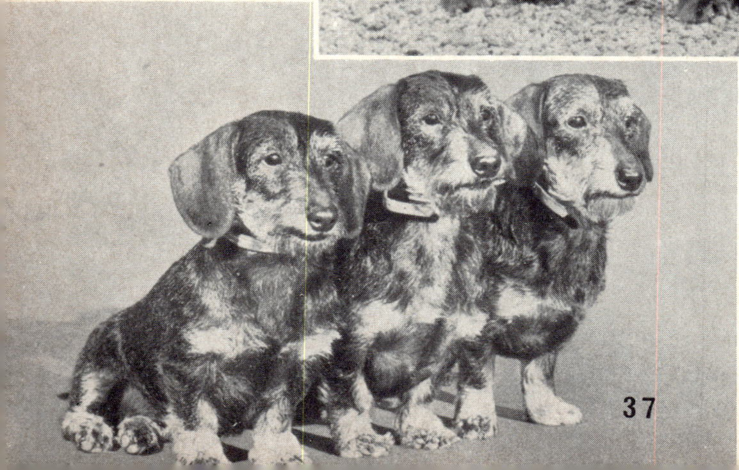
37

39

40

41

42

43

44

45

46

47

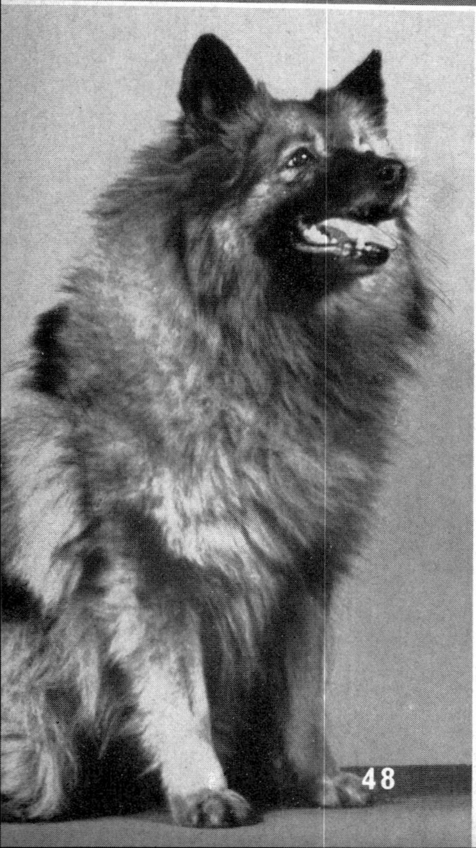
48

49

50

51

53

54

58

59

60

61

62

63

64

66

67

68

69

70

71

72

73

74

75

76

77

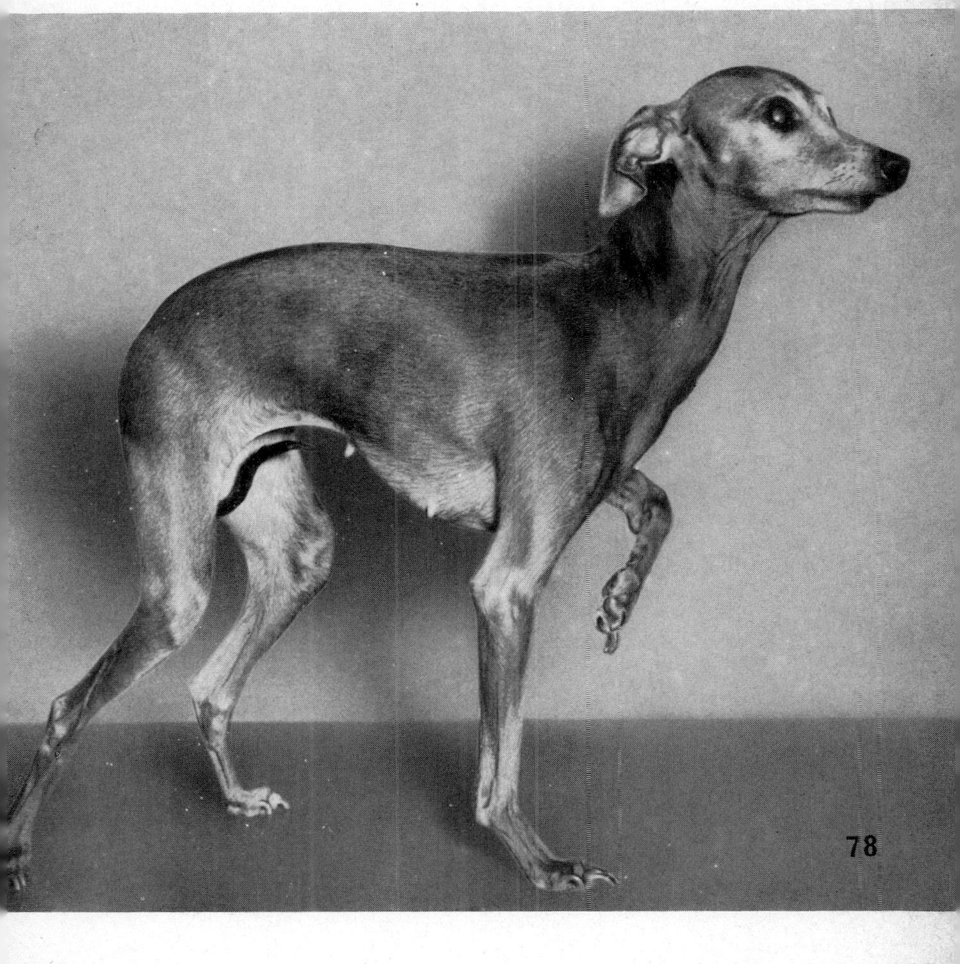

78

79

80

81

82

83

84

85

86

87

88

89

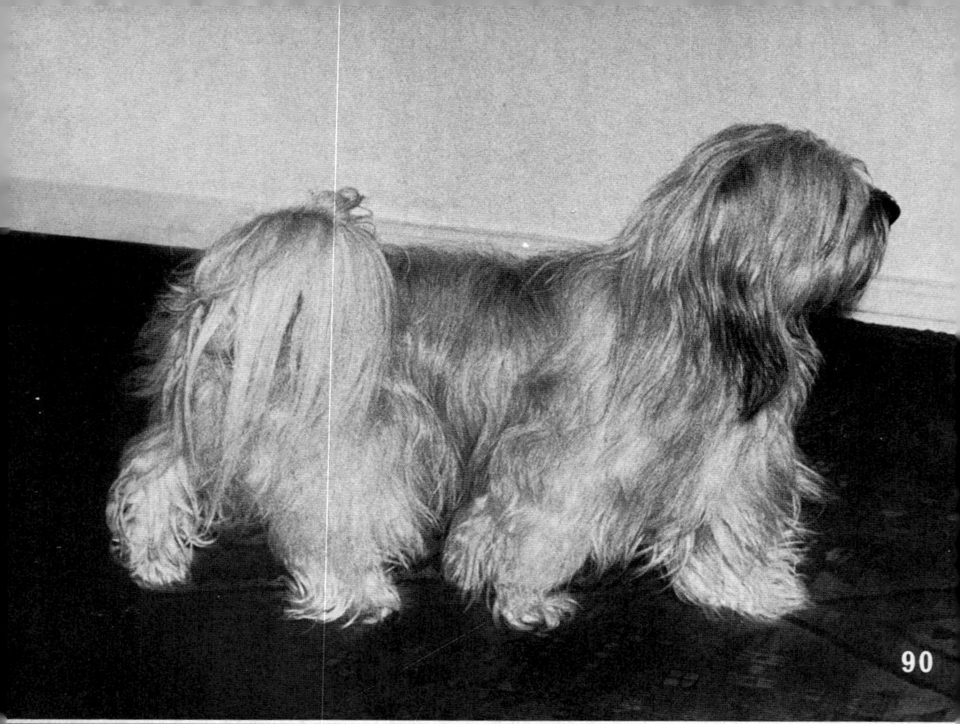
90

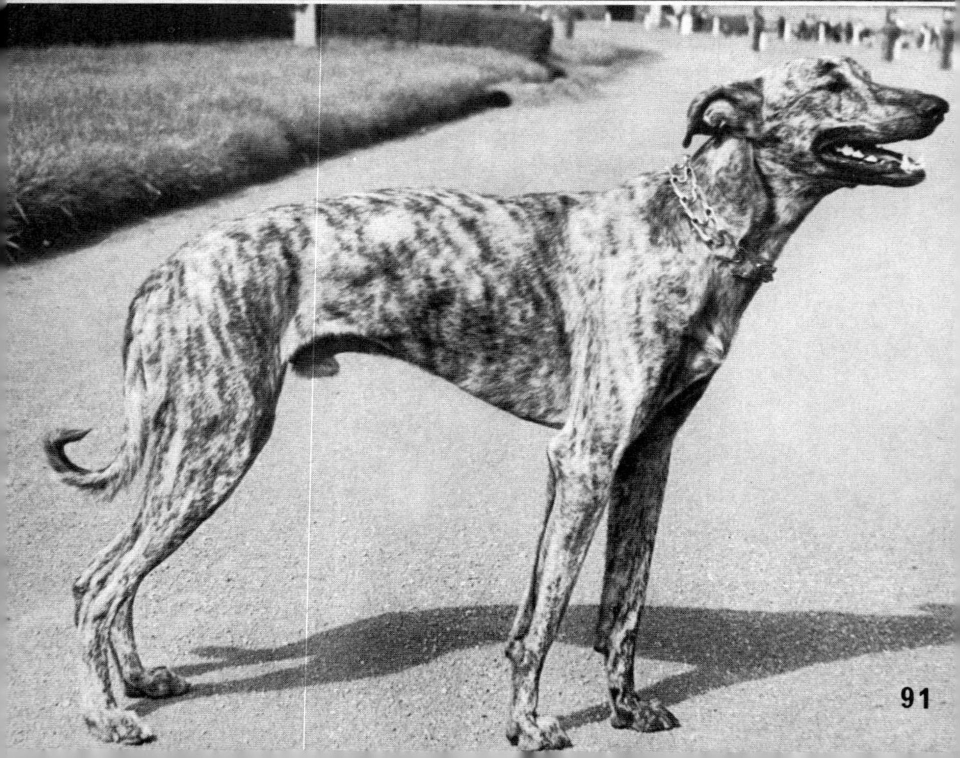
91

95

96

97

98

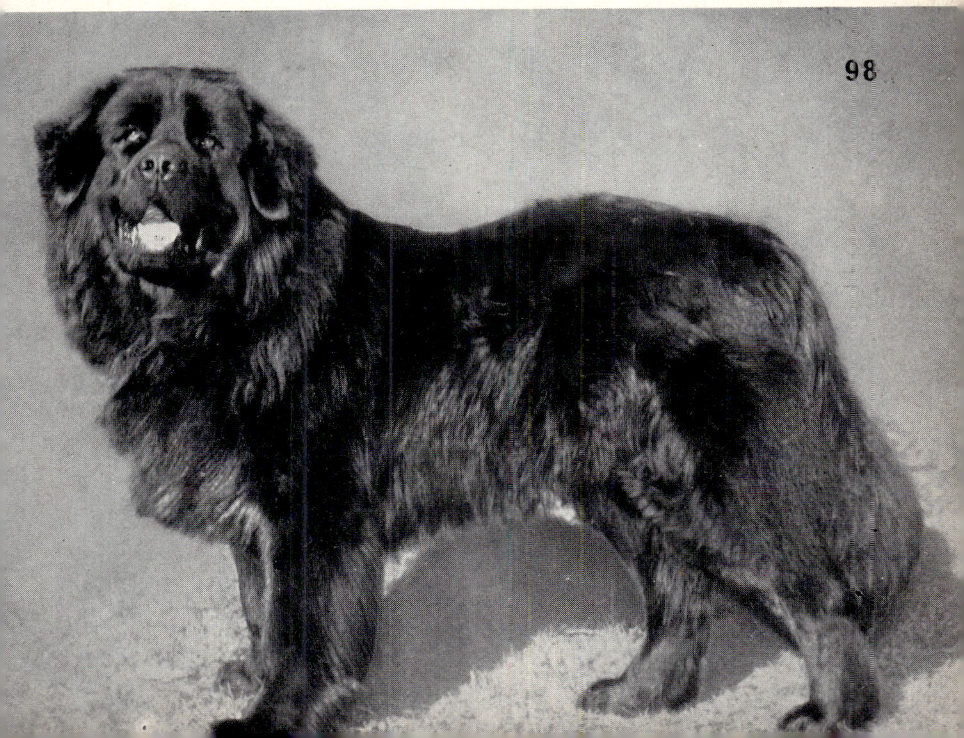

99

100

101

102

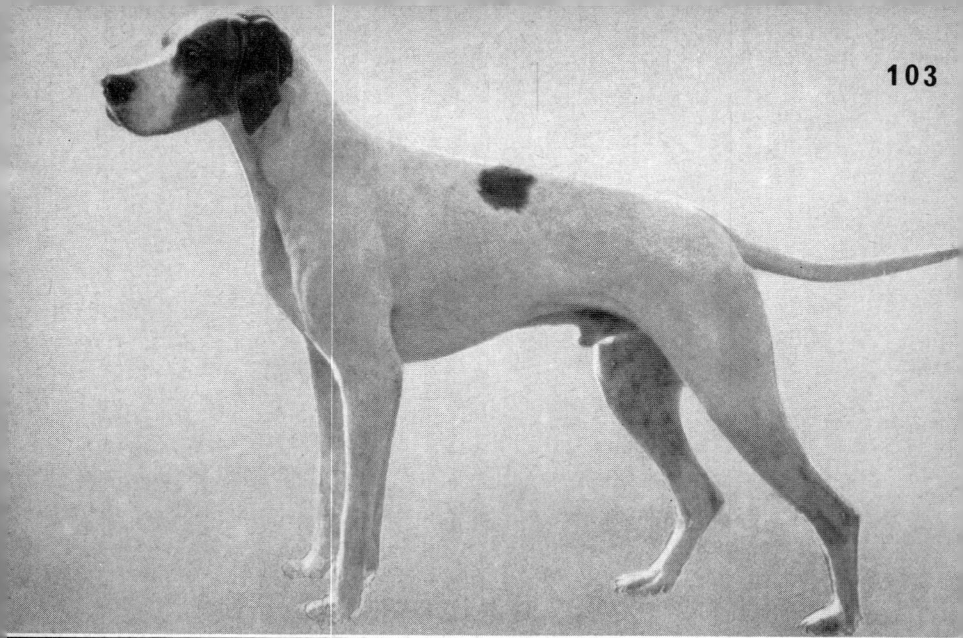

103

104

105

106

107

108

109

110

111

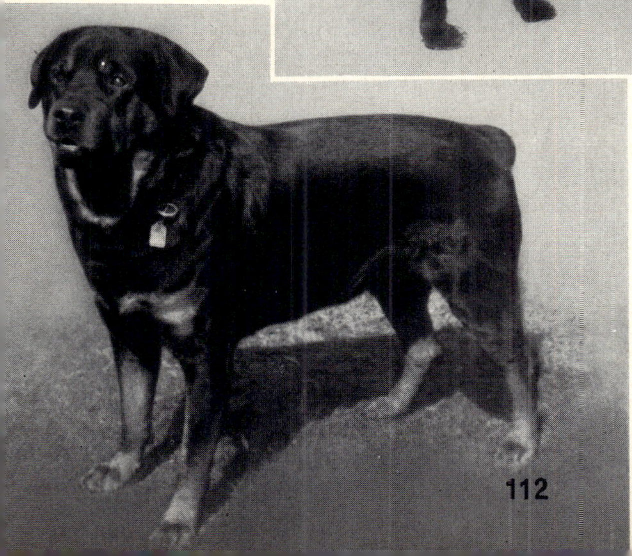

112

113

114

115

116

117

118

119

120

121

122

123

124

125

126

127

128

129

130

131

132

133

134

135

136

137

138

139

140

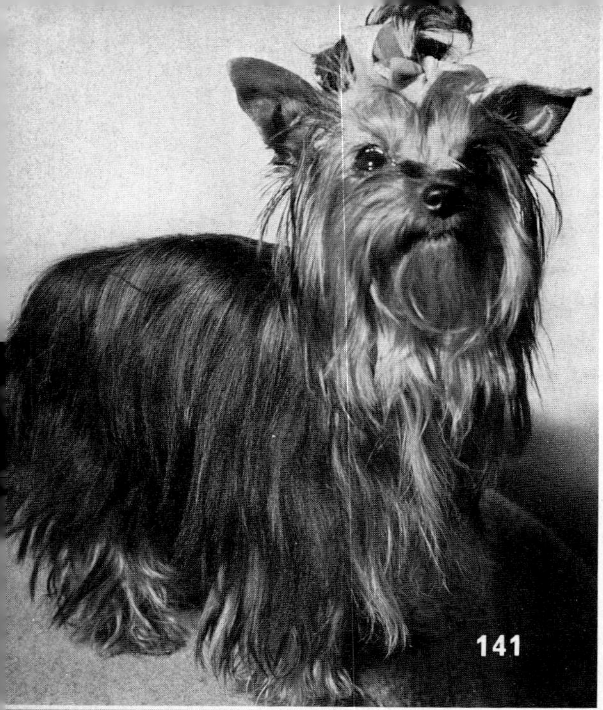

141

142

Verzeichnis der Bilder

Bild 44 Deutsch Stichelhaar, Deutschland
Bild 45 Deutsche Bracke, Deutschland
Bild 46 Deutsche Dogge, Deutschland
Bild 47 Großspitz, weiße, Deutschland (auch Keeshond, Holland)
Bild 48 Wolfsspitz, Deutschland
Bild 49 Kleinspitz, Deutschland
Bild 50 Jagd-Terrier, Deutschland
Bild 51 Schäferhund, Deutschland
Bild 52 English Bulldog, England
Bild 53 Wachtelhund, Deutschland
Bild 54 Dobermann, Deutschland
Bild 55 Dogo Argentino, Argentinien
Bild 56 English Setter, England
Bild 57 Epagneul Breton, Frankreich
Bild 58 Grönlandhund, Kanada
Bild 59 Eurasier, Deutschland
Bild 60 Fila Brasileira, Brasilien
Bild 61 Finnenspitz, Finnland
Bild 62 Fox Terrier, Glatthaar, England
Bild 63 Fox Terrier, Rauhhaar, England
Bild 64 Foxhound, England
Bild 65 Französische Bulldogge, Frankreich
Bild 66 Golden Retriever, England
Bild 67 Gordon Setter, England
Bild 68 Grahund, Norwegen/Schweden
Bild 69 Greyhound, England
Bild 70 Griffon, Deutschland
Bild 71 Großer Münsterländer, Deutschland
Bild 72 Hannoverscher Schweißhund, Deutschland
Bild 73 Hovawart, Deutschland
Bild 74 Siberian Husky, Nordamerika
Bild 75 Irish Setter, England
Bild 76 Irish Terrier, England
Bild 77 Irish Wolfhound, England
Bild 78 Italienisches Windspiel, Italien
Bild 79 Istrianer Bracke, Jugoslawien
Bild 80 Jämthund, Schweden
Bild 81 Japan Chin, Japan
Bild 82 Karelischer Bärenhund, Finnland
Bild 83 Irish Blue Terrier, Irland
Bild 84 Kleiner Münsterländer, Deutschland
Bild 85 Koikerhond, Niederlande
Bild 86 Komondor, Ungarn
Bild 87 Kuvasz, Ungarn
Bild 88 Labrador Retriever, England

Fotonachweis

Alexander Bild 5
Archiv für Kynologie Bild 4, 6, 13, 16, 21, 25, 28, 29, 30, 34, 36, 45, 55, 71, 79, 85, 90, 91, 95, 96, 101, 104, 107, 116, 121, 132, 134, 135, 143
Bruno Bild 31
Helbig Bild 42
Insam Bild 20, 37
Jesse Bild 3, 63, 92, 106, 117, 124, 126, 140
Keystone Bild 64, 96, 109
Kliebenstein Bild 11
Knaur Bild 1, 2, 7, 14, 15, 19, 22, 23, 27, 32, 33, 38, 48, 49, 52, 54, 56, 62, 65, 78, 81, 84, 86, 93, 98, 100, 102, 112, 113, 123, 127, 129, 142
Lechler Bild 46, 70, 83, 89, 105, 110
Meerkämper Bild 118, 119, 120, 122
Dr. E. Mohr Bild 87
Münch Bild 9, 12, 18, 24, 26, 35, 39, 40, 41, 43, 44, 50. 53, 57, 58, 60, 61, 66, 67, 68, 69, 72, 73, 74, 75, 76, 77, 80, 82, 99, 103, 111, 114, 115, 125, 136, 137, 138
Dr. Pfosi Bild 133
Popper Bild 8, 88, 139, 141
Royal St. Hubert-Club, Brüssel Bild 131
Schmitt (St. Bernhard-Zwinger) Bild 17
St. Pierre, Paris Bild 10
S.V. Augsburg Bild 51
Streuli Bild 47
Ullstein Bild 130
Verband ungarischer Hütehunde Bild 108
Vogeler Bild 128
Wipfel Bild 59

Auge des Hundes (ohne Augenlider)

22 Pupille
23 Vorderteil der undurchsichtigen Hornhaut, das sogenannte Weiße des Auges
24 glashelle, durchsichtige Hornhaut
25 Regenbogenhaut (Iris) farbig
26 Jochbein
27 drittes Augenlid, das in einer Falte der Lidbindehaut steckt (bei stark in die Augenhöhlen zurückgezogenen Augen legt sich ein Teil dieses Knorpels vor die freie Augenhöhlenflucht (Bloodhound)
28 Tränenkarunkel, gelbbraun
29 Augenhöhlenband
30 Triefauge, wenn Unterlid lose herabhängt und Winkel oder Tasche bildet (Bernhardiner)
iT= innerer Augenwinkel (Tränenwinkel)
aA= äußerer Augenwinkel

Die wichtigsten Teile des Hundekopfes

1 Oberkopf
2 Stop (Stirnabsatz)
3 Nasenrücken
4 Nasenkuppe (Nasenspiegel) mit Nasenlöchern
5 Nasenlippenrinne
6 Oberkiefer mit Oberlefze
7 Lippenspalte
8 Lippenwinkel
9 Unterkiefer mit Unterlefze
10 Kinn
⑪ Jochbogen
⑫ Scheitelkamm
⑬ Scheitelbein
⑭ Stirnbein
⑮ Hinterhauptbeinstachel
⑯ Genick

Behang (Ohr)

17 Ansatz
18 Spitze
19 Ohrentasche
20 Klappfalte
21 Ohrenlappen (nicht sichtbar)

A = Auge, B = Behang (Ohr)
C = Hirnschädel, F = Fang
H = Hals, K = Kehlrand
N = Nacken, W = Wamme